高职高专"十二五"资源库精品教材·经管系列

统计学原理

（第二版）

段雪妍　肖智明　主编

上海财经大学出版社

图书在版编目(CIP)数据

统计学原理/段雪妍,肖智明主编.—2版.—上海:上海财经大学出版社,2015.9
(高职高专“十二五”资源库精品教材·经管系列)
ISBN 978-7-5642-2246-8/F·2246

Ⅰ.①统… Ⅱ.①段… ②肖… Ⅲ.①统计学-高等职业教育-教材
Ⅳ.①C8

中国版本图书馆CIP数据核字(2015)第201418号

□ 责任编辑 徐 超
□ 封面设计 钱宇辰
□ 责任校对 王从远

TONGJIXUE YUANLI
统计学原理
(第二版)
段雪妍 肖智明 主编

上海财经大学出版社出版发行
(上海市中山北一路369号 邮编200083)
网 址:http://www.sufep.com
电子邮箱:webmaster @ sufep.com
全国新华书店经销
上海华业装璜印刷厂有限公司印刷装订
2015年9月第2版 2024年5月第5次印刷

787mm×1092mm 1/16 13.25印张 339千字
印数:5 601—6 600 定价:37.00元

第二版前言

本教材第一版于2009年8月由上海财经大学出版社出版。此次修订，基本保持了第一版的内容体系，主要是进行完善，使教材内容更加适合于应用型高职高专"统计学原理"课程的教学。

第一版教材的编写，吸收和借鉴了已有的高职统计学教材中的精华，并科学地融入了社会经济统计中的一些最新案例和数据资料；内容适量，以必需、够用为度，强调打好统计学学习的基础，重在应用，注重学生统计意识和统计实践操作能力的培养；在讲解理论和公式时，以比较多的实例来阐述和论证有关的理论和方法及其应用条件，并作出必要的分析和评价；引入统计电算化教学内容，结合习题实例介绍Excel在统计中的应用，让学生学会利用计算工具快速完成统计运算，提高统计操作技能。

此次改版增加或删改了一些内容；对一些章节的顺序进行了调整，采用项目化体例编写，使内容体系更加适合高职教学改革的趋势和发展要求；对部分内容进行了补充或改写，使对基本概念、原理和公式的阐述更加简洁、准确、到位、透彻、易懂；更新了一些陈旧数据，使统计数据保持最新。

另外，对例题、习题进行了增删与修改，加强其基础性、应用性和典型性及与教材内容的匹配性。

本书项目一至项目四、项目六、项目九由段雪妍编写，项目五、项目七和项目八由肖智明编写。最后由段雪妍修改总纂定稿。

本书提供完整的教学课件和习题答案，可在上海财经大学出版社网站(www.sufep.com)本书详情页面的"教学资源"处下载(下载前须注册为教师会员，不便下载者请发邮件索取，邮箱:chaoxu1@163.com)。

第一版出版6年来，许多使用过本书作为教材或参考书的学校和老师反馈了许多有价值的建议，在第二版教材的编写和修改中，我们吸收了这些宝贵的建议。在此向支持、指导我们的同行和使我们受益的教材的作者表示衷心的感谢！

尽管在第二版的修订过程中编者做了很大努力，但书中仍难免存在问题和不足，真诚企盼读者指正。

编　者

2015年8月

目　录

项目一

认识统计

【知识目标】

1. 正确理解统计的三种含义和几个重要的基本概念。
2. 掌握统计学的研究对象和特点。
3. 初步了解统计学的研究方法。

【能力目标】

1. 能够运用统计学概念描述社会经济现象。
2. 能够使用指标和标志分析社会经济现象。

项目导入案例　　**统计在美国**

美国是统计学最发达的国家,它拥有世界上绝大多数的统计应用及大量优秀的统计学家。几乎每一个大学生都知道统计这个学科,而且对统计学和统计学家都十分尊重,许多非统计学科都把统计作为必修课。这样,当人们遇到了统计问题时,就知道如何去寻求答案。美国的工业界,如汽车工业、化学工业及电讯工业等都雇用了世界上最优秀的统计学家,他们对这些工业的发展起了重大作用。此外,工商业、金融管理、市场和民意调查及各级政府同样大量地、普遍地和经常性地使用统计。

资料来源:吴喜之,《统计学到底是什么? 一个本不应成为问题的问题》;原载于《中国统计》,1997 年第 12 期。

任务一　统计的三种含义

统计应用广泛,与我们的生活息息相关。大到国民经济核算、人口普查、股市分析、天气预报等与统计关系密切,小到买菜做饭、休闲娱乐、旅游购物等都少不了统计知识。

“统计”一词泛指对大量事物的数量进行计数、汇总和分析等工作。它对应的英语单词为statistics，用作复数名词时，意思是统计资料；用作单数名词时，指的是统计学。

在不同的语境下，统计这个词包括三个含义：统计工作、统计资料和统计学。

一、统计工作

统计工作也称统计实践，指开展统计业务的具体活动，是对客观现象从数量方面进行调查、整理和分析研究过程的总称。

统计实践由来已久。据历史记载，在我国古代大禹治水时所著的“禹贡九州篇”中，记载当时人口约1 355万人，土地约2 438万顷，已具有人口和土地统计的雏型；秦朝的“商君书”中已有全国的人口调查记录，并把反映国情、国力的“十三数”作为富国强兵的重要依据；汉朝实行口钱制，表明当时已有全国户口与人口年龄的统计，并据此征收赋税；明朝初期便有记载全国户口、丁粮的黄册，作为核定赋税、劳役的依据。

在世界上其他一些文明古国也是如此。古埃及在公元前3000年建造金字塔时，为了筹集建筑费用和劳力，对全国人口和财政情况进行调查；古罗马在公元前400年就建立了人口出生、死亡登记制度。

当人类进入资本主义社会以后，社会生产发展迅速，社会分工日益精细，交通运输、商业贸易日趋发达，国际市场逐步形成。除了政府需要了解诸如人口、土地、财富、军事等国情的统计数据外，各类企业主为经营管理和争夺市场，也需要掌握各行各业的统计信息和市场变化情况，从而使统计逐步扩展到各个不同的领域，并且出现了专门的统计机构和研究组织。统计逐步成为一门独立的学科。

二、统计资料

统计资料是对统计工作过程中所取得的各项数字资料及与之有联系的文字、图表资料的总称。它是统计工作的成果，以统计图表、统计公报、统计年鉴和统计分析报告等形式表现。

三、统计学

统计学是指阐述统计理论和方法的学科。《大英百科全书》给统计学下的定义是：“统计学是一门收集数据、分析数据，并根据数据进行推断的艺术和科学。最初与政府收集的数据有关，现在包括了范围广泛的方法和理论”。

17世纪英国“政治算术学派”的创始人威廉·配第最早使用数字资料来分析国家的人力、物力和财力，提出用图表来概括数字资料，为统计学的形成和发展奠定了基础。18世纪，德国政治学家阿亨瓦尔(G. Achenwall，1717～1772)在著作中首次用“统计学”代替“国势学”。随着统计理论和方法在社会和经济等领域的广泛应用，统计学也已发展成为具有多个分支的大学科。

(一)理论统计学和应用统计学

从统计研究的角度来看，统计学可以分为理论统计学和应用统计学。

理论统计学主要研究统计学的一般理论和统计方法的数学理论。它是统计方法的理论基础。

应用统计学主要研究如何运用统计方法去解决实际问题。在自然科学和社会科学的诸多领域，都要用数据分析来解决问题，因此，统计方法的应用几乎扩展到所有研究领域，形成了生物统计学、医学统计学、社会统计学、人口统计学、经济统计学等若干分支学科。

(二)描述统计学和推断统计学

从统计方法的构成来看，统计学可以分为描述统计学和推断统计学。

描述统计学研究如何描述现象总体的数量特征。描述统计学的主要内容是通过对现象进行调查研究，将所得到的大量数据加以整理汇总，制成统计图表，并就这些数据的分布特征，如集中趋势、离散趋势等，计算出一些概括性的指标。通过这些指标，人们可以方便地从杂乱无章的资料中取得有用的信息，并对不同的总体进行比较，从而作出结论。

推断统计学是研究如何通过样本资料推断总体特征的理论和方法。推断统计的主要内容有两部分：一是根据同一时间截面的样本资料对同一时间截面的总体进行推断和分析，即静态总体推断；二是根据所研究现象的历史资料对它未来发展变化的趋势进行推断和预测，即动态总体推断，也称为统计预测。

描述统计学和推断统计学关系密切，代表了统计学发展的前后两个阶段。描述统计是推断统计的基础，推断统计是描述统计的发展。如果搜集的是总体数据，那么用描述统计方法就可以解决问题；如果搜集的是样本数据，那么用描述统计方法得到样本的数量特征之后，还要采用推断统计方法对总体情况进行推断。由于现实生活中样本数据易于获得，因此推断统计的作用越来越重要，它已成为现代统计学的核心内容。

四、三种含义的关系

“统计”的三种含义是相互联系的。统计工作是统计的实践过程，统计资料是统计工作的成果，统计学是统计工作的理论指导。三者是理论与实践辩证统一的关系。

任务二　统计学研究对象、方法和工作过程

一、统计学的研究对象和特点

(一)统计的研究对象

统计涉及的研究领域非常广泛，人口统计、生物统计、医学统计、社会经济统计等都有各自特定的研究对象。

就社会经济统计而言，它的研究对象是社会经济现象总体的数量方面，包括社会经济现象总体的数量特征和数量关系。

(二)统计的研究特点

1. 数量性

数字是统计的语言，统计主要研究现象总体的数量方面，运用各种数字对客观现象进行综合反映。任何事物都是质量与数量的辩证统一，统计学从事物的整体出发，运用统计方法，研究事物总体的总量、构成、比例关系、发展速度等，来反映客观事物在一定时间、地点条件下具体的数量表现，以认识现象的发展趋势及其变化规律。

例如，《2014 年国民经济和社会发展统计公报》显示，2014 年中国实现全年国内生产总值 636 463 亿元，比上年增长 7.4%。其中，第一产业增加值 58 332 亿元，增长 4.1%；第二产业增

加值 271 392 亿元，增长 7.3%；第三产业增加值 306 739 亿元，增长 8.1%。第一产业增加值占国内生产总值的比重为 9.2%，第二产业增加值比重为 42.6%，第三产业增加值比重为 48.2%。这些数字说明 2014 年我国经济稳定增长，产业结构调整出现积极变化。

2. 总体性

统计学研究的是大量事物所构成的现象总体的数量特征，而非个别事物。客观事物错综复杂，个别事物受多种因素的相互影响会表现出偶然性和不确定性，难以形成一定的规律和特征。只有对大量个体所构成的现象总体进行观察和研究，才能揭示事物发展变化的规律。当然，任何总体都是由个体构成的，为了认识总体，还要从调查个体情况入手。

例如，我国的人口素质调查，要调查全部或者足够多的公民素质状况，再经过数据汇总、分析等统计工作得出全国的人口素质状况，不能只调查一两个公民就得出结论，以偏概全。

3. 具体性

统计学研究的数量情况是客观存在的，是现象总体在一定时间、一定地点等条件下具体的数量表现，不是抽象的数字。这也是统计学区别于数学的重要方面。

例如，《2014 年国民经济和社会发展统计公报》显示，2014 年年末全国大陆总人口为 136 782万人，比上年末增加 710 万人，其中城镇常住人口为 74 916 万人，占总人口比重为 54.77%。全年出生人口 1 687 万人，出生率为 12.37‰；死亡人口 977 万人，死亡率为 7.16‰；自然增长率为 5.21‰。全国人户分离的人口为 2.98 亿人，其中流动人口为 2.53 亿人。这些数字是在限定条件下才具有生命力的，如果去掉了具体的时间、地点等条件，只剩下一堆数字，就失去了活力，也就不是统计了。

二、统计学研究的方法

统计学是一门研究现象数量关系的方法论科学，长期以来，人们根据研究任务的要求，总结了一系列统计研究方法，如大量观察法、统计分组法、综合指标法、动态分析法、归纳推断法、相关分析法等，其中，大量观察法、统计分组法和综合指标法是最基本的三种方法。

1. 大量观察法

客观事物是错综复杂的，受到各种因素的交叉影响。统计要认识它的发展过程和变化规律，必须对被研究对象的全部或足够多的单位进行观察、分析，以反映总体的特征。只有通过大量观察分析，才能排除总体中个别偶然因素的影响，显示客观事物的发展规律。

例如，我们随机地投掷一枚硬币，出现正面向上或反面向上的结果是不确定的，假如我们再进行很多次重复的投掷，就会发现正面向上和反面向上的次数基本相等，投掷的次数越多，这一比值就越接近于 1∶1，即正面向上或反面向上的比例都接近于 50%。这种规律性只有通过大量观察才能发现。

2. 统计分组法

统计分组法是根据统计研究的目的和任务，将调查所得到的原始资料，按一定的标志区分为不同类型或性质的组，把总体中性质相同的单位归并为一组，性质不同的按组区分开来，使组与组之间具有一定的差异，而在同一组内的各单位又具有相对的同质性。

统计分组法是统计整理和统计分析的基本方法之一。通过统计分组可以划分现象类型，揭示各种类型的特征和相互关系，还可以反映现象总体的内部构成情况。相关内容在本书项目三另有详述。

3. 综合指标法

统计学描述现象总体的主要工具是统计指标，综合指标法在统计分析中广泛运用。这种方法利用多种综合指标，对现象总体的数量特征和现象间的相互联系进行全面综合分析，以客观地反映现象总体的规模、水平、比例关系、发展速度等。

综合指标具体类型包括总量指标、相对指标、平均指标和变异指标等。相关内容在本书项目四另有详述。

三、统计研究的工作过程

一个完整的统计工作过程可以分为四个主要阶段，即统计设计、统计调查、统计整理和统计分析。这四个阶段是相互联系、依次进行的。

(一)统计设计

统计设计是根据统计工作的任务和目的，结合统计研究对象的特点，对统计指标体系的设计、搜集和整理资料的方法、相关组织工作以及人员安排等所进行的整体规划。统计设计的结果表现为统计调查方案。

统计设计是统计工作的第一步，在统计工作中起着重要的指导作用。

(二)统计调查

统计调查是根据统计调查方案搜集资料的具体过程。统计调查的结果表现为各种调查表或者登记表。

统计调查是统计工作的基础工作，是统计活动由定性认识转化为定量认识的起点。统计资料主要通过统计调查获得，统计调查搜集资料的质量高低，直接关系到统计工作结论的正确与否。

(三)统计整理

统计整理是根据统计设计的要求，将统计资料进行科学的分类、汇总、编制统计表等处理，从而更清晰地反映研究对象数量综合特征的工作过程。统计整理的结果表现为各类统计图和统计表等。

统计整理是统计调查的深入和继续，也是统计分析的基础和前提。

(四)统计分析

统计分析是使用各种统计方法对加工整理的资料进行分析研究，揭示研究对象的数量特征和基本规律，为统计决策或预测提供科学依据的工作过程。统计分析的结果表现为各类统计报告。

统计分析是统计工作的最后阶段，是统计研究的决定性环节。

任务三　统计学的基本概念

统计学是一门方法论的学科，它和其他学科一样，在论述其理论和方法中，经常要使用一些专门的术语和概念。

一、统计总体和总体单位

统计总体(简称总体)是客观存在的、具有共同性质的许多个别单位所组成的整体。

总体单位(简称个体)是组成总体的各个单位。

(一)统计总体的特点

总体具有大量性、同质性、差异性等特点。

1. 大量性

总体的大量性是指构成总体的总体单位数量要足够多,不能只是个别或者少数个体。因为统计研究的目的是要揭示现象的规律,而个别或者少数个体很难显示出现象的规律性,只有把大量个别现象汇总起来才能表现出相对稳定的规律性。

2. 同质性

总体具有同质性,即构成总体的所有总体单位至少在一个方面具有相同的性质。这是形成总体的基础。例如,要调查我国的工业企业的生产情况,全国的工业企业就构成一个总体,尽管这些企业规模大小、组织形式、产品的名称和产量等各不相同,但它们都有一个共同的经济职能,都是从事工业生产活动的。

3. 差异性

总体的差异性是客观存在的,即构成总体的所有总体单位除了某些共同的性质之外,还必然存在许多个体差异。正因为存在着个体差异,我们才需要进行统计研究,来揭示这些差异中存在的规律。

(二)总体的分类

总体根据所包括总体单位数量的多少,可以分为无限总体和有限总体。

无限总体是指总体包括的单位数很多,乃至无限多。例如,研究海洋中鱼类的生长情况,海洋中的全部鱼类难以计数,是无限总体。

有限总体是指总体中包括的单位数是有限的,可以计数的。例如,某一时点上的人口数、工业企业的个数所组成的总体都是有限总体。

从统计调查的角度来说,有限总体既可以进行全面调查,也可以进行非全面调查;而无限总体只能进行非全面调查。

(三)总体和总体单位的关系

总体和总体单位是整体与个体的关系。但这种关系是相对而言的,不是绝对不变的,随着统计研究的目的和任务的改变,二者之间的关系可以相互转化。同一事物在不同研究任务下可能是总体,也可能是总体单位。例如,要调查全国所有大学的学生英语学习情况,则全国所有大学是总体,每一个大学是总体单位;要研究某一个大学内部的学生的英语学习情况,则这个大学就成了总体,每个大学生就是总体单位。

二、标志和标志表现

(一)标志的概念和分类

1. 标志的概念

标志是说明总体单位所具有的属性或特征的名称。每个总体单位都有许多属性和特征,例如,把企业中每一个职工作为总体单位研究时,姓名、性别、民族、文化程度、年龄、工龄、工资等属性和特征,都是标志。

2. 标志的分类

(1)标志按其性质不同分为品质标志和数量标志

品质标志是反映总体单位属性特征的标志，用文字形式表现。例如，职工的姓名、性别、文化程度、民族等。

数量标志是反映总体单位数量特征的标志，用数值形式表现。例如，职工的年龄、工龄、工资等。

(2)标志按照变异情况不同分为不变标志和可变标志

不变标志是指总体的所有单位在某一个标志下的具体特征表现完全相同。例如，某女子学校的学生性别都是“女”。

可变标志是指总体的所有单位在某一个标志下的具体特征表现不完全相同。例如，某女子学校的学生除了性别是“女”之外，“年龄”、“体重”、“民族”等标志的表现是不一定完全相同的。

不变标志的存在，体现了总体的同质性；可变标志的存在，体现了总体的差异性。任何总体中的各个总体单位间至少有一个共同的标志，使它们能结合在一起。

(二)标志表现

标志表现是指标志在各个总体单位上的具体表现。

根据标志性质的分类，标志表现也分为品质标志表现和数量标志表现。例如，性别是品质标志，其特征用文字形式表现，具体表现为“男”和“女”；年龄是数量标志，其特征用数值形式表现，具体表现为“15 岁”、“16 岁”、“17 岁”、“18 岁”等。

数量标志的标志表现是数值形式，故又称为标志值。

三、统计指标和指标体系

(一)统计指标

1. 统计指标的概念

统计指标(简称指标)是综合反映统计总体数量特征的概念和数值。它表明某一客观现象总体在某一具体时间、地点条件下的规模和水平。

一个完整的统计指标包括 6 个要素：时间、空间、指标名称、指标数值、计量单位、计量方法。在实际应用中，往往重点关注指标名称和指标数值两部分。

例如，2014 年 11 月 11 日，阿里巴巴集团控股有限公司“双十一”网络狂欢购物节全天支付宝交易金额(指标名称)为 571 亿元(指标数值)。

2. 统计指标的分类

(1)指标按其反映数量特征的不同分为数量指标和质量指标

数量指标是反映现象总体规模大小、数量多少等特征的总量指标，一般用绝对数表示。例如，职工人数、国民生产总值、企业个数等。

质量指标是反映现象总体的相对水平或工作质量等特征的总量指标，一般用相对数或平均数表示。例如价格、成本、平均工资、劳动生产率、资金利润率等。

(2)指标按其数值表现形式的不同分为总量指标、相对指标、平均指标

总量指标(或称绝对指标)是说明现象规模、水平或工作总量的指标。例如工资总额、产品产量、班级人数等。

相对指标是两个有联系的指标相对比的结果，说明现象总体的结构、发展程度的指标。例如产品的合格率、发展速度等。

平均指标是根据总体某些数量标志值计算的，说明总体一般水平的统计指标。例如，平均工资、人均收入、人均国土面积等。

(3)指标按其计量单位的不同分为实物指标、价值指标和劳动量指标

实物指标用实物计量单位，直接反映商品使用价值的数量。

价值指标是用货币计量单位计算的指标。

劳动量指标是以劳动时间为计量单位的产品产量或完成工作量指标，用工分、工时、工日表示。

(4)指标按其作用不同分为描述指标、评价指标和预警指标

描述指标是用来反映现象基本情况的指标，如社会劳动力资源总数、外汇储备数、在校学生人数等。

评价指标是用来对客观事物活动的结果进行评估和考核的指标，如对工业企业经营活动效益评价的产品销售率、流动资金周转速度、劳动生产率等指标。

预警指标是对现象宏观运行监测，并据此对可能出现的总体失衡、结构性矛盾、突发异常情况作出预报的指标，如通货膨胀率、固定资产投资增长率、失业率、人口增长率等，这类指标涉及面广，敏感性强，对国民经济的发展和社会稳定具有重要作用。

(二)统计指标与标志的联系与区别

1. 二者的联系

(1)统计指标的数值是由总体单位的标志值汇总而来的，如某市工业企业职工总数是由所属的各工业企业职工人数汇总而来。

(2)统计指标与数量标志也存在着一定的转换关系，随着统计研究目的的不同，原来的统计总体若转换为总体单位，则其相应的统计指标变成了数量指标值，反之也是如此。例如，研究某市所有工业企业的产量情况，该市各工业企业的产量就是数量标志，所有工业企业的产量之和就是统计指标；若研究全国各城市工业企业的产量情况，则该市所有工业企业的产量之和就成为了数量标志，全国所有城市工业企业的产量之和是统计指标。

2. 二者的区别

(1)统计指标是说明总体特征的，而标志是说明总体单位特征的。

(2)标志表现有文字形式的，也有数值形式的，而统计指标无论数量指标还是质量指标都是数值形式的。

(三)指标体系

1. 指标体系的概念

具有内在联系、互相制约的一系列统计指标的整体，称为统计指标体系。客观现象是错综复杂的，各种现象之间存在着相互联系、相互制约的关系。单个统计指标只能反映总体某一方面的特征。为了全面地说明现象的发展过程和它的各个方面，就需要一整套统计指标。

统计指标体系能全面地反映现象之间的有机联系和发展过程，用以研究客观现象，并作出全面客观的分析判断，避免片面性。统计指标体系会随着各种客观现象的发展变化而变化，但指标体系一经设定，应力求保持相对稳定，以便积累历史资料，进行系统的比较分析。

2. 指标体系的分类

统计指标体系可以分成基本统计指标体系和专题统计指标体系两类。

基本统计指标体系是反映国民经济和社会发展基本情况的指标体系。它包括社会指标体

系、经济指标体系和科技指标体系。

专题统计指标体系是针对某一社会或经济问题而制定的指标体系。如企业经济效益指标体系、物价指标体系等。

四、变量和变量值

(一)变量和变量值的概念

变量是指可变的数量标志。

变量在总体各单位所表现的标志值又称为变量值。

(二)变量的分类

变量按变量值取值形式的不同,可以分为离散型变量和连续型变量。

离散型变量指变量值是整数断开的变量,变量值只能取整数值,不能取小数。例如职工人数、企业个数、学生人数、产品数量等。

连续型变量指变量值是连续不断的变量,变量值可以取整数,也可以取任意小数值。例如人的身高、体重、产值、收入等。

项目综合能力训练题(一)

一、填空题

1.“统计”一词有三种含义,即________、________、________。

2. 统计研究方法中最基本的三种方法是________、________、________。

3. 统计指标按其反映的数量特征不同,可以分为________指标和________指标两种。标志按其性质不同,可以分为________标志和________标志两种。

4. 统计工作的工作过程包括________、________、________、________四个步骤。

5. 从统计方法的构成来看,统计学可以分为________统计学和________统计学。

二、判断题

1. 统计学是观察研究大量现象数量方面的科学。 (　　)

2. 在任何情况下总体和总体单位是永远不变的。 (　　)

3. 统计分组是把总体中性质不相同的单位归并在一起,把性质相同的单位区别开来。 (　　)

4. 职工的年龄是品质标志。 (　　)

5. 数量指标是数值形式,质量指标不是数值形式。 (　　)

三、单项选择题

1. 一个统计总体(　　)。

A. 只有一个指标　　B. 只有一个标志　　C. 有多个指标　　D. 有多个标志

2. 对某公司 200 名职工的收入情况进行调查,则总体单位是(　　)。

A. 200 名职工　　B. 每一名职工

C. 200 名职工的收入　　D. 每一名职工的收入

3. 对某公司 200 名职工的收入情况进行调查，其中一名职工的年收入是50 000元，“年收入”是(　　)。

A. 数量标志　　B. 数量指标　　C. 品质标志　　D. 质量指标

4. 对某公司 200 名职工的收入情况进行调查，全体职工的平均年龄是(　　)。

A. 数量标志　　B. 数量指标　　C. 品质标志　　D. 质量指标

5. 对某公司 200 名职工的收入情况进行调查，每一名职工的性别是(　　)。

A. 数量标志　　B. 数量指标　　C. 品质标志　　D. 质量指标

四、简答题

1. 统计一词有几种含义？它们之间有什么关系？
2. 统计工作包括哪几个工作阶段？
3. 统计研究有哪些方法？
4. 什么是指标？什么是标志？它们之间有什么联系和区别？
5. 试举例说明总体、总体单位、指标、标志、变量五个统计指标概念。

五、综合能力训练题

1. 表格中有以下 5 种统计任务，请分别找出表中各个统计任务中的总体、总体单位、数量指标(2 个)、质量指标(2 个)、数量标志(2 个)、品质标志(2 个)。

	统计任务	总　体	总体单位	数量指标	质量指标	数量标志	品质标志
1	了解某高校大学生的心理素质情况						
2	调查某公司职工的收入情况						
3	调查某企业一年中生产汽车的质量情况						
4	调查某商场一年商品的销售情况						
5	调查某地区人口的情况						

2. 据统计，2014 年上半年我国电子商务交易额约为 5.66 万亿元，同比增长 30.1%。网络零售市场交易规模约 1.1 万亿元，同比增长 33.4%，半年度环比增长 7.9%，相当于上半年社会消费品零售总额的 8.4%。

2014 年上半年我国传统零售商向互联网转型步伐明显加快，O2O 模式(线上与线下结合)从网上团购延伸到家居、餐饮、文化休闲众多领域，大批产业集群转型上网，形成“线上产业带”。一些电子商务平台已聚集了广州服装、泉州茶叶、温州皮鞋、诸暨珍珠和袜子等众多在线产业带。

与此同时，行业巨头竞相上市。在 B2C 市场，天猫占据 51.3%的市场份额，京东占据 23.6%的市场份额，第三位的苏宁易购占据 5.2%的市场份额。上市后，京东市值 360.5 亿美元，成为继腾讯、百度之后的中国第三大互联网上市公司。

移动网购高速发展。2014 年一季度中国移动购物市场交易规模达 641.9 亿元，同比增长 140.8%。预计二季度仍会保持 130%以上的增长。

特别是，互联网金融发展速度较快。2013 年全年，支付机构共处理互联网支付业务 153.38 亿笔，金额 9.22 万亿元，同比分别增长 56.1%和 48.6%。截至 2013 年末，全国范围内活跃的 P2P 借贷平台已超过 350 家，累计交易额超过 600 亿元。

要求：请找出以上统计资料中的数量指标和质量指标。

3. 2015 年中国大学生就业压力调查报告（节选）

继 2014 年高校毕业生人数突破 700 万之后，2015 年的毕业生人数持续突破 700 万，并超过去年的 727 万达到 749 万之多！毕业生人数在年年递增，就业之难也似乎成了常态。连续几年的"史上最难就业季"给人的感觉就是：对于就业，"没有最难，只有更难"！那么，今年的就业压力是否真的也会随人数增加而增加？与往年相比，今年的就业压力又有哪些变化？北京青年压力管理服务中心在连续 6 年携手新浪网教育频道之后，今年结合移动终端的新趋势，首次联手腾讯网教育频道，联合推出 2015 年中国大学生就业压力调查问卷，这也是继 2009 年之后连续第 7 年推出同一主题的系列调查，依据前面 6 年的调查结果而分别于每年的 5 月底发布的"中国大学生就业压力调查报告"，在引起媒体关注的同时，也给毕业生求职者以及相关就业机构提供了有价值的就业参考。

今年的调查问卷于 4 月 1 日～27 日在腾讯网推出之后，在将近一个月的时间内，共有 18 171 人参与此项调查，在严格剔除无效问卷后最终保留了 15 728 份有效问卷，然后利用专业的心理学统计软件，对数据进行处理与分析。部分报告结果如下：

(1)性别比例：参加本次调查的男性 11 365 人，占总数的 72.3%；女性 4 363 人，占总数的 27.7%。

(2)学历构成：本次调查中，本科生 9 547 人，占总人数的 60.7%，为群体主导人群；专科生 4 754 人，占总人数的 30.2%；硕士生 1 321 人，占总人数的 8.4%；博士生人数相对较少，只有 106 人，占总人数的 0.7%。

(3)是否独生子女：本次调查中，独生子女 5 548 人，占总数的 35.3%，非独生子女 10 180 人，占总数的 64.7%。

(4)是否应届毕业生：本次调查中，应届毕业生 4 675 人（已入职 3 441 人，未入职1 234 人），占总数的 29.7%，往届毕业生尚未入职 1 642 人（10.4%），往届毕业生已经入职 5 748 人（36.5%），在校 1～3 年级学生 3 663 人（23.3%）。

(5)是否兼职与学生干部：参与此次调查的人群中有 8 408 人（53.5%）表示在校期间曾担任过学生干部；有过兼职经历的为 11 280 人（71.7%）。两类人群比例均超过半数。

(6)生源：本次调查中来自乡镇 9 546 人（60.8%），中小城市 4 108 人（26.2%），省会及其他城市 1 662 人（10.6%），其他地区 389 人（2.5%）。

要求：

(1)指出统计调查中的统计总体和总体单位。

(2)请指出报告中的指标和标志，并说明其具体类型。

项目二

统计调查

【知识目标】

1. 掌握统计调查的意义和种类。
2. 熟悉统计调查的内容和设计。
3. 了解统计调查问卷的设计。

【能力目标】

1. 学会制订格式规范的统计调查方案。
2. 学会制订格式规范的统计调查问卷。
3. 学会运用多种统计调查方法收集统计资料。

项目导入案例　　电视节目收视率的调查方法

“2009 年央视春节联欢晚会昨天公布最新收视率，据央视-索福瑞调查数据显示，今年晚会的总收视率达 34.82%，比 2008 年提高 2.43 个百分点……”

大陆收视率主要由央视-索福瑞媒介研究有限公司（CSM）调查得出，收视率调查是一种抽样调查，CSM 目前通过日记法和人员测量仪两种方法来采集收视率数据。

日记法是指通过由样本户中所有 4 岁及以上家庭成员填写日记卡来收集收视信息的方法。样本户中每一家庭成员都有各自的日记卡，要求他们把每天收看电视的情况（包括收看的频道和时间段）随时记录在自己的日记卡上。日记卡上所列的时间间隔为 15 分钟。每一张日记卡可记录一周的收视情况。访问员每周定期入户收集已完成的日记卡，并留置下一周的日记卡。

人员测量仪法是指利用“人员测量仪”来收集电视收视信息的方法，是目前国际上最新的收视调查手段。人员测量仪由三部分构成：显示仪、储存盒、手控器。在手控器上样本家庭中的每个成员都有自己的按钮，而且还留有客人的按钮。当家庭成员开始看电视时，必须先按一下手控器上代表自己的按钮，不看电视时，再按一下这个按钮。与电视机和手控器连接的显示仪会提醒你按按钮的任务，并显示你收看电视的情况。储存盒会把收看电视的所有信息以每分钟为时间段（甚至可以精确到秒）储存下来，然后通过电话线传送到总部的中心计算机（或通过掌上电脑入户取数据）。

任务一 统计调查的概念、种类和方法

一、统计调查的概念和要求

（一）统计调查的概念

统计调查是根据统计研究的目的和任务，运用各种科学的调查方法，有计划、有组织地向调查对象搜集各种真实、可靠的数据资料的工作过程。

调查资料按照来源分为两种类型：一是直接向调查对象搜集未经加工整理的原始资料（初级资料），二是搜集别人已经调查整理过的二手资料（次级资料）。

统计调查是认识客观现象的科学方法。人们要认识客观现象，就得深入实际调查，取得可靠、真实的资料，并将其加工整理，使之成为从个体特征过渡到反映总体特征的统计资料，达到认识事物的目的。

（二）统计调查的要求

统计调查是统计整理和统计分析的基础。通过统计调查取得丰富的实际资料，是统计整理和统计分析的前提，否则它们将是无源之水、无本之木，无所适从；统计调查是保证统计工作质量的基本环节，原始资料的正确与否，很大程度上决定了整个统计工作的质量，如若调查来的资料残缺不全，错误百出，就不能如实地反映统计研究对象的客观面貌，不能揭示其内部存在的数量关系及其发展规律，甚至会得出错误的结论，导致工作失误和决策错误而造成不应有的损失。因此，统计调查必须保证质量，做到准确、及时、完整、科学和经济。

准确是指统计调查搜集的资料真实可靠，能够如实地反映客观实际。统计资料的准确性是统计调查的关键。

及时是指按照统计调查方案规定的时间收集和上报资料。统计数据有着较强的时效性，过时的数据犹如过季的商品，失去了原有的价值，会影响统计分析的结果，造成巨大的损失。

完整是指所有调查资料要填报齐全，不遗漏任何一个调查对象和调查项目。

科学是指统计调查方法在理论上具有完善性，在操作上具有可行性。统计调查采用的理论应该是公式严谨、方法先进的，调查方法在操作上要切实可行，易于操作，这样才能保证统计调查顺利地开展，统计分析正确地进行，得出有用的结论。

经济是指统计调查应兼顾成本和效益。统计调查的精度越高，所花费的成本相应也就越大，而且，有些误差也是难以避免的。因此，不能不切实际地盲目追求高精度。统计人员应根据统计调查的要求，在经济允许的范围内，尽可能取得最好的调查结果。

二、统计调查的种类

客观现象是错综复杂、千变万化的。在组织统计调查时，应根据不同的调查对象和调查目的，灵活地选择调查方式和方法，以取得良好的效果。统计调查可以从不同的角度分类。

（一）按统计调查的组织形式分为统计报表制度和专门调查

1. 统计报表制度

统计报表制度是一种按国家有关法规所制订的以全面调查为主的调查方式，是以统计表格形式和行政手段自上而下布置，再由企事业单位自下而上逐级汇总上报资料的统计报告制度。

2. 专门调查

专门调查是为了一定的目的，研究某些专门问题所组织的一种调查方式。它包括普查、重点调查、典型调查、抽样调查等方法。我们在后面将要对此详细介绍。

（二）按统计调查对象的范围分为全面调查和非全面调查

1. 全面调查

全面调查是指对构成研究对象总体的所有单位无一例外地进行调查。如人口普查、经济普查等。

2. 非全面调查

非全面调查是对构成研究对象总体中的部分单位进行的调查。如抽样调查、重点调查、典型调查。

（三）按调查登记时间是否连续分为经常调查和一次性调查

1. 经常调查

一般是指对时期现象进行调查，即随着调查对象在时间上的变化，进行连续不断的调查登记，取得其在一段时间内全部发展过程的资料。如商品销售量和销售额统计等。

2. 一次性调查

一般是指对时点现象进行调查，即对被研究对象每间隔一段时间才进行一次调查登记。如每隔十年开展一次的人口普查、农业普查等。它又可按间隔时间的不同分定期调查和不定期调查。

（四）按统计资料搜集方法分为直接调查和间接调查

1. 直接调查

直接调查是指调查人员亲自开展调查搜集资料的方式，也就是收集原始资料。具体的操作形式有直接观察法、采访法、通讯法、实验调查法、报告法等。

直接观察法是调查人员亲临现场对被调查对象进行直接观察、计数、测量等取得统计资料的一种方法，如库存商品的盘点、车流量的调查等等。这种方法简单易行，研究对象可以保持自然的状态，准确性较高，但花费的人力和时间较多，且不能对历史资料进行观察。

采访法是指调查人员通过与被调查者面对面交流而获得资料的方法。具体形式又分为口头询问法和被调查者自填表格法。这种方法取得资料的准确性主要依靠调查人员和被调查者配合程度以及被调查者的态度。优点在于调查人员与被调查者可以直接交流，缺点是花费较多。

通讯法是指调查人员利用通讯方式向被调查者收集资料的方法，如邮寄调查、电话调查、网络调查等等。这种调查的优点在于花费较少，缺点是被调查者缺乏协助和引导，调查的回报率和准确率较低。

实验调查法是指调查人员通过某种实践活动的验证去搜集资料的方法。如新产品免费发放给消费者试用，通过回馈意见来搜集资料。

报告法是指以各种原始资料和核算资料为依据，由填报单位按有关法规向上级或有关单位报送资料的一种方法。如报送统计报表等。

2. 间接调查

间接调查是指调查人员搜集二手资料的方法。调查人员可以查阅文献、报刊、统计报告和统计年鉴等获取资料，也可以通过广播、电话、电视等通讯手段获得信息。目前网络搜索也是一种快捷的获取资料的形式。

任务二　统计调查的组织形式

一、统计报表制度

统计报表制度是根据国家统计法规，自上而下布置、统一规定表格形式、报送时间和程序，自下而上逐级汇总上报的统计报告制度。统计报表所包含的范围比较全面，项目比较系统，指标内容和调查周期相对稳定。目前，它仍是我国统计调查中搜集资料重要的组织形式。

1. 统计报表分类

(1)按内容和实施范围分类

国家统计报表是由国家统计局根据全国性的统计调查项目和统计调查计划制定的报表。用来搜集全国范围内社会和经济等方面的统计资料。

部门统计报表是有关部门为了业务管理需要而制发的专业性统计报表，搜集本部门业务技术的统计资料。

地方统计报表是地方人民政府为适应本地区特点，为其计划和管理服务而补充制发的统计报表。

(2)按报送周期长短分类

报送周期短的报表，如日报、旬报，要求资料迅速上报，填报项目较少。

报送周期长的报表，如季报、半年报、年报，要求资料全面、完整，填报项目较多。

(3)按填报单位分类

基层统计报表是由基层单位填报的报表，反映一个基层单位的情况，是综合统计报表的基础。

综合统计报表是由主管部门或统计机关根据基层报表逐级汇总填报的报表，反映一个部门、地区、国家的基本情况。

(4)按报送方式分类

电讯报表用电报、电话、传真报送，以日报、旬报为主。

邮寄报表是从邮局寄送，以月报、季报、半年报、年报为主。

2. 统计报表制度的特点

(1)它是为国民经济和社会发展宏观管理需要而周密设计的信息系统。以基层单位日常业务的原始记录和统计台账为基础，包括一系列登记项目和指标，要求规范、完整，使所获得的资料具有可靠的基础，保证资料的统一性，便于在全国范围内汇总、综合。

(2)它是利用行政手段执行的报表制度，要求严格按统计法规贯彻执行，有100%的回收率。填报的项目、指标相对稳定，有利于完整地积累资料，进行历史对比，反映经济发展和社会发展的规律。

(3)它采用层层上报，逐级汇总的方式，以满足各级管理部门和统计机关对资料的需要。

(4)统计报表制度是一个庞大的组织系统。它要求各基层单位有完整的原始记录和统计台账等良好基础，特别是要建立一支熟悉业务的统计人员队伍。

二、普查

普查是指为完成某种特定的调查任务而专门组织的每隔一定时间所进行的一次性全面调查。它主要用于搜集重要的国情资料，如人口普查、经济普查、农业普查等。普查一般在全国范围内进行，它搜集的资料是统计报表所不能提供的更为详细的资料。普查一般工作量大，需要占有较多的人力、财力，时间性强，任务繁重。因此，普查不是经常进行的，通常是每隔一段时间才进行一次。如我国人口普查每十年进行一次，逢“0”年份开展；经济普查每十年进行两次，逢“3”、“8”年份开展；农业普查每十年进行一次，逢“6”年份开展。

普查是一项技术性很强的专业工作，对资料的准确性和时效性要求较高，需要制定严格的统计调查方案。

1. 规定统一的标准时点

即对被调查对象登记时，所依据的统一时点。所有普查资料都要反映调查对象在这一时点上的状况，以避免发生重复或遗漏。如我国第六次人口普查的标准时点定在2010年11月1日零时，全国所有地区的人口统计，都是反映这一时点上的实际状况。

2. 规定普查登记的统一期限

对普查范围内各调查单位或调查点应规定普查登记期限，尽可能在最短时期内完成，以便做到步调一致，保证资料的准确性和及时性。如我国第六次人口普查规定的登记时间为2010年11月1日至11月10日，10天内登记完毕。

3. 规定统一的普查项目和指标

普查必须按照统一规定的项目和指标进行登记，不得任意改变或增减，以便综合汇总。对同一现象的普查，每次普查的项目和指标力求一致，并按规定的周期进行，便于与历次普查资料进行对比分析，从中观察现象的变化规律和发展趋势。

4. 制定实施计划

普查工作繁重复杂，在开始工作之前，要制定实施计划，其内容一般为：

(1)建立和健全普查机构；

(2)制定普查方案，确定普查对象、普查单位、普查项目和时间；

(3)培训普查人员及物质准备；

(4)进行试点，取得经验，借以修订普查方案和工作细则；

(5)进行普查登记，并将资料及时报送受理机构；

(6)汇总分析普查资料；

(7)总结。

5. 做好宣传工作，广泛动员

普查工作量大面广，要广泛宣传，使调查对象明确目的，得到他们的理解和配合，以取得满意的结果，达到预定的目的。

三、重点调查

重点调查是从被调查总体中，选择其中的一部分重点单位进行调查，借以了解和掌握现象总体基本情况的一种非全面调查。所谓重点单位是指那些在数量上虽然只占全部总体单位数量的小部分比重，但被调查的某一标志值，却在总体这一标志总量中占有绝大部分的比重。通过对这些单位的调查，就能掌握总体的基本情况。如在钢铁企业的调查中，重点调查鞍钢、武钢、首钢、宝钢等大型钢铁企业，它们虽然在全国钢铁企业中只是少数，但其产量却占全国钢铁产量的极大比重。

重点调查的作用在于被调查单位少，可调查的项目和指标较多，能以较少的时间、人力、财力搜集到满足有关部门所需要掌握的基本资料。

在开展重点调查时，应该注意两点：一是调查对象中所要了解的某一标志值确有重点集中的情况存在，并已知其重点所在，因而调查对象的选择不带有主观因素；二是统计调查的任务只是要求掌握能够反映基本情况的重点资料即可，并不要求精确的全面资料。

重点调查的组织形式，可以组织专门调查，也可以颁发统计报表，由选中的重点单位填报。

四、典型调查

典型调查是根据调查的目的和要求，在对被调查总体进行全面分析的基础上，有意识地从中选择具有代表性的典型单位进行深入细致的调查研究，借以认识事物的本质及其规律的一种非全面调查。

典型调查能否取得良好的效果，关键是正确地选择典型单位。在实际操作中要注意以下三点：

(1)要根据统计调查的目的和调查对象的特点，正确划分现象类别，确定所选典型。

(2)要选择最具有代表性的典型单位，使其充分体现总体的共性，起到解剖“麻雀”的作用。通过调查典型单位，就能了解总体，做到“胸中有全局，手中有典型”。

(3)根据总体各单位之间某种差异的程度，确定选择单位的多少。差异程度大，可以多选一些典型单位；反之，则可少选一些。

五、抽样调查

抽样调查是按照随机原则从总体中抽取一部分单位组成样本，对样本进行调查研究，并以样本指标估计或推断总体指标数量特征的一种非全面调查。抽样调查是现代推断统计的核心，应用相当广泛。关于这方面的理论和方法，将在项目七中专门研究。

★ 拓展知识 ★

表 2—1　　几种非全面调查比较

调查类型 项　目	典型调查	重点调查	抽样调查
调查目的	研究总体的规律性或研究具体问题	为掌握总体的基本情况	从数量上用样本推断总体，并用概率保证其可靠程度
调查的组织形式	专门调查，有时也用统计报表形式	专门调查或定期统计报表	专门调查
调查单位的选择	有意识地挑选具有代表性的单位	客观地挑选在总体标志总量中占有绝大比重的单位	按随机原则抽取样本单位
调查结果能否推断总体	一般不能，但在准确性要求不高时也可推断	不能	能

任务三　统计调查方案设计

一、统计调查方案的内容

统计调查是一项复杂的系统工程，涉及面广，需要很多人员共同参与才能完成任务。因此，在进行调查之前要制定一个周密、完整且科学的指导性文件，即调查方案，以保证顺利完成任务，达到预定目的。

一个完整的统计调查方案，通常包括以下内容：

1. 确定调查目的和任务（为什么调查）

在统计调查之前需要先确定调查目的，明确通过调查需要解决什么问题，搜集哪些资料。有了明确的目的和任务，才能有的放矢地确定向谁调查，调查什么，采用哪些方式方法进行调查。

调查目的应简明扼要，表达清晰。例如，2005 年全国 1%人口抽样调查的调查目的是："为摸清 2000 年以来我国人口数量、构成以及居住等方面的变化情况，研究未来人口状况的发展趋势，为制定经济社会发展规划和有关政策提供客观准确的依据，国务院决定于 2005 年 11 月 1 日进行全国 1%人口抽样调查，这是继 2000 年全国第五次人口普查之后的又一次重要国情国力调查。"

2. 确定调查对象和调查单位（向谁调查）

调查对象指被调查的客观现象总体，它由调查单位组成。确定调查对象就是要明确规定该总体的范围和统计界限。如 2005 年全国 1%人口抽样调查的调查对象是在抽中的调查小区内具有中华人民共和国国籍并符合条件的人（指自然人，中国人民解放军现役军人不参加这次调查）。

调查单位是指构成调查对象的每一个个体。例如 2005 年全国 1%人口抽样调查的调查单位是每一个人。调查单位是调查资料的载体，是调查资料直接的、具体的承担者。

与此同时，还要确定填报单位，即负责填写调查表或提交报表的单位。调查单位与填报单位有时是一致的，有时是不一致的。如某市失业人口调查，如规定直接由失业者填写报表，则调查单位与填报单位是一致的；若要求由基层民政部门填报，二者就是不一致的，失业者是调查单位，基层民政部门则是填报单位。

3. 拟定调查项目和调查表（调查什么）

调查项目指需要调查登记的具体内容。调查项目必须围绕调查目的，以“少而精”为原则。凡与调查目的无关的项目必须删除；得不到答案或答案不完整的项目不要列入；调查项目的各项内容，应有严密的逻辑关系，以便相互核对，检验其结果正确与否。在此基础上设计调查表。

调查表指将拟定的调查项目按一定顺序排列的表格，以便填写和登记调查单位的具体特征和情况。调查表是统计调查的重要工具，它要求既能够条理清晰地填写所需要的资料，又便于汇总整理。

调查表又分单一表和一览表两种。

单一表是指供一个调查单位单独登记的表格，有多少个调查单位就需要多少份调查表。它所列示的调查项目比较详细，适用于登记项目多而调查单位分散的情况。如我国工业企业定期统计报表、学生情况登记表等均属于这类表格。

一览表是指在一份表格上可同时登记若干个调查单位资料的表格。它适用于登记项目相对较少，可对多个单位集中登记的情况。如我国人口普查时所用的调查表即属此类表格。一览表的优点是每一个调查单位的共同事项，只须登记一次，可以节省人力和时间。但不能容纳较多的项目。

无论是单一表或一览表，都应围绕调查提纲所要求的项目，力求简单明了、排列有序，便于核对检查。对表中所列示的有些项目有必要向登记者解释的内容，可另附填报说明。

4. 确定调查的时间和地点

（1）确定调查时间

确定调查时间有两种含义：第一种含义是确定统计资料所属的时间或时期。由于资料的性质不同，有的资料反映现象在某一时点上的状态，如人口数、职工人数、外资企业个数等。对于这些资料的调查，要规定统一的时点。这一时点，称为标准时点。如我国第二次经济普查的标准时点定为 2008 年 12 月 31 日零时。有的资料反映现象在一段时间内发展过程的结果，如原材料消耗量、商品销售额等。对这类现象要明确调查资料所属时期的长短，如一日、一月、一季或一年，所要登记的资料，指该现象的起始至最后时刻的累计数字。

确定调查时间的另一个含义是确定调查工作的起讫时间，即从搜集资料开始到报送资料为止，整个工作过程所需要的时间。

（2）确定调查地点

调查地点是指登记资料的地点。在一般情况下，调查地点与调查单位所在地是一致的。如我国第五次人口普查登记时在每个居民常住地进行。但有时二者也不一致，如上例中某些居民暂时（规定一年以上）离开常住地，则不论被调查者在何处，都是在其连续居住半年以上所在地进行登记。

5. 编制调查组织实施计划

调查组织实施是指从组织上保证调查工作顺利进行的措施。其主要内容包括：调查工作的组织机构；调查人员的配备；调查的方式方法；调查的工作地点；调查的文件准备；经费来源和主要开支计划等。对规模大又缺乏经验的统计调查，事先需要进行试点调查。

★ 拓展知识 ★　统计调查方案的样例

第六次全国人口普查方案

为科学有效地组织实施第六次全国人口普查，根据《全国人口普查条例》，制定本方案。

一、总则

（一）第六次全国人口普查的目的是查清2000年以来我国人口数量、结构、分布和居住环境等方面的变化情况，为科学制定国民经济和社会发展规划，统筹安排人民的物质和文化生活，实现可持续发展战略，构建社会主义和谐社会，提供真实准确、完整及时的人口统计信息支持。

（二）人口普查工作，按照“全国统一领导、部门分工协作、地方分级负责、各方共同参与”的原则组织实施。

国务院和地方各级人民政府设立第六次全国人口普查领导小组及其办公室，领导和组织实施全国和本区域内的人口普查工作。

村民委员会和居民委员会设立人口普查小组，做好本区域内的人口普查工作。

领导小组各成员单位按照各自职能，各负其责、通力协作、密切配合。

（三）人口普查所需经费，由国务院和地方各级人民政府共同负担，并列入相应年度的财政预算，按时拨付，确保足额到位。

人口普查经费应当统一管理、专款专用，从严控制支出。

（四）各级宣传部门和人口普查机构应采取多种方式，积极做好人口普查的宣传工作，为人口普查工作的开展营造良好的社会氛围。

（五）人口普查实行严格的质量控制制度。地方各级人口普查机构主要负责人对本行政区域人口普查数据质量负总责，确保人口普查数据真实、准确、完整、及时。

二、人口普查的标准时点、对象和内容

（六）人口普查的标准时点是2010年11月1日零时。

（七）人口普查对象是指普查标准时点在中华人民共和国境内的自然人以及在中华人民共和国境外但未定居的中国公民，不包括在中华人民共和国境内短期停留的境外人员。

（八）人口普查采用按现住地登记的原则。每个人必须在现住地进行登记。普查对象不在户口登记地居住的，户口登记地要登记相应信息。

（九）人口普查以户为单位进行登记，户分为家庭户和集体户。

以家庭成员关系为主、居住一处共同生活的人口，作为一个家庭户；单身居住独自生活的，也作为一个家庭户。

相互之间没有家庭成员关系、集体居住共同生活的人口，作为集体户。

（十）人口普查登记的主要内容包括：姓名、性别、年龄、民族、国籍、受教育程度、行业、职业、迁移流动、社会保障、婚姻、生育、死亡、住房情况等。

（十一）人口普查表分为《第六次全国人口普查表短表》和《第六次全国人口普查表长表》。普查表长表抽取10%的户填报；普查表短表由其余的户填报。

在境内居住的港澳台和外籍人员，在现住地进行登记，填写供港澳台和外籍人员使用的普查表短表。

（十二）2009 年 11 月 1 日至 2010 年 10 月 31 日期间有死亡人口的户，同时填报《第六次全国人口普查死亡人口调查表》。

（十三）人口普查表由国务院第六次全国人口普查领导小组办公室（以下简称国务院人口普查办公室）和国家统计局统一制定，各省、自治区、直辖市人口普查办公室负责印发。

（十四）中国人民解放军现役军人及军队管理的离退休人员，由军队领导机关统一进行普查、汇总。

军队各类单位中服务的职工、文职人员、非现役公勤人员以及家属、保姆等，在军队营院内居住的，由军队机关负责普查，普查表移交当地人民政府指定的人口普查机构；不在军队营院内居住的，由地方人口普查机构负责普查。

（十五）中国人民武装警察部队，由武警机关负责普查登记，普查表移交当地人民政府指定的人口普查机构。

武警部队各类单位中服务的职工、非现役公勤人员以及家属、保姆等，在武警部队营院内居住的，由武警机关负责普查，普查表移交当地人民政府指定的人口普查机构；不在武警部队营院内居住的，由地方人口普查机构负责普查。

（十六）驻外外交机构人员、驻港澳机构人员、其他各驻外机构人员以及派往境外的专家、职工、劳务人员、留学生、实习生、进修人员等，由其出国前居住的家庭户或者集体户申报登记。

（十七）依法被判处徒刑、劳动教养的人员，由当地公安机关和监狱、劳教机关进行普查，普查表移交县、市人口普查办公室。

三、人口普查的宣传工作

（十八）各级宣传部门和人口普查机构应制定宣传工作方案，深入开展普查宣传。

（十九）各级宣传部门应组织协调新闻媒体，通过报刊、广播、电视、互联网和户外广告等多种渠道，宣传人口普查的重大意义、政策规定和工作要求，积极营造良好的人口普查氛围。

（二十）各级人口普查机构要组织开展形式多样的宣传活动，动员社会各界支持、参与人口普查工作。

四、普查指导员、普查员的借调、招聘和培训

（二十一）每个普查小区至少配备 1 名普查员，每个普查区至少配备 1 名普查指导员，原则上 4 至 5 个普查小区配备 1 名普查指导员。

普查员负责人口普查的入户登记等工作，普查指导员负责安排、指导、督促和检查普查员的工作，也可以直接进行入户登记。

（二十二）普查指导员和普查员应当由具有初中以上文化水平、身体健康、认真负责、能够胜任人口普查工作的人员担任。

（二十三）普查指导员和普查员可以从党政机关、社会团体、企业事业单位借调，也可以从村民委员会、居民委员会或者社会招聘。借调和招聘工作由县级人民政府负责。

借调的普查指导员和普查员在普查任务完成以前，不得随意更换。

（二十四）借调的普查指导员和普查员的工资由原单位支付，其福利待遇保持不变，并保留其原有的工作岗位。

招聘的普查指导员和普查员的劳动报酬，在人口普查经费中予以安排，由聘用单位支付。

（二十五）普查指导员和普查员的借调和招聘工作应于2010年8月底前完成。

（二十六）普查指导员和普查员的培训工作由县级人口普查机构统一组织进行。普查指导员和普查员经过培训并考核合格后，由县级以上人口普查机构颁发全国统一的证件。培训工作应于2010年10月15日前完成。

普查指导员和普查员执行直接面对普查对象的人口普查任务时，应当出示普查指导员证或者普查员证。

任何单位和个人不得冒充人口普查机构、普查人员进行社会调查或者进行欺诈活动。

五、人口普查登记前的现场准备工作

（二十七）人口普查按照划分的普查区域进行。普查区域的划分要坚持地域原则，做到不重不漏，完整覆盖全国。

（二十八）普查区划分以村民委员会和居民委员会所辖区域为基础。每个普查区按照一个普查员所能承担的工作量，划分成若干个普查小区。

普查小区划分工作应于2010年8月底前完成。

（二十九）在人口普查机构统一领导下，公安部门应按照《中华人民共和国户口登记条例》和《第六次全国人口普查户口整顿工作方案》的要求进行户口整顿。户口整顿应当按照普查区域的范围，摸清常住人口、流动人口、无户口和应销未销户口等情况。户口整顿有关资料应当提交同级人口普查机构，供普查登记时参考。

户口整顿工作应于2010年8月底前完成。

（三十）人口普查登记前，普查员要做好摸底工作，明确普查小区的地域范围、绘制普查小区图、摸清人口和居住情况、编制普查小区各户户主姓名底册。

摸底工作应于2010年10月底前完成。

六、人口普查的登记和复查工作

（三十一）人口普查的登记工作，从2010年11月1日开始到11月10日结束。

（三十二）人口普查登记，采用普查员入户查点询问、当场填报的方式进行。普查员应当按照普查表列出的项目逐户逐人询问清楚，逐项进行填写，做到不重不漏、准确无误。

普查表填写完成后，普查员应将填写的内容，向申报人当面宣读，核对无误后，由申报人签字或盖章确认。

（三十三）普查登记时，申报人应当依法履行普查义务，如实回答普查员的询问，不得谎报、瞒报、拒报。

（三十四）普查登记结束后，普查指导员应当组织普查员按照规定的方法进行全面复查，发现差错，应重新入户核对，经确认后予以更正。

复查工作应于2010年11月15日前完成。

（三十五）复查工作完成后，国务院人口普查办公室统一组织事后质量抽查。

事后质量抽查工作应于2010年11月底前完成。

（三十六）人口普查对象提供的资料，应当依法予以保密。

人口普查中获得的能够识别或者推断单个普查对象身份的资料，任何单位和个人不得对外提供、泄露，不得作为对人口普查对象作出具体行政行为的依据，不得用于人口普查以外的目的。

人口普查数据不得作为对地方人民政府进行政绩考核和责任追究的依据。

七、人口普查数据的汇总、发布和管理

（三十七）人口普查表经复查后，按照统一规定的标准进行编码。

编码后的普查表经复核、检查验收合格后，方可交付录入。

（三十八）《第六次全国人口普查表短表》、《第六次全国人口普查表长表》，以普查小区为单位分别装入不同的包装袋。《死亡人口调查表》以普查区为单位装入相应的包装袋。

普查资料在运送过程中，必须妥善包装，专人护送，保证完整无损。运送单位和接收单位应当按规定的程序办理交接手续。

（三十九）人口普查数据由人口普查机构负责进行数据处理。录入采用光电录入的方式，数据录入、编辑、审核、汇总程序由国务院人口普查办公室统一下发。

（四十）人口普查机构对普查登记的主要数据，先进行快速汇总。国家统计局和国务院人口普查办公室对数据进行审核后发布主要数据公报。各省、自治区、直辖市的主要数据应于国家公报发布之后发布。

（四十一）国务院人口普查办公室应于 2011 年 12 月 31 日前完成人口普查全部数据的汇总工作。

（四十二）人口普查数据处理工作结束后，原始普查表按国务院人口普查办公室的统一规定销毁。

（四十三）数据处理形成的单个普查对象的资料，由国务院人口普查办公室和各省、自治区、直辖市人口普查办公室负责管理。

（四十四）国务院人口普查办公室和各省、自治区、直辖市人口普查办公室应编制普查报告书，分别向国务院和各省、自治区、直辖市人民政府报告工作。

（四十五）各级人口普查机构应做好人口普查资料的开发和应用，为社会公众提供查询、咨询等服务。

八、人口普查的质量控制

（四十六）人口普查实行质量控制岗位责任制，普查人员应认真履行职责，严格执行岗位工作规范，保证各自的工作质量达到规定的标准。

（四十七）各级人口普查办公室应对人口普查实施中的每个环节进行监督检查，收集、整理、分析工作质量情况，对发现的问题，要及时研究解决。

（四十八）在人口普查登记、快速汇总、编码、数据处理各环节实行质量验收制度。验收不合格的必须返工，直至达到规定的质量验收标准方可转入下一工作环节。

九、其他

（四十九）对认真执行本方案，忠于职守，坚持原则，在人口普查工作中做出显著成绩的单位和个人，按照国家有关规定给予表彰奖励。

（五十）违反本方案规定的，依据《中华人民共和国统计法》、《全国人口普查条例》等追究法律责任。

(五十一)香港特别行政区、澳门特别行政区的人口数,按照香港特别行政区政府、澳门特别行政区政府公布的资料计算。

台湾地区的人口数,按照台湾地区有关主管部门公布的资料计算。

(五十二)交通极为不便的地区,需采用其他登记时间和方法的,须报请国务院人口普查领导小组批准。

(五十三)国务院人口普查办公室可以根据本方案制定各项具体工作实施细则。

(五十四)本方案由国务院人口普查办公室负责解释。

任务四 统计调查问卷设计

一、统计调查问卷的概念

统计调查问卷,又称调查表,是调查者根据调查目的,按照严密的逻辑结构精心设计的一份调查表格。经被调查者填写过的问卷,就是调查所取得的原始资料。

问卷调查是统计调查的一种十分重要的方法,而在问卷调查中,问卷设计又是其中的关键,问卷设计的好坏,将直接决定着能否获得准确可靠的统计信息。

二、统计调查问卷的内容

一份完整的统计调查问卷,通常包括问卷名称、问卷说明、问卷主体和作业记录四部分内容。

1. 问卷名称

问卷的名称应简明扼要,概括统计调查的主题,以使被调查者明确主要的调查内容和调查目的。

2. 问卷说明

问卷说明指置于问卷前面,用来说明调查的目的、内容和要求,请求被调查者给予合作等内容的说明词句。通常包括:

(1)调查的目的和意义;

(2)指标解释、调查须知及其他事项说明等;

(3)如涉及需为被调查者保密的内容,必须指明予以保密,不对外提供等,以消除被调查者的顾虑。

3. 问卷主体

调查问卷的主体内容主要是根据调查目的所设计的一系列问题和可供选择的答案。问卷主体是调查者所要调查的基本内容,是调查问卷中最重要的部分。问卷主体内容设计的好坏,将直接影响整个统计调查的准确性。

4. 作业记录

作业记录是由调查者最后填写自己的姓名、访问日期、访问时间等,表明问卷执行和完成情况的记录,以便于审核和进一步追踪调查。

三、调查问卷设计的要求

问卷设计的思想性和技术性很强，它对于资料收集的准确可信具有重要影响。在设计过程中要注意以下几个要点：

1. 主题明确，形式简明。

2. 问句的文字通顺，容易理解，便于回答。措词要准确、客观，内容必须十分具体，不带任何倾向性和暗示。不同问句要避免重复。

3. 涉及问题应该是可以测定的，易于进行后续的数据录入和分析。

4. 问句排列应充分体现调查提纲要求的逻辑结构，层次分明，先易后难，先问事实性资料，后问态度和意向方面的资料，最后问理由方面的资料。

5. 问句的数量不宜过多。考虑到被调查者的耐心程度，问题的数量以被调查者能够接受的答题时间范围为准则。

四、调查问句常用的形式

1. 自由回答法

这类问句只提出问题，没有指定可供选择的答案，由被调查者自由回答，不受限制。这种问卷的答案，有利于获得丰富的统计信息，但其答案可能漫无边际，词不达意，可信度差，同时，也不容易汇总，给统计信息处理带来难度。

2. 两项选择法

这类问句给出非此即彼的两个答案，要求被调查者从中选择一个，回答“是”或“否”。这种方法，容易提问，也容易回答，答问者态度明朗，能获得明确的答案，便于事后统计处理。但其不能反映答问者意愿的强弱，对于那些既不肯定也不否定的答案无法表示，只适用于搜集简单的事态或表态。

3. 多项选择法

这是由调查者列出问句，同时给出多种可能的答案，由被调查者从中选择最符合自己意愿或情况的一个或几个答案，这种方法具有两项选择法的优点，但灵活性更大。

在采用此法时，所给出的答案应该注意几点：给出的答案包括需要了解的所有可能的答案；各种可能的答案必须互斥，不能相互交叉和相互包容；应是从多项答案中选择一项，还是选择两项或几项，设问时必须表达明确，使设问与答案之间不会出现矛盾。

4. 赋值评价法

这种方法是用打分数或定等级来评价事物的好坏或优劣的方法。打分时，通常用百分制或十分制，等级一般定一级到五级或一级到十级。这种方法简便易行，评价活动余地也较大，而且便于统计处理和比较。但其分数的多少和等级的高低难以掌握尺度，往往因人而异，差距很大。因此，应用此法时，对其打分或定级的标准要作出统一的规定，供答问者参考。

★ 拓展知识 ★　统计调查问卷样例

大学生就业意向调查问卷

您好,我们是×××,我们正在进行一项关于大学生就业的调查,想邀请您用几分钟时间帮忙填答这份问卷。本问卷实行匿名制,所有数据只用于统计分析,请您放心填写。题目选项无对错之分,请您按自己的实际情况填写。谢谢您的帮助。

填写说明:多选题均在题后备注,没有备注则为单选题。

Q1:您的性别?

○ 男　○ 女

Q2:您的年龄?

____

Q3:以下哪项描述符合你毕业后的去向安排?

○ 就业　○ 出国

○ 自主创业　○ 暂不就业

○ 考研

Q4:你就读的学校所在省份是________。

○ 北京市　○ 陕西省

○ 上海市　○ 宁夏回族自治区

○ 天津市　○ 河南省

○ 重庆市　○ 山东省

○ 黑龙江省　○ 山西省

○ 吉林省　○ 安徽省

○ 辽宁省　○ 湖北省

○ 内蒙古自治区　○ 江苏省

○ 河北省　○ 四川省

○ 新疆维吾尔自治区　○ 贵州省

○ 甘肃省　○ 云南省

○ 青海省　○ 广西壮族自治区

○ 西藏自治区　○ 台湾省

○ 浙江省　○ 海南省

○ 江西省　○ 香港特别行政区

○ 广东省　○ 澳门特别行政区

○ 福建省

Q5:你希望在哪个城市就业?

____

Q6:你首选的就业方向是________。

○ 政府机关　○ 民营企业

○ 学校及科研研究所　○ 部队

○ 其他事业单位　○ 自主创业

○ 国有企业　　　　○ 其他

○ 外资企业

Q7：你期望的月薪是________。

○ 2 000 元及以下　　　　○ 8 001～12 000 元

○ 2 001～3 000 元　　　　○ 12 001～20 000 元

○ 3 001～5 000 元　　　　○ 20 000 元以上

○ 5 001～8 000 元

Q8：你择业时优先考虑哪些因素？请选择最重要和其次重要的因素。

	工作环境	社会地位	工作稳定性	发展机会	工作地点	薪酬待遇	专业对口	其他
最重要	○	○	○	○	○	○	○	○
其次重要	○	○	○	○	○	○	○	○

Q9：你认为影响就业的因素有哪些？（可多选）

□ 学校知名度　　　　□ 外表形象

□ 专业知识　　　　□ 学科优势

□ 实践和工作经验　　　　□ 外语能力

□ 社会关系　　　　□ 其他

□ 沟通表达能力

Q10：你认为影响最大的因素是________。

○ 学校知名度　　　　○ 外表形象

○ 专业知识　　　　○ 学科优势

○ 实践和工作经验　　　　○ 外语能力

○ 社会关系　　　　○ 其他

○ 沟通表达能力

Q11：你择业时会选择哪些途径获取招聘信息？（可多选）

□ 报纸期刊　　　　□ 招聘会

□ 学校就业网　　　　□ 招聘网站

□ 单位网站和宣传册　　　　□ 导师推荐

□ 亲戚朋友介绍　　　　□ 其他

Q12：你倾向于如何在应聘过程中突显自己？（可多选）

□ 制作精美、详尽的自荐材料

□ 通过直接沟通让招聘者记住自己

□ 面试时在着装形象仪表方面下功夫

□ 请有信誉威望的人推荐自己

□ 事先充分了解单位，表示自己有充分的兴趣和准备

□ 突出自己的特长，表示自己完全能胜任招聘岗位的需求

□ 突出自己的学习能力和综合素质，表现自己将是可塑之才

□ 突出自己的性格，表现自己能够和单位同事相处愉快

□ 其他

Q13：你认为求职中最困扰你的是________。

○ 专业不对口

○ 就业信息不足

○ 就业政策限制

○ 缺乏实践和工作经验

○ 缺乏社会关系

○ 不公平竞争如户籍性别歧视

○ 其他

项目综合能力训练题(二)

一、填空题

1. 专门调查主要有________、________、________、________四种形式。
2. 统计调查按照调查对象的范围分为________和________。
3. 统计调查问卷由三部分构成：________、________、________。
4. 我国主要的普查项目有________、________、________。
5. 统计调查资料按照来源分为________和________。

二、判断题

1. 我国人口普查每十年进行一次，它属于经常性调查。 (   )
2. 全面调查和非全面调查是根据调查资料是否全面来划分的。 (   )
3. 统计报表制度是国家规定的一种统计报告制度。 (   )
4. 调查时间是指调查工作的起止时间。 (   )
5. 单一表是指一个调查单位单独登记的表格。 (   )

三、单项选择题

1. 统计调查按其组织形式分类，可以分为(   )。

A. 经常性调查和一次性调查　　B. 全面调查和非全面调查

C. 统计报表制度和专门调查　　D. 定期调查和不定期调查

2. 对某公司 1 000 名职工的收入情况进行调查，从中随机抽取了 100 名职工发放了调查问卷，这种调查属于(   )。

A. 普查　　B. 重点调查　　C. 典型调查　　D. 抽样调查

3. 2010 年 11 月 1 日零时，我国统计部门对全国人口情况进行调查，这种调查属于(   )。

A. 普查　　B. 重点调查　　C. 典型调查　　D. 抽样调查

4. 重点调查中的重点单位是指(   )。

A. 这些单位创造的经济效益很大
B. 这些单位在总体中处于重要地位
C. 这些单位在总体单位数中占很大的比重
D. 这些单位的标志值总量在总体标志值总量中占有很大比重
5.(　　)属于全面调查。
A. 普查　　B. 重点调查　　C. 典型调查　　D. 抽样调查

四、简答题

1. 一份统计调查方案包括哪几部分内容?
2. 什么是统计报表制度?
3. 专门调查有哪几种组织形式?试举例说明。

五、综合能力训练题

1. 指出下列统计调查中的调查对象、调查单位、组织形式和调查范围。

	统计调查	调查对象	调查单位	调查范围	组织形式
1	2008年对我国第二和第三产业所有企业进行经济调查				
2	考察某企业生产的奶粉质量,从奶粉生产线上随机抽检出100听奶粉进行质量检验				
3	要了解全国港口吞吐量的情况,对吞吐量比重较大的几个港口如上海、深圳、宁波、大连、青岛等港口进行调查				
4	2010年底对我国人口情况普查,要求各级单位按时填写并上交各种统计表				
5	要调查某种新技术对于企业盈利产生的效果,选择10个采用该技术开展生产并且盈利情况良好的企业开展调查				
6	2005年为了快速简捷地对我国人口情况进行摸底,开展1%人口抽样调查				

2. 从下列问题中选择一个你感兴趣的题目,尝试着设计一份统计调查方案和调查问卷。也可以自拟题目。

(1)关于大学生身体健康状况的调查
(2)关于大学生心理健康状况的调查
(3)关于大学生兼职情况的调查
(4)关于大学生就业形势的调查
(5)关于大学生恋爱观情况的调查
(6)关于大学生考证情况的调查
(7)关于大学生英语能力的调查
(8)关于大学生参加社团情况的调查

(9)关于大学生对社会热点情况关注度的调查
(10)关于大学生入党情况的调查
(11)关于大学生美容情况的调查
(12)关于大学生对于减肥态度的调查
(13)关于大学生阅读课外读物情况的调查
(14)关于大学生上网情况的调查
(15)关于大学生网恋情况的调查

项目三

统计整理

【知识目标】

1. 了解统计整理的内容和意义。
2. 掌握统计分组的方法。
3. 理解次数分布数列的概念。
4. 熟悉统计图和统计表。

【能力目标】

1. 能够根据调查任务整理统计资料。
2. 能够根据调查要求完成统计分组。
3. 能够运用多种形式的图表显示数据。

项目导入案例　　《红楼梦》文字的分组研究

《红楼梦》是我国四大名著之首,而且有很多悬而未决的问题,把统计学的定量分析方法引入红学研究是很自然的。

早在1980年,在美国威斯康星大学召开的"首届国际《红楼梦》研讨会"上,该校华裔学者陈炳藻教授首次报告了他在这方面的研究工作,此后还出版了专著。

陈教授将《红楼梦》120回分为三组,每组40回,并将《儿女英雄传》作为对照组进行比较研究。他从每组中任取8万字,挑出名词、动词、形容词、副词、虚词这5种词,然后运用统计学方法算出各组之间用词的相关程度,结果发现:《红楼梦》前80回与后40回所用词汇的相关程度远远超过《红楼梦》与《儿女英雄传》所用词汇的相关程度,并由此推断:前80回与后40回均为曹雪芹一人所作。

但是，我国华东师范大学陈大康教授得出了迥异的结论。他也把《红楼梦》120回分成三组，每组40回，并统计了其中所含词、字、句等88个项目。他发现，这些词在前两组出现的规律相同，而与后40回却不一致；关于用字特点和句式规律，前两组也是惊人的吻合，而后40回则迥异。由此推断：后40回非曹雪芹所作（但含有少量残稿）。

任务一　统计整理的概念和步骤

一、统计整理的概念和作用

统计整理就是根据统计研究的任务与要求，对统计调查所搜集到的原始资料进行分组、汇总，使其条理化、系统化的工作过程。统计整理包括对原始资料和次级资料的整理。

统计整理是统计调查的继续，是统计分析的前提和基础，在整个统计工作中发挥着承上启下的作用。

通过统计调查所取得的总体各单位的资料是分散而杂乱的，只能说明总体单位的情况，不能反映总体特征。统计整理对调查资料进行科学的整理加工，使之系统化，成为说明总体特征的综合资料，实现了由反映总体单位特征的标志向反映总体综合数量特征的统计指标的转化，是从对社会经济现象个体量的观察到对社会经济现象总体量的认识的连接点，是人们对社会经济现象从感性认识到理性认识的过渡阶段。

二、统计整理的步骤

统计整理工作是一项系统的工作，具体工作内容包括对统计资料的审核、分组、汇总和编制图表等环节。

要做好这项工作，必须有计划地采用科学的方法进行。通常包括下列几个步骤：

（一）制定统计整理方案

在进行统计整理工作之前，要根据统计研究的任务和要求，对调查资料如何处理和怎么处理做一个整体规划，这个整体规划就是统计整理方案。

统计整理方案包括确定统计分组的方法、用哪些指标来说明总体特征和对总体资料的处理方法。统计整理方案是确保统计整理工作有步骤、有计划开展的重要前提。

（二）审核原始资料

针对统计调查工作中可能出现的误差，必须对所获得的原始资料进行严格审核。审核的具体内容包括：调查单位是否有遗漏，所有调查项目是否填写完整，填写的内容是否有有悖逻辑、自我矛盾的地方，调查资料是否符合规定的时间，等等。

如发现问题，应及时查明原因并更正。

（三）分组和汇总

分组是根据研究任务的要求，对调查所得的原始资料，确定哪些分组或分类。统计分组的关键是确定正确的分组标志和合适的组限。

汇总是在统计分组的基础上，把总体单位各种标志的标志值汇总起来。汇总主要有手工汇总和电子计算机汇总。

科学的分类汇总是统计整理的前提，只有正确的分组汇总才能揭示总体的特征和规律。

（四）绘制统计图表

绘制统计图表是把汇总的资料按一定的规则在表格上表现出来。

统计图和统计表是统计整理资料的表现形式，是统计整理成果的体现。

任务二　统计分组

一、统计分组的概念和作用

（一）统计分组的概念

统计分组是根据统计研究的目的和要求，按照一定的标志将总体划分为若干不同的类别组，使组与组之间有较明显的差异，使调查来的大量无序的统计资料，成为有序的、层次分明的、能表现总体属性和特征的资料。

（二）统计分组的作用

统计分组是统计整理的主要方法，统计分组的作用主要有以下三方面：

1. 划分现象的类型

统计分组的根本作用在于区分现象的质。客观现象是错综复杂的，现象内部各单位之间有其共性的一面，因而构成同质总体；它们又有个性的一面，相互之间存在某些差异。在进行统计分组之前，这种差异处于无序状态，显现不出来。统计分组实际上就是按差异的大小进行分类，分组的结果使组内的差异缩小，而组与组之间的差异扩大。因此，统计分组进一步划分了现象的类型。

一般来说，社会经济类型的分组多采用品质标志来划分。例如，工业可以分为轻工业和重工业；产业可以划分为第一产业、第二产业、第三产业；经济类型可以划分为国有、集体、民营、合营、个体、外资、中外合资等多种类型。

2. 反映现象的内部结构

总体是由大量个别单位组成，在将其划分成不同类型的基础上，计算出各种类型在总体中所占的比重，可以说明各个组成部分在总体中的分布状况，反映现象的内部结构，从而揭示现象的性质和发展变化的规律。

这种分组既可以采用品质标志分组，又可以采用数量标志分组。例如，表 3－1中通过对上海市生产总值按照产业类型分组，可以看出 1990 年至 2013 年，上海产业结构发生了很大变化，第三产业的比重上升。

3. 分析现象之间的依存关系

客观现象是一个复杂的整体，各种现象不是孤立存在的，它们之间存在着相互联系、相互制约的依存关系，一种现象的变化常是另一种现象变化的原因或结果。利用统计分组，划分这种关系的存在，以及对现象发展过程中的影响程度，分析影响因素中哪些是主要的，哪些是次要的。例如，居民收入和消费支出之间的关系，施肥量与农作物产量之间的关系，商品销售额与流通费用率之间的关系，都可以利用统计分组划分事物类型，说明影响因素对结果因素的作用程度。

表 3-1　　1990～2013 年上海市生产总值按产业类型分组表

产业类型＼年份	1990 年		2013 年	
	上海生产总值(亿元)	比重(%)	上海生产总值(亿元)	比重(%)
第一产业	34.24	4.38	129.28	0.60
第二产业	505.70	64.69	8 027.77	37.16
第三产业	241.82	30.93	13 445.07	62.24
合　计	781.66	100	21 602.12	100

资料来源:《上海统计年鉴 2014》。

二、分组标志的概念和选择原则

(一)分组标志的概念

所谓分组标志，就是划分总体单位为不同性质类型组的标准。要充分发挥统计分组的作用，必须正确选择分组标志，保证科学分组。不同的分组标志反映着总体的不同特征。因此，我们要根据统计研究的目的和任务，选择能够反映客观现象本质特征的标志。在实践中，分组标志的选择，不仅是个技术方法问题，而且还是一个重要的理论问题。

(二)选择分组标志的原则

选择分组标志要根据下面三条基本原则进行：

1. 要根据统计研究的目的和任务，选择分组标志

同一总体，可以按照许多个标志进行分组，具体采用什么分组标志主要取决于研究的目的和任务。例如，每个工业企业均具有所有制类型、职工人数、产品品种、生产能力、盈利水平等各种标志，若要研究企业经济类型，则要选择所有制类型为分组标志；若研究企业的经营效果，则要选择盈利水平作为分组标志。

2. 要选择最能反映现象本质特征的标志作为分组依据

在同一总体的许多标志中，有时可能有多个标志看起来都可以达到同一研究目的。分组时，应选择最能反映事物本质特征的标志，才能得出触及问题实质的结果。如果要研究企业的经营效果，应选择营业盈利、缴纳税金水平、劳动生产率、平均工资等联系密切的标志作为分组标志。

3. 要结合研究对象所处的历史条件和社会环境来选择分组标志

能反映现象本质的重要标志，往往会随着现象所处的时间、地点的变化而变化。某一标志，在这种条件下，可作为分组的重要标志；而在另一种情况下，由于时迁境迁，却丧失了其作为分组标志的现实意义。过去，人们常用职工人数的多少作为划分大、中型企业的分组标志，而在科学技术高速发展的当今世界，职工人数与企业规模已经没有必然联系，再用这个标志进行此类分组，显然意义不大。

三、统计分组的种类

(一)按分组标志的性质分为品质标志分组和数量标志分组

根据分组标志的性质不同，分为品质标志分组和数量标志分组两种。

品质标志分组是根据统计研究的目的，选择反映现象性质属性差异的品质特征对总体进

行分组。这种分组，有些比较简单明了，界限容易分清，如人口按性别分为男、女两组；有的则比较复杂繁琐，界限不容易分清，如在职人员按照所属行业来进行分组，行业众多，没有统一的标准很难界定。类似这种分组，在实际中，为了方便和统一，国家统计部门制定了适合一般情况的标准分类目录。如《产品分类目录》、《工业部门分类目录》、《职业分类目录》等。为了便于各国间的比较，联合国还制定了国际通行的有关标准分类。

数量标志分组是选择反映事物数量差异程度的数量标志对总体进行分组。正确选择反映事物性质差异的数量界限，是按数量标志分组的关键。

(二)按分组标志的多少分为简单分组、复合分组和分组体系

根据分组标志的个数不同，可分为简单分组、复合分组和分组体系三种。

简单分组是指按一个标志进行分组，只反映总体某一方面的数量状态和结构特征。

复合分组是指按两个或两个以上标志重叠分组，即先按一个主要标志分组，然后再按另一个从属标志在已分好的各组中再分组。如人口按性别先作简单分组，分为男、女两组后，再按接受教育程度分为研究生、大学文化程度、中学文化程度等。复合分组比简单分组说明的问题更多，能对总体作出比较全面和深入的分析，反映其内部类型和结构特征。但复合分组的组数将随着分组标志个数的增加而成倍地增加。因此，在进行复合分组时，分组标志个数不宜过多，要适当控制。

分组体系是根据统计分析的要求，通过对同一总体进行多种不同分组而形成的一种相互联系、相互补充，从多方面反映总体内部关系的体系。在统计分析中，不论是简单分组还是复合分组，都只能对客观现象从一个方面和某个方面进行研究分析，不能说明现象的全貌，而统计分组体系则是从不同的角度来对总体进行系统全面的观察分析。它适用于对复杂现象的系统研究。

统计分组体系有平行分组体系和复合分组体系两种形式。平行分组体系是对总体采用两个或两个以上标志分别进行简单分组。如 2004 年 12 月 31 日上海市第一次经济普查法人单位可以按机构类型、产业活动、地区分布等几个标志同时分组，形成平行分组体系，如表 3—2 所示。

表 3—2　　上海市第一次经济普查法人单位平行分组表　　单位：万个

按机构类型分组	单位数	按产业活动分组	单位数	按地区分布分组	单位数
企业法人	32.2	第二产业	7.8	浦东新区	3.7
机关事业法人	1.0	第三产业	26.6	黄浦区	1.3
社会团体法人	0.2			卢湾区	0.7
其他法人	1.0			徐汇区	2.2
				⋮	⋮
				虹口区	1.3
合　计	34.4	合　计	34.4	合　计	34.4

复合分组体系是对总体同时选择两个或两个以上的分组标志重叠起来进行分组。如

2004 年 12 月 31 日我国第一次经济普查法人单位数与个体经营户形成的复合分组体系，如表 3—3 所示。

表 3—3　我国第一次经济普查单位数与个体经营户数复合分组表　单位：万个

1.法人单位数	516.9	3.个体经营户	3 921.6
其中：		其中：	
企业法人	325.0	第二产业	588.7
机关事业法人	90.0	第三产业	3 332.9
社会团体法人	10.5		
其他法人	91.4		
2.产业活动单位	682.4		
其中：			
第二产业	167.5		
第三产业	514.9		

任务三　分布数列

一、分布数列的概念和分类

(一)分布数列的概念

在统计分组的基础上，将各组的总体单位数汇总计算，再按一定的顺序一一对应排列，说明总体单位数在各组的分配情况，这种形式称为分布数列。它能够反映总体的分布规律和性质，在统计分析中被广泛应用。

分布数列由两部分组成：一是分组的组别，二是与之相对应的各组总体单位数。其中各组总体单位数称为次数(或频数)。各组的次数与总体总次数之比称为比重(或频率)。各组的频率大于 0，所有组的频率总和等于 1。在变量分配数列中，频数(频率)表明对应组标志值的作用程度。频数(频率)数值越大表明该组标志值对于总体水平所起的作用也越大，反之，频数(频率)数值越小，表明该组标志值对于总体水平所起的作用越小。

为了概括总体各单位的分布特征，有时还需要编制累计频数数列和累计频率数列。累计有向上累计和向下累计的方法。向上累计是指将各组频数和频率由变量值低的组向变量值高的组累计，表明在这些数值以下所有数值所占的比重；向下累计是指将各组频数和频率由变量值高的组向变量值低的组累计，表明在这些数值以上所有数值所占的比重。

(二)分布数列的分类

1. 按分组标志性质不同分为品质分布数列和变量分布数列

品质分布数列是按品质标志分组形成的分配数列，简称品质数列，见表 3—4。

表 3—4　　某厂职工按性别分组形成的统计表

按性别分组	人数(频数)	比率(频率)(%)
男职工	250	62.5
女职工	150	37.5
合　计	400	100.0

变量分布数列是按数量标志分组形成的分配数列，简称数量数列式变量数列，见表 3—5。

表 3—5　　某厂技术工人按每天生产零件数形成的统计表

按生产零件个数分组	工人数(人)	比率(频率)(%)
10	6	5.6
12	14	13.0
16	50	46.3
18	20	18.5
20	16	14.8
22	2	1.8
合　计	108	100.0

变量数列是统计中常见的数列类型。

2. 按各组变量值是否有变动范围，变量数列可分为单项数列和组距数列

(1)单项数列

单项数列是指以一个变量值为一组，按照一定顺序排列形成的分配数列。如表3—6所示。

表 3—6　　某学生社团按学生年龄分组形成的统计表

按年龄分组	人数(频数)	比率(频率)(%)
18	1	5
19	3	15
20	6	30
21	7	35
22	2	10
23	1	5
合　计	20	100

(2)组距数列

组距数列是指以一定范围的变量值为一组，按照一定顺序排列形成的分配数列。如表3—7所示。

表 3-7　某车间工人按每日完成的组装零件数分组形成的统计表

按每日完成的组装零件数分组(个)	工人数(人)	比率(频率)(%)
90 以下	5	4.8
90～100	14	13.3
100～110	37	35.2
110～120	29	27.6
120～130	15	14.3
130 以上	5	4.8
合　计	105	100.0

在组距数列中，要注意全距、组数、组距、组限和组中值这五个要素。

①全距

全距是指最大变量值和最小变量值之差。确定全距，主要是确定数列中变量值的变动范围和变动幅度。但是在存在开口组的数列中，没法准确计算全距。

全距＝最大变量值－最小变量值

②组数

组数是指分组后形成的小组数目。

③组距

组距是指每一组变量值的区间长度。如果每一组的组距都相等，称为等距分组；如果每一组的组距不完全相等，称为不等距分组。

在全距一定的情况下，组距与组数成反比关系，即组数少，组距大；组数多，组距小。

在确定组距和组数时，可以参考史德杰斯经验公式计算。

$$组数=1+3.322\log N$$

$$组距=\frac{全距}{1+3.322\log N}$$

式中，N 为数据的个数。

④组限

组限是指各组之间界限的变量值。每一组组限中，最大变量值称为上限，最小变量值称为下限。

上限和下限都有的组称为闭口组，只有上限或者只有下限的组称为开口组。

在统计工作中，如果某一变量值恰巧与上限或下限相等，习惯上按“上限不在内”处理，即把该变量值归入作为下限的那一组进行统计。

⑤组中值

组中值是指上限与下限之间的中点值，代表组内变量值的平均水平。

闭口组的组中值＝(上限＋下限)/2

开口组的组中值＝上限－相邻组组距/2＝下限＋相邻组组距/2

三、组距式变量数列的编制

编制组距式变量数列，一般包括以下几个步骤：

(1)原始资料按数值大小顺序排列，计算全距。

(2)确定组数、组距和组限。

(3)计算各组频数、频率、累计频数和累计频率。

［例 3－1］ 以下数据是某班 50 名学生统计学的考试成绩，根据这些数据进行适当的组距分组，并编制频数分布表。

87	80	73	75	91	81	82	74	79	70
61	86	69	84	83	73	79	25	84	58
71	65	72	95	81	92	69	84	94	83
99	71	68	74	89	94	75	87	84	80
83	90	65	87	86	96	92	81	89	97

第一步，应先对上面的数据进行排序，结果如下：

25	58	61	65	65	68	69	69	70	71
71	72	73	73	74	74	75	75	79	79
80	80	81	81	81	82	83	83	83	84
84	84	84	86	86	87	87	87	89	89
90	91	92	92	94	94	95	96	97	99

其中，最小值为 25，最大值为 99，全距为 99－25＝74。

第二步，确定组距和组限。考试成绩一般以 10 分为一个长度划分，因此可以选择 10 作为组距，将全部数据分为 5 组。由于最小值 25 与 58 差距较大，第一组可以选择开口组的形式。

第三步，计算各组频数、频率、累计频数和累计频率。计算结果如表 3－8 所示。

表 3－8 50 名学生统计学考试成绩的分布表

按考试成绩分组	人数		向上累计		向下累计	
	频数(人)	频率(%)	频数(人)	频率(%)	频数(人)	频率(%)
60 以下	2	4	2	4	50	100
60～70	6	12	8	16	48	96
70～80	12	24	20	40	42	84
80～90	20	40	40	80	30	60
90～100	10	20	50	100	10	20
合 计	50	100	—	—	—	—

四、常见的次数分布类型

在日常生活和社会经济中，常见的次数分布曲线有正态分布、偏态分布、J型分布和U型分布等几种。

正态分布是一种对称的钟型分布，有很多现象服从这种分布，如农作物的产量、零件的公差和考试成绩等都服从这种分布。正态分布是一种理论的分布形式，在实际中或多或少会呈现一定的偏态。如图3—1所示。

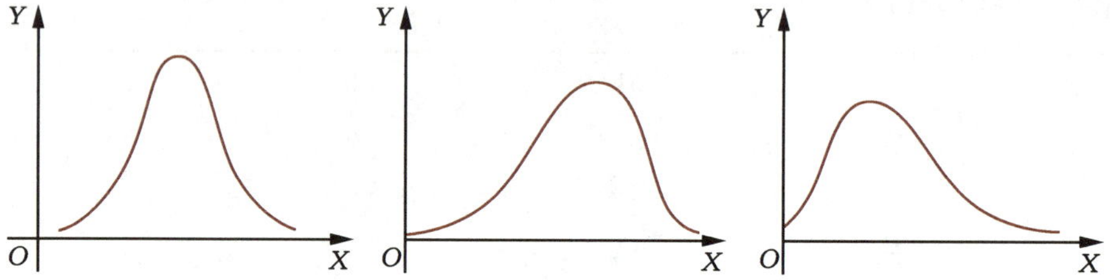

图3—1 标准正态分布、左偏态分布(负偏)和右偏态分布(正偏)

U型分布的特征是两端的频数较多，中间的频数较少。如人或动物的死亡率就近似服从U型分布。在人口中婴儿和老年人的死亡率较高，中青年的死亡率较低。如图3—2所示。

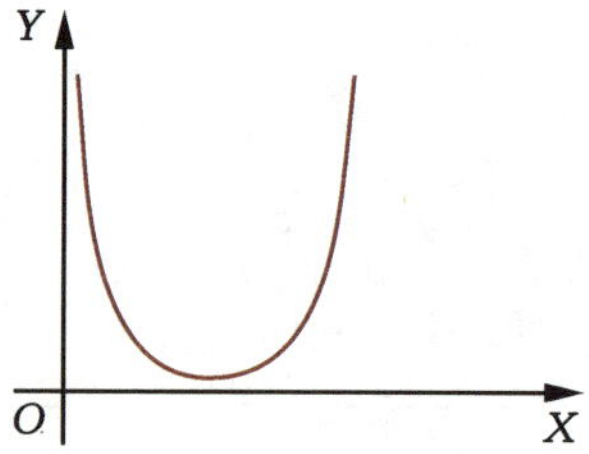

图3—2 U型分布

J型分布有正J型和反J型两种，如经济学中的供给曲线，呈现正J型；而需求曲线，则呈现反J型。如图3—3所示。

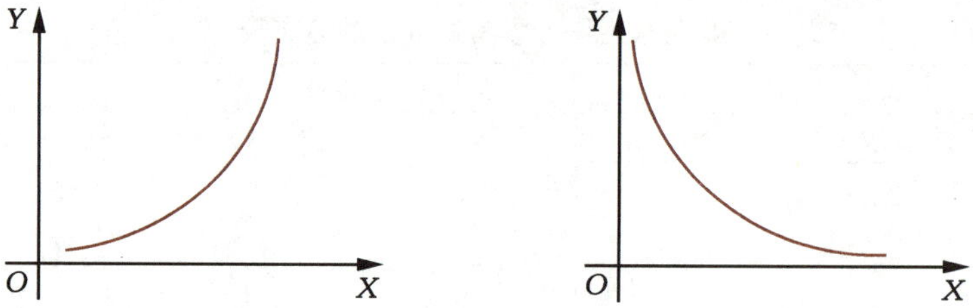

图3—3 J型分布

任务四　统计表

一、统计表的概念和内容

（一）统计表的概念

把统计工作过程中获得的数字资料，经过整理，按一定的项目和顺序填在一定的表格内予以表述，这种表格称为统计表。

统计表是统计用数字说话的常用形式，具有完整而突出的表现能力，条理清楚，通俗易懂，是一种便于分析研究的统计工具。

（二）统计表的内容

从形式上看，统计表由总标题、横行标题、纵栏标题和数字资料等要素构成，如表3—9所示。

总　标　题

表3—9　×年×月某厂各车间完成零件数情况

主　词　　　　宾　词

车间	完成零件数（个）		完成百分比（%）
	计划完成数	实际完成数	
一车间	4 000	4 400	110
二车间	6 000	6 300	105
三车间	5 000	4 500	90
四车间	8 000	8 640	108
合　计	23 000	23 840	103.5

（左侧标注：横行标题；右侧标注：纵栏标题、数字资料）

1. 总标题

它是统计表的名称，概括地说明统计表的内容，置于表的正上方。

2. 横行标题（也称主词）

置于表的左端，是总体各组或各单位的名称，说明统计研究的对象。

3. 纵栏标题（也称宾词）

它是用来说明主词的指标名称，置于表的右上端，连同表中数字，总称宾词。

主词和宾词的位置根据资料和列表的具体情况，有时也可互换位置。

二、统计表的种类

统计表按其主词是否分组及如何分组，可以分为简单表、分组表和复合表三种。

（一）简单表

它是主词不经过任何分组，仅列出总体各单位的名称或按时间顺序、空间数列简单排列的统计表，如表3—10所示。

表 3—10　　第六次人口普查京、津、沪、渝四个直辖市人口统计表(2010 年 11 月 1 日零时)

城市名称	人口数(万人)
北京市	1 961.2
天津市	1 293.82
上海市	2 301.91
重庆市	2 884.62

简单表应用普遍,但反映问题比较粗略,难以深入说明问题。

(二)分组表

它是主词按某一标志进行分组的统计表(包括品质分布数列分组表和数量分布数列分组表)。分组表可以深入地分析现象的本质和发展规律,如表 3—11 属于分组表。

表 3—11　　某企业男性职工按体重分组表

按体重分组(公斤)	工人数(人)	比率(频率)(%)
50 以下	5	4.8
50～60	14	13.3
60～70	37	35.2
70～80	29	27.6
80～90	15	14.3
90 以上	5	4.8
合　计	105	100.0

(三)复合表

它是主词按两个或两个以上标志进行复合分组的统计表。它在经济活动分析中具有较大的作用。当比较分析影响某种现象变化的多个因素作用时,复合表显得尤为重要,如表 3—12 所示。

表 3—12　　某厂各车间职工按性别和文化程度分组形成的统计表

车间	职工人数(人)	性　别		文化程度		
		男	女	大学	高中	初中
一车间	254	201	53	8	80	166
二车间	381	274	107	12	96	273
三车间	325	250	75	17	101	207
合　计	960	725	235	37	277	646

三、统计表的编制原则

设计统计报表时应遵循科学、实用、简练、美观的原则。

(1)统计表的各种标题要力求简明、确切地反映资料的主要内容及所属的时间和地点。

(2)统计表的内容要简明扼要,不要罗列太多和过于庞杂,内容确实较多的,可分设几个统计表。

(3)统计表的栏数较多时,通常加编号,并说明其相互关系,主词和计量单位等栏用甲、乙等作序编栏;宾词栏用 1、2、3 等数字编号。

(4)表中数字资料要填写整齐,位数对准,应确定同等的精度。如有相同数字应全部填写,不得写"同上"、"同左"等字样;如没有数字的空格内用"—"表示;当缺少资料,用"…"表示,表明并非漏填。

(5)统计表中数字用同一种计量单位时,可在表右上端注明。若计量单位不统一,横行可以设计量单位栏,纵栏的计量单位可与纵标题写在一起,用括号括起来。

(6)统计表一般左右两端不封闭,表的上下端划粗线或双线;同一表内如有两个以上不同内容,也要用粗线或双线隔开。

(7)特殊需要说明的统计资料,应在表的下面注明。编制完毕经审核后,单位、主管负责人和填表人分别签名盖章,以示负责。

任务五　统计图

一、统计图概念和绘制原则

(一)统计图的概念

统计图是将抽象的数字绘制成几何图形或象形图形来显示统计资料,用以说明现象数量关系的图形。

统计图是表现统计资料的重要方法之一。它通俗易懂,简明扼要,形象生动,是进行统计研究的科学方法。借助统计图将研究结果表现出来,可以增加读者对统计资料的理解,加深记忆。

(二)统计图的绘制原则

为了使统计图能发挥其应有的作用,在绘制时必须遵守以下原则。

1. 绘制统计图要有明确目的

统计图是表现统计资料的重要形式之一,是统计整理和统计分析的有效工具。设计和绘制统计图必须有明确的目的。

2. 绘制统计图要有科学性

统计图与一般美术图画不同,它是实际事物的具体反映,不允许夸张,必须按现象的性质、计算口径、图示目的、绘制方法等方面严格要求制作,做到准确无误地表现统计资料。

3. 绘制统计图要有艺术性

统计图形的布局、形式、线条、字体、色彩等方面力求精心设计,灵活应用,使画面鲜明醒目,生动活泼,以提高图示的效果,加深读者印象。

4. 统计图要适合不同场合使用和不同的对象观看

统计图要根据不同的统计资料和不同的目的，绘制不同的图形。每个图形有简明扼要的标题，做到内容与形式协调，以提高读者兴趣，吸引读者的注意力。

二、统计图的绘制步骤

(1)根据统计研究目的和要求，搜集和选择统计资料。

(2)按统计资料性质、内容、分布场合和阅读对象确定统计图形。

(3)对统计资料进行审核分析、整理和计算，确定绘图比例、线条长度等。

(4)先绘草图，将统计资料与草图校对准确后绘出正式图形。

(5)书写图名，加注数字、图例及文字说明。如编制单位、日期、资料来源等。

(6)审核图形。审核其是否符合既定目的，图式是否准确、简明、生动；坐标尺度是否妥当；线条、数字、文字是否适用；图号、图例是否齐全。

(7)仔细描绘正式统计图。

(8)全面检查图形，发现差错或遗漏，予以纠正。

三、常见的统计图

在实际应用中，常见的统计图有直方图、折线图、茎叶图、平面图、象形图和统计地图等类型。

(一)直方图

直方图是用矩形的宽度和高度来表示频数分布的图形。在直角平面坐标中，横轴表示数据分组，纵轴表示频数或频率，各组与相应的频数就形成一个矩形。

图 3—4 是根据表 3—8 的频数分布绘制的直方图。

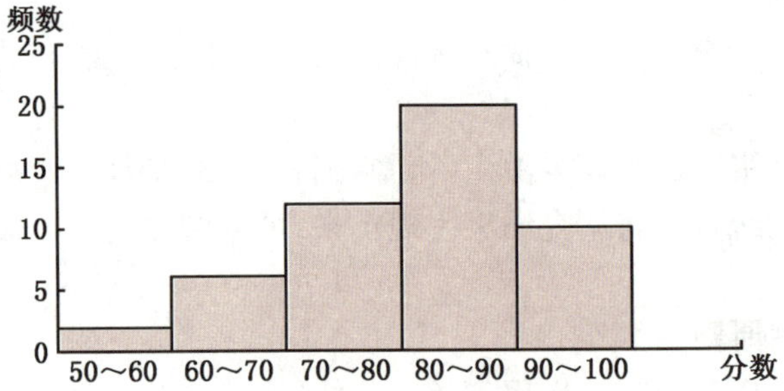

图 3—4　50 名学生统计学成绩分布直方图

(二)折线图

折线图也称多边形图，它是在直方图的基础上，把各矩形顶部的中点用直线依次相连，所得折线，即为折线图。根据图 3—4 的频数直方图绘制的折线图如图 3—5 所示。

(三)茎叶图

茎叶图是一种既能给出数据的分布状况，又能给出每一个原始数据的一种数据显示方法。茎叶图由“茎”和“叶”两部分组成，通常以每一个数据的高位数作为树茎，放在竖线的左边，树茎一经确定，树叶就自然地长在相应的树茎上，树叶放在竖线的右边。

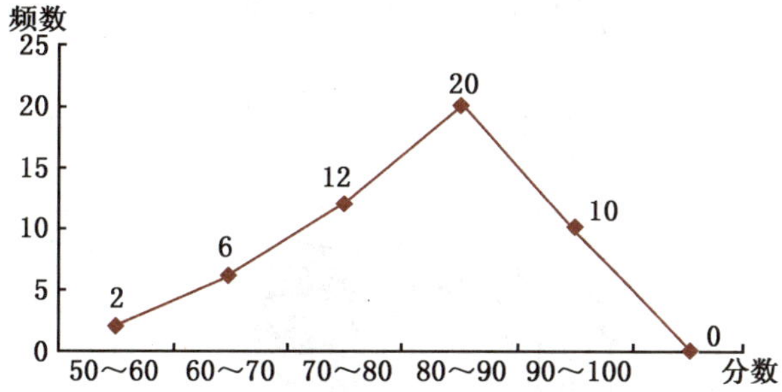

图 3—5　50 名学生统计学成绩分布折线图

图 3—6 是根据例 3—1 中的数据作出的茎叶图。

2	5
3	
4	
5	8
6	1 5 5 8 9 9
7	0 1 1 2 3 3 4 4 5 5 9 9
8	0 0 1 1 1 2 3 3 3 4 4 4 4 6 6 7 7 7 9 9
9	0 1 2 2 4 4 5 6 7 9

图 3—6　50 名学生统计学考试成绩的茎叶图

茎叶图类似于横置的直方图，它显示了原始数据，比直方图提供更多的信息。

上面的茎叶图显得过于拥挤，可以把它扩展，形成扩展的茎叶图。例如，将图 3—6 扩展 1 倍，即每一个树茎重复两次，把以 0～4 结尾的数据放在一行，把以 5～9 结尾的数据放在另一行，则扩展的茎叶图如图 3—7 所示。

2	5
3	
4	
5	8
6	1
6	5 5 8 9 9
7	0 1 1 2 3 3 4 4
7	5 5 9 9
8	0 0 1 1 1 2 3 3 3 4 4 4 4
8	6 6 7 7 7 9 9
9	0 1 2 2 4 4
9	5 6 7 9

图 3—7　50 名学生统计学考试成绩的扩展的茎叶图

（四）平面图

平面图是以几何图形面积的大小来表示统计资料的一种图形。它主要用于比较总体内部统计指标，说明总体的结构及其变化。常用的平面图有圆形图、方形图、三角形图等，下面以圆形图为例进行说明。

圆形图是以圆内各扇形面积的大小或以圆面积大小来表示某一现象指标数值的一种图

形。主要用于比较指标数值。可用整圆作为总体，以圆扇形代表总体各部分数值，来显示总体的结构及各部分的比重。

图 3－8 是根据表 3－8 的频数分布绘制的圆形图。

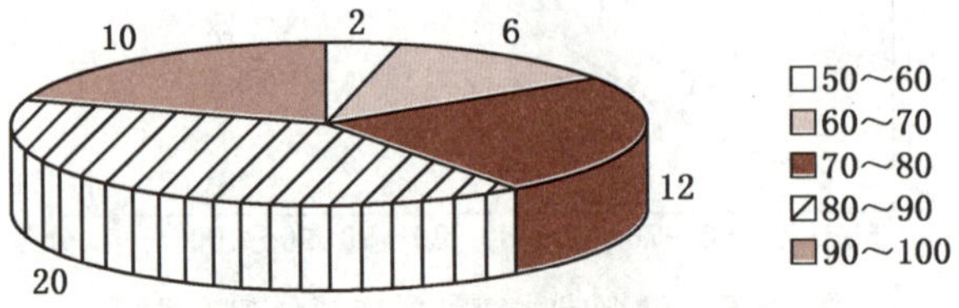

图 3－8　50 名学生统计学成绩分布情况

(五)象形图

象形图是用各种实物的具体形象来表示统计指标数值的图形。主要用于表示统计指标及显示现象的发展变化情况，它生动活泼、鲜明醒目、通俗易懂，并能吸引人们注意，能起到图示的良好效果。

象形图的绘制方法是先将要表示的资料画成条形图、平面图或立体图，再在图上画出具体形象。

例如，图 3－9 为某国家某沙漠地区植树面积计划的象形统计图，图中以单位树高表示植树亩数为 50 万亩，从图上看，2002 年种树约 50 万亩，2003 年种树约 75 万亩，2004 年种树约 100 万亩，2005 年种树约 150 万亩，2006 年种树约 200 万亩。图 3－10 反映了 1952～2003 年我国人口总数和增长情况。①

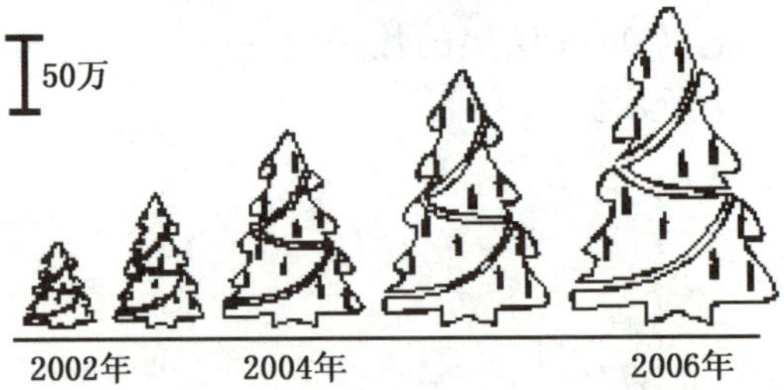

图 3－9　某国家某沙漠地区植树面积计划的象形统计图

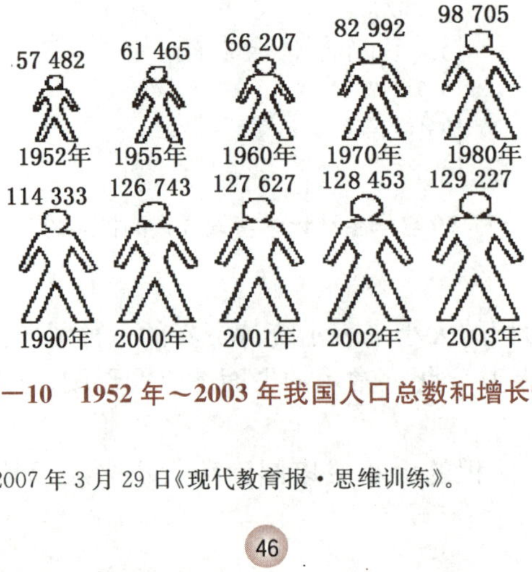

图 3－10　1952 年～2003 年我国人口总数和增长情况

① 图 3－9、图 3－10 均摘自 2007 年 3 月 29 日《现代教育报・思维训练》。

(六)统计地图

统计地图是以地图为背景,利用各种几何图形和不同细纹或颜色,表明和比较事物在各地的分布情况,或对某些现象进行地区间比较的一种统计图形。它一般是与统计图形相结合,用来反映现象的地理位置以及与其他自然条件的关系。

统计地图的绘制方法,先画一张简明地图做背景,然后根据统计资料在地图上的适当位置,绘出点、圆和细纹等相应的统计图形。

图 3—11 所示的统计地图显示了某地区的人口密度。

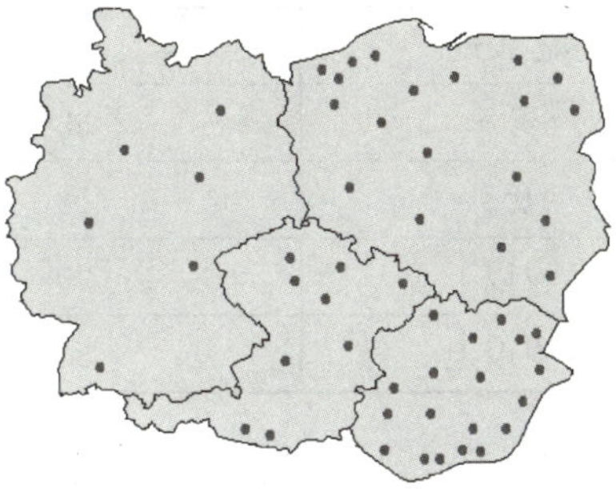

图 3—11 某地区人口密度统计地图

项目综合能力训练题(三)

一、填空题

1. 统计分组按照分组标志性质的不同分为________和________;按照分组标志个数的多少分为________、________和________。

2. 分布数列由________和________两部分构成。

3. 在组距数列中,表示各组界限的变量值称为________,其中点数值称为________。

4. 统计表从形式上看,包括________、________、________、________四部分。

5. 按工人操作机器台数分组属于________变量数列,按工人工资进行分组属于________变量数列。

二、判断题

1. 统计整理是统计工作的最终阶段。 ( )

2. 统计整理阶段的最关键问题是对调查资料进行审核。 ( )

3. 将总体按照某个标志分组形成的数列都叫变量数列。 ( )

4. 统计分组后分配在各组的总体单位数称为频率。 ( )

5. 变量数列的编制中,在条件不变的情况下,组数分得越多,组距也越大。 ( )

三、单项选择题

1. 统计分组的依据是( )。

A. 指标　　B. 指标值　　C. 标志　　D. 标志值

2. 在全距一定的情况下，组距与组数的关系是（　　）。

A. 成正比　　B. 成反比　　C. 无比例关系　　D. 不确定

3. 某学生统计学考试成绩为 60 分，在分组时应把它归在（　　）。

A. 50～60 分　　B. 60～70 分　　C. 60 分以下　　D. 以上都不对

4. 变量数列中各组频率之和应该是（　　）。

A. 大于 1　　B. 等于 1　　C. 小于 1　　D. 无法确定

5. 下表是对某班级学生进行分组形成的表格，它属于（　　）。

分组标志	标志表现	人数	合计
性别	男	32	50
	女	18	
年龄	18 岁以下	20	50
	18 岁以上	30	

A. 简单分组　　B. 复合分组　　C. 平行分组　　D. 以上三种都有

四、简答题

1. 统计整理的主要内容有哪几部分？
2. 什么是统计分组？分组有哪些作用？
3. 常用的统计表有哪几种形式？其结构如何？

五、综合能力训练题

1. 某班级有 20 个学生，他们的年龄资料如下：

22	22	25	23	24	23	22	25	23	23
23	24	24	24	24	24	23	23	23	24

要求：根据资料编制单项式分布数列。

2. 某班 45 名学生统计学考试成绩从低分到高分排列如下：

50	51	54	55	58	59	61	62	63
64	65	66	67	68	69	70	71	72
72	72	73	74	74	74	75	75	75
76	77	78	79	80	81	83	84	85
86	86	87	88	90	91	95	97	99

要求：根据上述资料编制成组距为 10 的等距数列，计算各组组中值、频数、频率、向上累计频数和向下累计频数。

项目四

综合指标

【知识目标】

1.掌握总量指标的概念和种类。

2.掌握相对指标的概念、种类和计算方法。

3.掌握平均指标的含义与计算方法。

4.掌握变异指标的含义与计算方法。

【能力目标】

1. 能够运用各种综合指标描述经济现象。

2. 能够运用各种综合指标分析社会经济现象的数量关系。

项目导入案例　　一个经典的结构相对指标——恩格尔系数

19世纪德国统计学家恩格尔根据统计资料，对消费结构的变化得出一个规律：一个家庭收入越少，家庭收入中（或总支出中）用来购买食物的支出所占的比例就越大，随着家庭收入的增加，家庭收入中（或总支出中）用来购买食物的支出则会下降。推而广之，一个国家越穷，每个国民的平均收入中（或平均支出中）用于购买食物的支出所占比例就越大，随着国家的富裕，这个比例呈下降趋势。

恩格尔系数是根据恩格尔定律得出的比例数，是表示生活水平高低的一个指标。其计算公式为：

$$恩格尔系数=\frac{食品支出金额}{生活消费总支出金额}\times 100\%$$

联合国曾提出恩格尔系数的数量界限，即恩格尔系数在60%及以上为生活绝对贫困；50%～60%为勉强度日，40%～50%为小康水平，20%～40%为生活富裕，20%以下为很富裕。

任务一　总量指标

一、总量指标的概念和作用

(一)总量指标的概念

总量指标是某一客观现象总体在一定条件下的规模、水平或工作数量的总和。其表现形式是绝对数,故也称绝对指标或绝对数。例如,一个国家或地区的人口总数、土地面积、国内生产总值;一个工业企业的产品产量、产品销售收入等。

总量指标是统计中常用的最基本的统计指标,在统计研究分析中,尤其是对社会经济现象的研究具有重要作用。

(二)总量指标的作用

(1)总量指标是反映客观现象基本状况的重要指标,是认识事物的起点。它常用来反映一个国家的国情国力,反映一个地区乃至一个企业的人力、财力、物力的基本情况。如国内生产总值、粮食产量、财政收入等指标,能够表明一个国家或地区的经济发展水平,可用来作为国家间、地区间经济实力的比较分析;企业的产品产量、职工人数、生产能力等总量指标是制定计划、预测、决策的基本依据。

(2)总量指标是进行经济分析和经济管理的依据。

政府部门制定人口政策、粮食产销政策、经济规划等,都需要掌握大量有关总量指标,以此作为依据。

(3)总量指标是计算相对指标和平均指标的基础。相对指标、平均指标大多是由两个有联系的总量指标对比计算的结果,是总量指标的派生指标。总量指标的正确与否,直接影响到相对指标和平均指标的正确性。

二、总量指标的种类

(一)按其反映的内容可分为总体单位总量和总体标志总量

总体单位总量是总体单位数的合计,反映总体在一定条件下达到的总规模。总体标志总量是总体各单位某一标志值的总和,表明总体在一定时间、地点条件下该标志值达到的总体水平。

(二)按其反映的总体所处时间状态可分为时期总量指标和时点总量指标

时期总量指标反映总体某一标志值在某一段时间内累积的总量。例如,商品销售收入、产品产量、进出口商品总额等。时点总量指标反映总体在某一时刻的数量状况,例如人口数、库存商品量、外汇储备额等。

时期总量指标和时点总量指标的性质不同,有以下两个主要的区别:

1. 可加性

时期总量指标各期的数值可以连续累加,每个时期的总量指标累计加总后表明总体在这一段时期内发展过程的总量。如我国 2014 年度国内生产总值为636 463亿元。这是从 2014 年 1 月份到 12 月份我国国民经济各行业所创造的价值累计加总而来。

时点总量指标的数值是每隔一段时间进行一次统计,即用某个瞬间的统计数来表明现象总体在某一时点状态所处的水平，除同类现象同一时点的数值可以相加外，一般相加无现实意义。如2010年11月1日零时全国人口总数为133 972万人；某企业2008年某月库存商品总额50万元等。

在实际工作中，这两种总量指标在对比分析时，计算处理方法有所不同，必须加以注意。

2. 指标数值与时间长短的相关性

时期总量指标数值的大小与时间的长短有直接关系。一般来说，指标数值大小随着时间的长短发生变化，现象总体经历的时间越长，指标数值越大，反之越小。如一个工业企业的全年产品产量，在正常情况下，比该年中任何一个月的产量要大。

时点总量指标数值的大小与时间间隔长短无直接关系，如某企业的年末人数，不一定比该年年初的人数多。

三、总量指标的计量单位

(一)实物量指标

它是用来反映商品使用价值的数量指标。经常采用的实物计量单位有：(1)自然实物单位。如汽车用“辆”、电视机用“台”、手表用“只”等。(2)度量衡单位。如棉布用“米(m)”、钢铁用“吨(t)”、土地面积用“平方米(m^2)”等。(3)专用单位。如电用“度(°)”、热量用“焦耳(J)”等。(4)标准实物量单位。它是用来加总不同规格同类物质的实物数量，以准确地反映产品的使用价值。如把不同厚度的平板玻璃折算成“重量标箱”。(5)复合单位。这是用两种以上计量单位结合在一起，表明某一事物的数量。如电动机用“千瓦/台”、汽车运输量用“吨/公里”等。

(二)价值量指标

它是以价值单位反映产品和劳务的数量，用货币单位来表示的指标，能综合地反映经营成果。进行国民经济核算和企业经济核算的总量指标都采用价值量指标，它能将不同种类、不同用途的产品或商品数量予以加总，应用相当广泛。

(三)劳动量指标

它是用劳动时间为计量单位计算的产品产量或完成的工作量指标，一般用于工业企业内部核算。一个工人工作一小时称为一个工时，八个工时为一个工日。企业按本单位的具体条件制定的生产单位产品或完成单位作业量所需要的时间标准，称工时定额。按这种定额计算的产品总量或完成的工作总量，就是劳动量总量指标。其优点是可以把不同种类、规格的产品产量或作业量进行加总。工业企业经常用这种定额工时产量指标安排作业计划、组织劳动竞赛和考核工作的劳动成果。

任务二　相对指标

一、相对指标的概念和作用

(一)相对指标的概念

相对指标也称相对数。它是两个相互有联系的指标进行对比的比值，是以一个抽象化的数字反映现象数量特征和数量关系的综合指标。

(二)相对指标的作用

由于相对指标是将现象从总量指标的具体差异中抽象出来的综合指标,其主要作用如下:

(1)运用相对指标将现象绝对数的具体差异抽象化,使原来不能直接对比的总量指标可以进行比较。不同的企业因其生产规模、生产条件、生产产品的不同,是无法直接将总产量、总能耗等绝对指标进行对比评估的。但是将这些指标计算成相对指标,如计划完成相对指标、万元产值综合能耗来进行对比,就可以对其生产经营效果作出科学的评价。

(2)相对指标可以综合说明现象之间的相互关系,反映事物之间的比例、结构、速度、强度等关系,能够说明总量指标所不能充分说明的问题,为分析事物的性质提供依据。如国民经济发展速度、各部门的经营成果、在国民经济中所占比重等指标,对分析一个国家或一个地区的经济状况均起着重要的作用。

(3)相对指标是对国民经济运行宏观调控和微观管理、考核企业经济效益的重要工具。在各级政府对国民经济运行进行宏观控制和监督,企业对经营活动情况进行考核时,都广泛运用相对指标。

(4)运用相对指标说明某种现象,容易记忆,又便于保密。

相对指标的具体数值,大多数用系数、倍数、成数、百分数、千分数、翻番数等表示。也有使用复合单位的,如人口密度、商品流转速度等。

二、相对指标的种类和计算方法

(一)结构相对指标

结构相对指标是总体内的某一部分数值与总体全部数值对比的比值。它说明总体内部结构和类型特征,一般用百分数或系数表示。因此对比的基础是同一总体的总数值,所以总体各部分的结构相对数可以直接相加,其和为100%。其计算公式如下:

$$\text{结构相对指标}=\frac{\text{总体中某一部分数值}}{\text{总体全部数值}}\times 100\%$$

结构相对指标能使人们认识事物的内部结构及其比例关系的发展变化,促进事物构成的合理化,使之协调发展;也能把不同时期的比重与比例关系进行对比,进一步说明事物发展变化情况。

(二)比例相对指标

比例相对指标是指同一总体内部不同部分数值之间对比求得的比率。它反映总体各组成部分之间的数量联系程度和比例关系。比例相对数可以用百分数表示,也可以用连比的形式(1∶m∶n)表示。计算公式如下:

$$\text{比例相对指标}=\frac{\text{总体中某一部分指标数值}}{\text{总体中另一部分指标数值}}\times 100\%$$

比例相对数的分母和分子是一种并列关系,可以互换。

(三)比较相对指标

比较相对指标是指同一时期内同类现象的不同总体某种指标数值在不同空间对比的比值。它反映同类事物在不同国家、不同地区或不同单位之间的差异程度。其一般用倍数或百分数表示,计算公式如下:

$$\text{比较相对指标}=\frac{\text{某一国家、地区(单位)某种现象的指标数值}}{\text{另一国家、地区(单位)同一现象的指标数值}}\times 100\%$$

［例 4－1］　2015 年甲市全年财政收入 86.2 亿元，乙市全年财政收入完成 232.77 亿元。

2015 年乙市完成的财政收入为甲市的百分比：

$$\frac{232.77}{86.20}\times100\%=270.03\%$$

2015 年甲市完成的财政收入为乙市的百分比：

$$\frac{86.20}{232.77}\times100\%=37.03\%$$

通过计算表明，这两个城市，由于各自的特点不同，2015 年在完成财政收入上存在着很多的差异。

比较相对数中用来对比的两个指标，可以是总量指标，也可以是相对指标或平均指标。根据现象的性质和研究的目的，分子和分母还可以互换，以达到不同的要求。

（四）强度相对指标

强度相对指标是两个有联系的、不同总体的指标数值的比值。它反映现象的强度、密度和普遍程度。在现实生活中，应用相当广泛，如人口密度、人均病床数、人口出生率、商品流通费用率等。它是一种特殊的相对指标，一般用复名数表示。其计算公式如下：

$$\text{强度相对指标}=\frac{\text{某一现象的指标数值}}{\text{另一与此有联系现象的指标数值}}$$

强度相对指标有正指标、逆指标之分。正指标是指比值的大小与反映现象的强度、密度等成正比；逆指标则相反，而其公式中的分子分母可根据需要互换。

［例 4－2］　某市 2015 年末人口总数是 1 334.7 万人，连锁商业网点为6 432个。

$$\text{其正指标：某市零售商业网点密度}=\frac{6\ 432\text{个}}{1\ 334.7\text{万人}}=4.8\text{个/万人}$$

表示每万人有 4.8 个零售商业网点为其服务。

$$\text{其逆指标：某市零售商业网点密度}=\frac{1\ 334.7\text{万人}}{6\ 432\text{个}}=0.21\text{万人/个}$$

表示每个零售商业网点为 2 100 人服务。

强度相对指标能确切地反映经济发展水平，便于在不同空间进行比较，找出差距，研究现象之间相互联系、相互制约的关系，为制定政策、编制计划提供可靠依据。

（五）动态相对指标

动态相对指标是同一现象总体不同时间的两个指标数值对比的比值。它说明事物在不同时间上的发展变化过程，一般用百分数表示。通常将作为比较基础的时期称为基期，与基期对比的时期称为报告期或计算期。其计算公式如下：

$$\text{动态相对指标}=\frac{\text{报告期数值}}{\text{基期数值}}\times100\%$$

动态相对指标在统计中应用相当广泛，可以研究现象在不同时间上的发展变化，以便人们认识现象的发展变化趋势及其规律性。

关于动态相对指标，我们在项目五中还将做专门研究。

（六）计划完成相对指标

计划完成相对指标是将某时期的实际完成数与同期计划数进行对比，反映某种计划执行情况的相对数。一般用来检查、监督计划的执行情况，用百分数表示。其计算公式为：

$$计划完成相对指标=\frac{实际完成数}{同期计划数}\times 100\%$$

超额(+)或未完成(-)计划绝对数额=实际完成数-同期计划数

实际工作中，计划数可以是总量指标、相对指标、平均指标等不同形式。因此，计划完成相对指标的计算方法相应地也有所不同。

(1)计划数为总量指标时，其计算公式为：

$$计划完成相对指标=\frac{实际完成总量}{同期计划总量}\times 100\%$$

[例 4-3] 某企业计划某年第一季度生产甲产品 200 万吨，实际完成 220 万吨。

$$计划完成相对指标=\frac{220}{200}\times 100\%=110\%$$

超额完成的绝对数额=220-200=20(万吨)

该企业第一季度生产甲产品完成计划 110%，超额完成计划 10%，超额完成产量 20 万吨，计划执行情况良好。

(2)计划数为相对数时，其计算公式为：

$$计划完成相对指标=\frac{完成达到的百分数}{计划规定的百分数}\times 100\%$$

[例 4-4] 某工厂甲产品的产值计划要求增长 10%，而单位成本要求下降 5%；实际产值增长了 15%，单位成本下降了 3%，则

$$产值计划完成相对指标=\frac{100\%+15\%}{100\%+10\%}\times 100\%=104.55\%$$

$$单位成本计划完成相对指标=\frac{100\%-3\%}{100\%-5\%}\times 100\%=102.11\%$$

从计算结果可看出，产值计划超额完成 4.55%。这种指标，计算结果大于 100%，说明超额完成了计划，比值越大，则计划完成得越好。而单位成本没有完成计划。此种指标，计算结果大于 100%，说明实际单位成本比计划成本提高了，未能完成计划；比值越小，则计划完成得越好。

(3)计划数为平均数时，其计算公式如下：

$$计划完成相对指标=\frac{实际完成的平均数}{计划规定的平均数}\times 100\%$$

[例 4-5] 某厂计划要求月劳动生产率达到 50 000 元/人，乙产品的计划单位成本为 100 元，而实际月劳动生产率达到55 000元/人，乙产品单位成本为 90 元。则

$$月劳动生产率计划完成相对指标=\frac{55\ 000}{50\ 000}\times 100\%=110\%$$

$$乙产品单位成本计划完成相对指标=\frac{90}{100}\times 100\%=90\%$$

计算结果表明该厂月劳动生产率实际比计划提高 10%，而乙产品单位成本实际比计划降低 10%，其计划执行情况良好。

★ 计划执行程度检查 ★

在实际工作中，检查计划，不论长期计划或短期计划，都要随时掌握计划执行进度。如逐日、逐旬、逐季、逐年观察预测计划完成情况，掌握动态，以便随时采取措施，保证计划完成。其计算公式为：

$$计划完成相对指标=\frac{某一段时间的实际累计完成数}{同期计划任务数}\times 100\%$$

［例 4－6］ 某厂某年计划生产乙产品 1 200 万吨。第一、二、三季度分别实际完成产量为 300 万吨、280 万吨、305 万吨。则

$$1\sim 3\text{季度计划执行进度}=\frac{300+280+305}{1\ 200}\times 100\%=73.75\%$$

从 1～3 季度计划执行进度的结果可以看出，全年时间已超过 3/4，而实际完成产量尚不到 3/4，第四季度必须抓紧生产，以保证完成计划。

★ 长期计划执行情况检查 ★

在检查中长期计划完成情况时，除了检查其计划完成程度外，还要计算其提前完成计划的时间。根据指标性质的不同，其检查方法分为累计法和水平法两种。

(1)累计法。累计法是检查计划期内各年的累计总和对其进行分析考核的方法，即将整个计划期内实际完成的累计数与同期规定的累计计划数进行对比。累计法适用于检查计划期内国民财产总量的经济指标，如固定资产总额、住宅建设等计划完成情况。其计算公式为：

$$计划完成相对指标=\frac{计划期内实际完成累计数}{计划期规定的累计数}\times 100\%$$

提前完成时间的计算，将计划全部时间减去自计划执行之日起至累计实际已达到计划任务的时间。

［例 4－7］ 某市五年计划规定累计完成固定资产投资额 60 亿元，实际执行情况如表 4－1 所示。

表 4－1 某市五年内固定资产投资情况 单位：亿元

年度	第一年	第二年	第三年	第四年	第五年			
					一季	二季	三季	四季
投资额	10	12	13	14	3	4	4	5

$$\begin{aligned}计划完成相对指标&=\frac{10+12+13+14+3+4+4+5}{60}\times 100\%\\&=108.33\%\end{aligned}$$

超计划投资额＝65－60＝5(亿元)

该市固定资产投资超额完成计划 8.33%，超计划投资 5 亿元。

从表4—1中的资料，计算得到某市第五年的第三季度末实际累计完成投资额60亿元，即10+12+13+14+3+4+4=60(亿元)，说明已提前3个月完成了五年计划的投资任务。

(2)水平法。水平法是检查整个计划期末达到规定水平的方法。它适用于反映生产能力的经济指标，如发电量、煤产量等。它是将计划期末(最后一年)实际所达到的水平和计划规定同期应达到的水平对比。其计算公式为：

$$计划完成相对指标=\frac{计划期末实际达到的水平}{计划期末规定达到的水平}\times 100\%$$

计算提前完成计划的时间，是根据计划期内连续一年时间的实际完成数，即连续12个月的累计数，而不是按日历年度计算，达到计划规定最后一年的计划水平，往后推算所余时间即为提前完成计划的时间。

提前(+)或推迟(—)完成计划时间＝长期计划的期末日期－实际达到计划期最后一年水平的日期

[例4—8]　某煤矿五年计划最后一年的煤产量为500万吨，实际计划执行情况如表4—2所示。

表4—2　某煤矿五年计划煤产量情况表　单位：万吨

年度	第一年	第二年	第三年		第四年				第五年			
			上半年	下半年	一季	二季	三季	四季	一季	二季	三季	四季
产量	430	450	220	250	110	118	120	122	128	130	130	140

$$计划完成相对指标=\frac{128+130+130+140}{500}\times 100\%=105.6\%$$

超计划完成产量＝528－500＝28(万吨)

计算提前完成计划时间，先计算连续12个月的实际达到产量水平，再推算提前完成计划的时间，从第四年第三季度算起，到第五年第二季度末连续12个月的煤产量为500万吨，即120+122+128+130=500(万吨)，已达到计划规定的水平，说明提前6个月完成了计划。

★ 五种相对指标列表比较 ★

表4—3　五种相对指标比较

<table>
<tr><td rowspan="4">不同时期比较</td><td colspan="5">同一时期比较</td></tr>
<tr><td rowspan="3">不同现象比较</td><td colspan="4">同类现象比较</td></tr>
<tr><td rowspan="2">不同总体比较</td><td colspan="3">同一总体中</td></tr>
<tr><td>部分与部分比较</td><td>部分与总体比较</td><td>实际与计划比较</td></tr>
<tr><td>动态相对指标</td><td>强度相对指标</td><td>比较相对指标</td><td>比例相对指标</td><td>结构相对指标</td><td>计划完成相对指标</td></tr>
</table>

三、计算和运用相对指标应注意的问题

（一）两个相对的指标必须要有可比性

相对指标是两个有联系的指标数值之比，这两个指标所表明的经济内容、统计范围、计算方法、计算时间、计量单位必须一致、可比。只有这样，计算结果才能反映现象的真相，符合统计分析研究的要求，避免得出错误的结论。例如，我国按同一不变价格计算的不同时期国民收入是可比的，它能够反映我国经济发展的变化情况。但是这个指标不能直接和其他国家的国民收入对比，因为二者之间的经济内容、计算方法、货币价值不同，因此，它们是不可直接对比的。

（二）相对指标要与总量指标结合起来运用

相对指标是两个指标数值之比，是把现象的绝对水平抽象化了，掩盖了现象之间绝对量上的差异。如表 4—4 所示，若仅看相对数，甲企业产量的增长速度为 10%，比乙企业的 6%快得多，但把相对指标与总量指标结合起来分析，尽管甲企业产量增长速度快于乙企业，而乙企业增长的绝对数是 30 吨，甲企业仅 10 吨；乙企业增长 1%的绝对值是 5 吨，甲企业仅 1 吨，可见大的相对数后面隐藏着小的绝对数，小的相对数后面隐藏着大的绝对数。只有将二者结合起来分析问题，才能避免片面性。

表 4—4　甲、乙两企业钢铁产量情况表　单位：吨

企业	基期	报告期	增长量(吨)	增长速度(%)	增长 1%的绝对值
甲	100	110	10	10	1
乙	500	530	30	6	5

（三）各种相对指标要结合运用

每种相对指标只能反映现象数量关系的某一方面，把各种相对指标联系起来看问题，就能比较全面地分析被研究对象的特征及其发展变化规律。如对一个工厂生产情况进行评价，不但要考察其产品产值、产量、利税等计划完成情况，还要将它们与以前年度、同行业、国内外先进水平进行对比，研究其生产发展情况，才能对企业进行深入分析，作出切合实际的评价。

此外，相对指标中除了同一时期、同一总体的结构相对指标可以相加外，其余几种相对指标的数值都不能简单地相加。

任务三　平均指标

一、平均指标的概念和特点

平均指标是统计中常用的综合指标。它是说明同质总体内某一标志值在一定时间、地点、条件下所达到的一般水平，是总体内各单位参差不齐标志值的代表值。

（一）平均指标必须在同质总体内计算

如某厂职工平均工资，只能由该厂范围内的职工人数和相应的工资总额进行计算，凡不属于范围内的职工和相应的工资总额都不能包括在内。

（二）平均指标是一种一般化的指标

它是将总体标志总量在个体各单位之间数值差异抽象化。如一个企业职工工资高低不

同，而平均工资就是将不同工资差异抽象化，说明其一般水平。

(三)平均指标是指现象在一定条件下的一般水平

客观现象是随着时间、地点条件的变化而变化的，因而反映现象一般水平的平均指标并不是固定不变的，必须联系具体条件观察现象的一般水平。

(四)计算平均指标应以大量观察法为基础

只有进行大量观察，将现象偶然性的差异相互抵消，平均指标才能反映出总体内各单位某一数量指标的集中趋势。

二、平均指标的种类

(一)算术平均数

算术平均数是一种最广泛最常用的平均数。它是将总体各单位的标志值相加，求得标志总量后除以总体单位总数而得到的。其计算公式如下：

$$\text{算术平均数}=\frac{\text{总体标志总量}}{\text{总体单位总数}}$$

按计算方法不同，它可分为简单算术平均数和加权算术平均数两种。

1. 简单算术平均数

简单算术平均数是当我们掌握了总体各单位的标志值时，将总体各单位的标志值简单地相加，形成总体标志总量，然后除以总体单位总数。其计算公式如下：

$$\text{简单算术平均数}=\frac{\text{总体各单位某一标志值之和}}{\text{总体单位总数}}$$

用符号表示为：

$$\bar{x}=\frac{x_1+x_2+\cdots+x_n}{n}=\frac{\sum_{i=1}^{n}x_i}{n}$$

式中，$\bar{x}$——算术平均数；

x_i——第 i 个单位的标志值($i=1,2,\ldots,n$)；

n——总体单位总数；

$\sum$——求和符号。

2. 加权算术平均数

加权算术平均数是根据分组资料整理而形成的变量数列计算的算术平均数。其计算公式如下：

$$\text{加权算术平均数}=\frac{\sum(\text{各组变量值}\times\text{各组单位数})}{\sum\text{各组单位数}}$$

用符号表示为：

$$\bar{x}=\frac{x_1f_1+x_2f_2+\cdots+x_{k-1}f_{k-1}+x_kf_k}{f_1+f_2+\cdots+f_{k-1}+f_k}=\frac{\sum_{i=1}^{k}x_if_i}{\sum_{i=1}^{k}f_i}$$

也可简写为：

$$\bar{x}=\frac{\sum xf}{\sum f}$$

式中，x_i——代表各组变量值($i=1,2,\ldots,k$)；

f_i——各组单位数(次数)($i=1,2,\ldots,k$)；

$x_i f_i$——第 i 组的标志值总和；

k——组数。

从公式中可以看出，平均数($\bar{x}$)的大小不仅取决于各组变量值(x)的大小，同时，也与各组单位数(f)的多少有关。当某组出现的次数多，平均数受其影响就大；反之，这一组出现的次数少，则平均数受其影响也小。因此，次数(f)对平均数($\bar{x}$)起着权衡轻重的作用，统计中称它为权数。当各组次数相等时，计算的加权算术平均数等于简单算术平均数。

计算加权算术平均数可以用变量出现的次数(频数 f)作权数，也可以用频率(结构相对数) $\frac{f}{\sum f}$ 作权数，二者结果是一致的。采用哪种方法来计算，则须由所掌握的资料决定。

★ 单项式数列加权算术平均数计算以表 4—5 为例说明 ★

表 4—5　某纺织厂织布车间工人人数和日产量情况表

按上网时间分组(x)	学生人数(f)(人)	学生比重$\left(\frac{f}{\sum f}\right)$(%)	总时间($x_n f_n$)(小时)	$x\frac{f}{\sum f}$
200	12	11.77	2 400	23.54
220	10	9.80	2 200	21.56
240	35	34.31	8 400	82.34
260	30	29.41	7 800	76.47
300	15	14.71	4 500	44.13
合　计	102	100.00	25 300	248.04

学生平均每月上网时间 $\bar{x}=\frac{x_1f_1+x_2f_2+\cdots+x_nf_n}{f_1+f_2+\cdots+f_n}=\frac{\sum xf}{\sum f}=\frac{25\ 300}{102}=248.04$(小时)

或　每月上网时间 $\bar{x}=\sum x\frac{f}{\sum f}=248.04$(小时)

如果是组距数列，则以各组的组中值为代表值计算加权平均数。

★ 组距式数列加权平均数计算以表 4—6 为例说明 ★

[例 4—9]　某工厂工人人数和月工资情况如表 4—6 所示。

表 4—6　某工厂工人人数和月工资情况表

按月工资分组(元)	组中值 x(元)	工人人数 f(人)	工资总额 xf(元)
1 300～1 310	1 305	6	7 830
1 310～1 320	1 315	13	18 410
1 320～1 330	1 325	26	34 450
1 330～1 340	1 335	10	13 350
1 340～1 350	1 345	4	5 380
合　计	—	60	79 420

60 名职工月平均工资为：

$$\bar{x}=\frac{\sum xf}{\sum f}=\frac{1\,305\times6+1\,315\times14+1\,325\times26+1\,335\times10+1\,345\times4}{6+14+26+10+4}$$

$$=\frac{79\,420}{60}=1\,323.67(\text{元})$$

★ 补充知识 ★ 算术平均数与强度相对数的区别

算术平均数与强度相对数是两类不同性质的指标，其主要区别如下：

(1)算术平均数是平均指标。它是同一总体内各单位某一标志的平均水平，分子、分母是同一总体的总量指标；而强度相对数是相对指标，它是有联系的两个不同总体的总量指标之比。

(2)算术平均数是以标志总量作为分子，总体单位总量作为分母来计算的，分母中每一个总体单位都有对应的标志值；而强度相对数根据研究目的的不同，分子、分母可以互换，可用其中的任意一个总体的总量指标作为分子(或分母)，计算的结果有正指标、逆指标之分。

(二)调和平均数

调和平均数也称“倒数平均数”。它先对变量的倒数求平均数，然后再取倒数而得到的平均数。当只掌握总体标志总量和各单位标志值，而无总体单位总量时，则采取这种方法计算平均数。调和平均数有简单调和平均数和加权调和平均数两种计算形式。

1. 简单调和平均数

简单调和平均数是将各标志值的倒数计算简单算术平均数，再取这一平均数的倒数。所以说，调和平均数是各个变量倒数的算术平均数的倒数。其计算公式如下：

$$\bar{x}_H=\frac{1}{\dfrac{\left(\dfrac{1}{x_1}+\dfrac{1}{x_2}+\cdots+\dfrac{1}{x_n}\right)}{n}}=\frac{n}{\left(\dfrac{1}{x_1}+\dfrac{1}{x_2}+\cdots+\dfrac{1}{x_n}\right)}=\frac{n}{\sum\dfrac{1}{x}}$$

式中，$\bar{x}_H$——调和平均数；

x_i——第 i 个单位的标志值($i=1,2,\cdots,n$)；

n——总体单位总数；

$\sum$——求和符号。

[例 4—10] 某人各买 1 元三种产品商品，其价格分别为 0.5 元、0.8 元、1 元。则三种商品的平均价格为：

$$\bar{x}_H=\frac{1}{\dfrac{\left(\dfrac{1}{0.5}+\dfrac{1}{0.8}+\dfrac{1}{1.00}\right)}{3}}=\frac{3}{4.25}=0.71(\text{元})$$

2. 加权调和平均数

加权调和平均数是各变量值倒数的加权算术平均数的倒数。其计算公式如下：

$$\bar{x}_H=\frac{1}{\dfrac{\dfrac{m_1}{x_1}+\dfrac{m_2}{x_2}+\cdots+\dfrac{m_k}{x_k}}{m_1+m_2+\cdots+m_k}}=\frac{m_1+m_2+\cdots+m_k}{\dfrac{m_1}{x_1}+\dfrac{m_2}{x_2}+\cdots+\dfrac{m_k}{x_k}}=\frac{\sum m}{\sum\dfrac{m}{x}}$$

其中，m 为权数。

[例 4—11]　某人从菜市场上分别于早上、中午、傍晚各买 2 元钱青菜，其单价分别为 0.66 元/千克、0.50 元/千克、0.40 元/千克，则青菜的平均单价为：

$$\bar{x}_H=\frac{2+2+2}{\frac{2}{0.66}+\frac{2}{0.50}+\frac{2}{0.40}}=0.50(\text{元/千克})$$

[例 4—12]　某产品在三个地区的销售资料如表 4—7 所示。

表 4—7　　某产品在三个地区的销售价格资料表

地区名称	销售价格 x(元/千克)	销售额 m(万元)	销售量 $\frac{m}{x}$(千克)
上海	1.00	30 000	30 000
广州	1.50	30 000	20 000
重庆	1.40	35 000	25 000
合　计	—	95 000	75 000

则该产品在三个地区销售的平均价格为：

$$\overline{X}_H=\frac{\sum m}{\sum\frac{m}{x}}=\frac{95\ 000}{75\ 000}=1.27(\text{元/千克})$$

调和平均数与算术平均数的结果完全相同，只是由于所掌握的资料不同，才将算术平均数公式变形为调和平均数形式来计算。

在实际工作中，加权调和平均方法能够解决某些经济现象，由于未能掌握其数量资料(如销售量、采购量等)，故无法直接计算加权算术平均数。如大宗小商品的平均价格、农副产品收购的平均价格等。

(三)几何平均数

几何平均数是将 n 个变量连乘积开 n 次方根计算的平均数。常用于计算发展速度、比率等变量的平均。几何平均数可以分为简单几何平均数和加权几何平均数两种。简单几何平均数的计算公式如下：

$$\bar{x}_G=\sqrt[n]{x_1\cdot x_2\cdot x_3\cdot\cdots\cdot x_n}=\sqrt[n]{\Pi x}$$

式中，$\bar{x}_G$——几何平均数；

x——各标志值；

n——变量值个数；

Π——连乘符号。

几何平均数也可用对数的算术平均形式表示，所以几何平均数也称“对数平均数”。将上述公式两边取对数得：

$$\log\bar{x}_G=\frac{1}{n}(\log x_1+\log x_2+\cdots+\log x_n)=\frac{1}{n}\sum\log x$$

$$\log\bar{x}_G=\frac{\sum\log x}{n}$$

再求其反对数，得 $\bar{x}_G$。

[例 4－13]　某车间生产一种汽车零件，要经过铸造、切削加工和电镀三个连续作业的工序，各工序合格率如表 4－8 所示。

表 4－8　　某车间汽车零件合格率统计表

工序	产品合格率 x(%)	合格率的对数 $\log x$
铸造	95.0	1.977 7
切削加工	95.8	1.981 4
电镀	93.0	1.968 5
合　计	—	5.927 6

由于各工序的产品合格率是以本工序的合格品为基础计算的，所以各工序合格品率的总和不等于全车间的合格率，不能采用算术平均数法计算车间的产品平均合格率。而上述三个工序产品合格率的连乘积才等于全车间的总合格率。

三个工序的平均合格率：

$\sqrt[n]{\Pi x_i}=\sqrt[3]{95\%\times95.8\%\times93.0\%}=\sqrt[3]{84.64\%}=94.59\%$

用对数方法计算其结果与上述计算方法结果完全一致。

$$\log\bar{x}_G=\frac{\sum\log x}{n}=\frac{5.927\ 6}{3}=1.975\ 9$$

求反对数得：

$\bar{x}_G=94.59\%$

当计算几何平均数每个变量值的次数不相同时，则应采用加权几何平均法计算。

其计算公式为：

$\bar{x}_G=\sqrt[\sum f]{x_1^{f_1}x_2^{f_2}\cdot\cdots\cdot x_n^{f_n}}$

[例 4－14]　银行存款一笔，年利率按复利计算，存期为 25 年。其资料见表4－9。

表 4－9　　按资本利率分组表

年利率(%)	本利率 x(%)	年数 f
3	103	1
4	104	4
8	108	8
10	110	10
15	115	2
合　计	—	25

用加权几何平均法求得 25 年的平均本利率为：

$$\bar{x}_G=\sqrt[25]{1.03^1\times1.04^4\times1.08^8\times1.10^{10}\times1.15^2}$$
$$=\sqrt[25]{1.03\times1.699\times1.850\ 9\times2.594\times1.322\ 5}$$

$=\sqrt[25]{7.651}=1.0848=108.48\%$

则这笔银行存款 25 年的平均年利率为 8.48%。

几何平均法除用于比率变量的平均之外，也可用于某些成几何级差变动的变量平均数。

从计算公式中可以看出，几何平均数在实际应用中受许多条件限制。如被平均的变量值中不能有零，否则就不能计算；如原数列中有某个变量值为负数，就会形成负值或虚根，其结果失去意义。因此，几何平均数的应用范围比算术平均数狭窄。

(四)众数

众数是总体中出现次数最多的标志值，能够鲜明地反映总体数据分布的集中趋势。它是一种位置平均数，不受极端数值的影响，在实际工作中应用相当广泛。如大多数人所穿戴的服装、鞋帽的尺寸；集市贸易上某种商品大多数的成交价格；我国大多数家庭中的人口数；等等，都是众数。它具有一般水平或代表值的意义。只有在总体单位数多且其具有明显的集中趋势时，计算众数才具有合理的代表性和现实意义；当总体单位数少，或者总体单位数虽多，但无明显集中趋势时，就不存在众数。

值得注意的是，当变量数列中出现两个或两个以上变量值的次数都比较集中时，往往反映统计数据来自两个或两个以上有区别的总体，需要进一步调查研究，以免导致得出错误的结论。

众数的计算，不同的资料采用不同的方法。对于求单项数列众数时，可以找出数列中出现次数最多的组，即为众数组，该组的变量值就是众数。

由组距数列计算众数，先要确定众数所在的组，然后再利用上限公式或下限公式计算众数。

［例 4—15］　对某企业职工收入进行抽样调查。其资料整理后如表4—10所示。

表 4—10　　某企业职工收入情况

月收入分组(元)	职工人数(人)	累计次数	
		向上累计	向下累计
1 000 以下	40	40	500
1 000～1 300	90	130	460
1 300～1 600	110	240	370
1 600～1 900	105	345	260
1 900～2 200	70	415	155
2 200～2 500	50	465	85
2 500 以下	35	500	35
合　计	500	—	—

从表 4—11 中不难看出，在抽查的 500 名职工中，收入在1 300～1 600元之间的人数在数列中出现的次数最多，即是众数所在组，然后利用上限公式或下限公式计算出众数的具体数值。用下限公式计算：

$$M_0=L+\frac{f_1-f_2}{(f_1-f_2)+(f_1-f_3)}\times d$$

$$=1\ 300+\frac{110-90}{(110-90)+(110-105)}\times 300$$

$$=1\ 300+\frac{20}{20+5}\times 300=1\ 300+240=1\ 540(\text{元})$$

式中，f_1——众数组的次数；

f_2——众数组前一组的次数；

f_3——众数组后一组的次数；

L——众数组的下限；

d——众数组的组距；

M_0——众数。

用上限公式计算：

$$M_0=U-\frac{f_1-f_3}{(f_1-f_2)+(f_1-f_3)}\times d$$

$$=1\ 600-\frac{110-105}{(110-90)+(110-105)}\times 300$$

$$=1\ 600-\frac{20}{20+5}\times 300=1\ 540(\text{元})$$

式中，U 为众数的上限；其他符号的代表意义与下限公式中符号相同。

两个公式计算的结果相同，表明该集团公司职工工资众数为1 540元。

(五)中位数

中位数是将总体各单位的某一标志值按大小顺序排列后，位于中点位置的那个标志值。它把总体位置的标志值分成二等分，比它大的和比它小的各占一半。

中位数是位置平均数，它不受极大值和极小值的影响，具有稳健性特点，当次数呈 U 型、J 型分布时，中位数比算术平均数更具有代表性。

中位数的计算分两步：先确定中位数的位次，然后求出中点位次所对应的标志值，即中位数。

1. 根据单项式数列计算中位数

[例 4—16] 某车间有 5 个生产工人，日产零件数按大小顺序排列如下：15，17，18，20，22。

中位数的位次：$O_m=\frac{N+1}{2}=\frac{5+1}{2}=3$

即中位数的位次在数列的第三项，第三个工人的产量 18 件，即是中位数。

式中，O_m——中位数所在项次；

N——总体单位总数。

若总体单位数 N 为偶数是，设上列 6 个工人的日产量为 15，17，18，20，22，23。

中位数的位次：$O_m=\frac{N+1}{2}=\frac{6+1}{2}=3.5$

即中位数的位置在第三与第四个工人的中间，而相邻两个变量值的简单算术平均数为中位数：

$$M_0=\frac{18+20}{2}=19(\text{件})$$

2. 根据组距数列计算中位数

在这种情况下，先用公式$\frac{\sum f}{2}$确定中位数的位次（$\sum f$ 为数列的总次数），然后根据上限公式或下限公式计算出中位数。仍以表 4－10 某集团公司职工收入抽样调查资料为例。

第一步，求出中位数的位次。

$$\frac{\sum f}{2}=\frac{500}{2}=250$$

即中位数的位次为该数列的第 250 位职工，从表 4－11 中可以看出中位数在1 600～1 900元这一组内。

第二步，利用下限公式或上限公式计算中位数的数值。

用下限公式计算：

$$M_1=L+\frac{\frac{\sum f}{2}-S_{m-1}}{f_m}\times d=1\,600+\frac{\frac{500}{2}-240}{105}\times 300=1\,628.57(\text{元})$$

式中，M_1——中位数；

$\sum f$——数列的总次数；

f_m——中位数所在组的次数；

S_{m-1}——中位数所在组以前各组的累计次数。

用上限公式计算：

$$M_1=\mu-\frac{\frac{\sum f}{2}-S_{m+1}}{f_m}\times d=1\,900-\frac{\frac{500}{2}-155}{105}\times 300=1\,628.57(\text{元})$$

式中，μ——中位数所在组的上限；

S_{m+1}——中位数所在组以后各组的累计次数；

其他符号意义与下限公式中相同。

两种方式计算结果相同，都是1 628.57元，这表明：某集团公司职工收入抽样调查 500 名职工中，其中位数为1 628.57元。

(六)位置平均数与算术平均数的关系

中位数、众数和算术平均数都是反映被研究现象数量分布的集中趋势。它们之间存在着一定的关系，这种关系可以用来反映总体数量分布的特征和相互之间的估算。

(1)可以利用中位数、众数和算术平均数的数量关系判断总体的分布特征。

当总体次数分布完全对称，呈对称分布曲线时，中位数、众数、算术平均数三者完全相同，如图 4－1(a)所示。

当总体次数分布为左偏态时，说明高数据比较集中，平均数受小值影响大，算术平均数向极小值一方靠近，则算术平均数小于中位数和众数，即 $\bar{x}<M_1<M_0$，如图 4－1(b)所示。

当总体次数分布为右偏态时，说明低数值比较集中，平均数受较大值影响大，使算术平均数靠极大值一方，则算术平均数大于中位数和众数，即 $\bar{x}>M_1>M_0$，如图 4－1(c)所示。

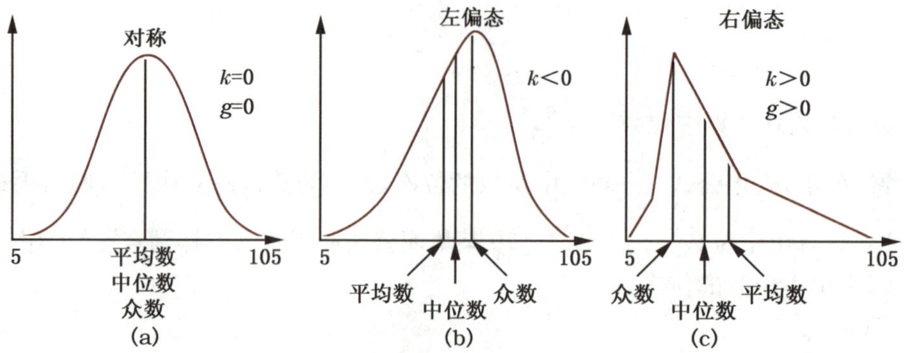

图 4—1　中位数、众数和算术平均数的数量关系图

(2)利用位置平均数与算术平均数的关系可以相互推算。根据实际经验,在分布偏斜程度不大的情况下,无论是右偏还是左偏,算术平均数、中位数、众数之间存在一定的比例关系。中位数居中间,众数与中位数的距离约为算术平均数与中位数距离的 2 倍,即:

$$M_1 - M_0 = 2(\bar{x} - M_1)$$

由此可以得到三个推算公式:

$$M_0 = 3M_1 - 2\bar{x}$$

$$M_1 = \frac{M_0 + 2\bar{x}}{3}$$

$$\bar{x} = \frac{3M_1 - M_0}{2}$$

[例 4—17]　根据表 4—11 所示,某集团公司职工收入抽样调查资料计算得到其众数为 1 540元,中位数为1 628.57元。试推算其算术平均数约为多少?呈何分布?

$$\text{算术平均数 } \bar{x} = \frac{3M_1 - M_0}{2} = \frac{3 \times 1\ 628.57 - 1\ 540}{2}$$

$$= 1\ 672.86(\text{元})$$

从上述数据可知:$\bar{x} > M_1 > M_0$,即 1 672.86>1 628.57>1 540。

计算说明,某集团公司职工收入呈右偏态分布,且职工收入分配中算术平均数偏向高端,多数职工收入低于算术平均数。

(七)平均指标的作用

(1)平均指标可以用来对同一现象在不同地区、不同单位进行比较,用以反映各地区、各单位之间工作成绩和产品质量等情况的差异及现象的发展规律,以评价不同企业生产经营管理的情况,如劳动生产率、平均成本等指标。通过分析,总结经验,找出差距,挖掘潜力,提高经济效益。

(2)平均指标可以用来对同一现象在不同时间进行比较,反映社会现象的发展规律。如用不同历史时期的平均工资进行对比,反映出我国人民实际收入不断增加,生活逐步改善。

(3)将有关指标与平均指标结合运用,可以分析现象之间的内在联系,如劳动生产率的提高与产品成本之间的关系,产品原材料单耗与产品产量的关系。在抽样调查中,可以利用样本平均数推算总体平均数。

(4)平均指标可以用于编制和检查计划,如对粮食、棉花等农作物的单位平均产量、工人劳动生产率、平均工资等指标进行对比分析,可以用来检查计划执行情况。

(八)计算和运用平均数应遵守的原则

1. 平均数只能在同质总体中计算

平均指标应具有代表性,反映研究现象某一指标值的一般水平。因此,它必须在同一性质总体单位构成的总体内计算平均数;否则,非但不能说明事物的性质及其规律性,反而会歪曲事实真相,成为虚构平均数。

2. 分组资料要将总平均数与组平均数结合起来分析

因为总平均数是代表总体的一般水平,而且要受组平均数和各组权数变动的影响,致使总平均数可能发生与组平均数相反方向的变化。如表 4—12 所示资料就是这种情况。

从表 4—11 中的资料可以看出,各组的劳动生产率都有所提高,技术工人组从 100 件/人提高到 102 件/人,普通工人组从 50 件/人提高到 52 件/人;而全厂总的劳动生产率反而下降了,从 90 件/人下降到 89 件/人,与组平均数发生相反的变化,这主要是受到各组频率(权数)变动的影响。

表 4—11　　某厂技术工人与普通工人生产情况资料

类别	基期				报告期			
	人数(人)	比重(%)	产量(件)	劳动生产率(件/人)	人数(人)	比重(%)	产量(件)	劳动生产率(件/人)
技术工人	400	80	40 000	100	420	74	42 840	102
普通工人	100	20	5 000	50	150	26	7 800	52
合计	500	100	45 000	90	570	100	50 640	89

3. 平均指标与变异指标结合起来分析

两者结合起来分析可以由变异指标来判断平均指标的代表性大小,还能从集中趋势和离散趋势两方面全面考虑数据分布的特点。

4. 平均指标与总量指标结合起来应用

平均指标说明了总体某一特征的一般水平,但将总体各单位标志的差异掩盖起来了,光看平均指标,容易产生片面性,只有将平均指标与总量指标结合起来分析,才能全面了解,得出正确的结论。

任务四　变异指标

一、标志变异指标的意义和作用

(一)标志变异指标的概念

标志变异指标是反映总体各单位标志值变动程度和离散趋势的指标。

平均指标是把总体各单位标志值的差异抽象化,是总体某一数量标志的代表值,反映其集中趋势。然而总体内各单位标志值往往参差不齐,它们分布在平均数的周围,呈现出一种集中趋势或离散趋势,只是强弱不同而已。从两个侧面描述总体的分布特征,是人们了解和掌握总体分布性质的基本着眼点。

(二)标志变异指标的主要作用

1. 衡量平均数代表性的大小

如前所述，平均指标是总体某一数量标志的代表值，它与总体数量标志的差异程度大小有着一定的联系，若标志变异程度越大，则平均数代表性越小；反之，若标志变异程度越小，平均数代表性越大。

2. 反映社会生产和其他经济活动的差异性和均衡性

若标志变异程度越大，则总体差异程度越大，均衡性越差；反之，若标志变异程度越小，则总体差异程度越小，均衡性越好。

[例 4—18] 甲、乙两厂第一季度完成供货计划情况如表 4—12 所示。

表 4—12　　甲、乙两厂第一季度完成供货计划情况

供货计划情况 / 厂名	供货计划完成情况(%)			
	季度总供货计划执行结果	1 月	2 月	3 月
甲厂	100	32	34	34
乙厂	100	20	30	50

从表 4—12 资料中可以看出，甲、乙两厂第一季度总供货计划都完成了，但供货计划执行的均衡性不一样。甲厂按月均衡地执行计划，乙厂前松后紧，有可能影响对方生产经营活动的正常进行。

二、标志变异指标的种类和计算方法

常用的标志变异指标有全距、平均差、标准差和离散系数等。

(一)全距(R)

全距又称极差，是指总体单位中最大标志值与最小标志值之差。它表明标志值的变动幅度或范围，是测定标志变动最简单的方法。

全距的计算简单，能够反映总体中两极的差异，衡量平均数代表性的大小。实际工作中，全距用于检查产品质量的稳定性，进行产品质量控制，使质量指标误差控制在一定范围内波动；一旦超过控制范围，可以马上采取措施，以保证产品的质量。全距在编制分配数列时，可以作为确定组数、组距的依据。

但全距只从两端数值考察，忽略了中间数据的变动情况，受极值的影响很大，不能准确综合反映总体单位标志的实际差异。

(二)平均差(AD)

平均差是总体各单位标志值对其算术平均数的绝对离差的算术平均数。因为总体各单位的标志值与其算术平均数的离差总和等于零，即$\sum(x-\bar{x})=0$，所以，计算平均差，采用离差的绝对值($|x-\bar{x}|$)，以消除离差的正负方向。

平均差计算简便，意义明确。平均差能反映总体中所有单位标志值的差异情况。平均差越大，总体各单位标志值越离散，平均数代表性越小；反之，则平均数代表性越大。

根据所掌握的资料不同，平均差分两种不同的计算方法。

1. 简单平均差的计算方法

$$平均差(AD)=\frac{\sum|x-\bar{x}|}{n}$$

[例 4—19]　某厂某车间甲、乙两组生产某产品日产量资料如表 4—13 所示。

$$甲组的平均差(AD_1)=\frac{\sum|x_1-\bar{x}_1|}{n}=\frac{60}{7}=8.57(\text{kg})$$

$$乙组的平均差(AD_2)=\frac{\sum|x_2-\bar{x}_2|}{n}=\frac{24}{7}=3.43(\text{kg})$$

式中，AD_n——平均差；

x_n——标志值；

$\bar{x}$——算术平均数；

n——频数。

表 4—13　　某厂甲、乙两组日产量　　单位：kg

甲组($\bar{x}_1=70$)			乙组($\bar{x}_2=70$)		
产量 x	离差($x-\bar{x}_1$)	绝对离差 $\|x-\bar{x}_1\|$	产量 x	离差($x-\bar{x}_2$)	绝对离差 $\|x-\bar{x}_2\|$
55	−15	15	64	−6	6
60	−10	10	66	−4	4
65	−5	5	68	−2	2
70	0	0	70	0	0
75	5	5	72	2	2
80	10	10	74	4	4
85	15	15	76	6	6
合计	0	60	合计	0	24

计算结果表明，甲组的平均差比乙组大，说明甲组日平均产量(70kg)的代表性比乙组日平均产量(70kg)的代表性小，则乙组工人的技术水平比甲组均衡。

2. 加权平均差的计算方法

$$平均差(AD)=\frac{\sum|x-\bar{x}|f}{\sum f}$$

[例 4—20]　某厂一车间 100 个工人日产甲产品资料如表 4—14 所示。

根据表 4—14 资料计算：

$$其算术平均数(\bar{x})=\frac{\sum xf}{\sum f}=\frac{7\ 200}{100}=72(\text{kg})$$

$$平均差(AD)=\frac{\sum|x-\bar{x}|f}{\sum f}=\frac{660}{100}=6.6(\text{kg})$$

表 4—14　　某厂工人日产甲产品资料整理表　　单位:kg

按日产量分组	工人数 f	组中值 x	xf	$x-\bar{x}$	$\lvert x-\bar{x}\rvert$	$\lvert x-\bar{x}\rvert f$
50～60	5	55	275	−17	+17	85
60～70	35	65	2 275	−7	+7	245
70～80	45	75	3 375	+3	3	135
80～90	15	85	1 275	+13	13	195
合计	100	—	7 200	—	—	660

平均差反映总体各单位标志值平均的差异,比全距更优。但它采取离差的绝对值形式计算,使平均差在数学处理上不够方便。

(三)标准差

标准差是总体中各单位标志值与算术平均数离差平方和的算术平均数的平方根,又称为均方差,均方差的平方称为方差。标准差是测定标志变动程度最重要、最常用的指标。这个指标考虑了总体各单位标志值变动的影响,还能将总体中各单位标志值的差异程度全部包括在内,可以准确地综合反映总体的离差程度,同时又避免了计算平均差时采用绝对值符号的缺陷。

根据掌握资料的不同,标准差有两种不同的计算方法。

1. 简单标准差的计算方法

标准差 $\sigma=\sqrt{\dfrac{\sum(x-\bar{x})^2}{n}}$

[例 4—21]　仍以前面表 4—14 某厂某车间甲、乙两组生产某产品资料为例以说明,如表 4—15所示。

表 4—15　　某厂甲、乙两组日产量　　单位:kg

甲组($\bar{x}_1=70$)			乙组($\bar{x}_2=70$)		
产量 x	离差($x-\bar{x}_1$)	$(x-\bar{x}_1)^2$	产量 x	离差($x-\bar{x}_2$)	$(x-\bar{x}_2)^2$
55	−15	225	64	−6	36
60	−10	100	66	−4	16
65	−5	25	68	−2	4
70	0	0	70	0	0
75	5	25	72	2	4
80	10	100	74	4	16
85	15	225	76	6	36
合　计	0	700	合　计	0	112

甲组的标准差$(\sigma_1)=\sqrt{\dfrac{\sum(x_1-\bar{x}_1)^2}{n_1}}=\sqrt{\dfrac{700}{7}}=10(\text{kg})$

乙组的标准差$(\sigma_2)=\sqrt{\dfrac{\sum(x_2-\bar{x}_2)^2}{n_1}}=\sqrt{\dfrac{112}{7}}=4(\text{kg})$

式中，σ 为标准差；其他符号意义与前面相同。

计算结果表明，甲组的标准差(10kg)比乙组的标准差(4kg)大，说明甲组的平均数比乙组的平均数代表性小。可见，标准差越大，平均数代表性越小，总体各单位标志值离散程度也越大；反之，标准差越小，平均数代表性越大，总体各单位标志值离散程度越小。

2. 加权标准差的计算方法

其公式如下：

$$\text{标准差 }\sigma=\sqrt{\frac{\sum(x-\bar{x})^2f}{\sum f}}$$

[例 4—22] 以表 4—15 资料为例，如表 4—16 所示。

表 4—16　　工人日产甲产品资料整理表　　单位：kg

按日产量分组	工人数 f	组中值 x	xf	$x-\bar{x}$	$(x-\bar{x})^2$	$(x-\bar{x})^2f$
50～60	5	55	275	−17	289	1 445
60～70	35	65	2 275	−7	49	1 715
70～80	45	75	3 375	+3	9	405
80～90	15	85	1 275	+13	169	2 535
合　计	100	—	7 200	—	516	6 100

根据表中资料计算：$\bar{x}=\dfrac{\sum xf}{\sum f}=\dfrac{7\ 200}{100}=72(\text{kg})$

$$\text{标准差 }\sigma=\sqrt{\frac{\sum(x-x)^2f}{\sum f}}=\sqrt{\frac{6\ 100}{100}}=7.81(\text{kg})$$

(四)标志变动系数

全距、平均差、标准差等标志变异指标，其相同之处是均反映了同一个总体内各单位标志值的变异程度，其不同之处是具体表现各不同，用绝对数或平均数表示，因此，无法在不同的总体之间进行对比。如要对不同总体之间各单位的标志变异程度作对比分析，必须采用标志变异系数(或称离散系数)，以消除平均数影响，形成相对数。常用的离散系数有平均差系数和标准差系数两种。

1. 平均差系数

平均差系数是用平均差与其相应的算术平均数相比所得的比值。其计算公式如下：

$$\text{平均差系数}(V_{AD})=\frac{AD}{\bar{x}}\times100\%$$

2. 标准差系数

标准差系数是以标准差与其相应的算术平均数相比求得的相对数。计算公式如下：

标准差系数(V_σ)$=\frac{\sigma}{\bar{x}}\times 100\%$

标准差系数是统计中最常用、最重要的分析指标。它能对比不同水平总体之间和不同总体的标志变异程度。因为标准差是用平均指标表示,其数值大小受不同总体单位标志值水平高低的影响,因此要对比不同总体之间平均数代表性大小,应采用标准差系数进行。

[例 4—23] 电视机厂甲、乙两个生产小组平均日产量和标准差资料如表 4—17所示。

表 4—17　　甲、乙两个生产小组平均日产量和标准差资料

组别	平均数 $\bar{x}$	平均差 AD	标准差 δ	平均差系数 V_{AD}	标准差系数 V_σ
甲	70 台	6.0	7.07	8.571%	10.10%
乙	7 台	2.8	3.41	40.00%	48.7%

从表 4—17 资料中可见,甲组的平均差、标准差都比乙组大,但不能以此说明甲组工人日产量差异性比乙组大,甲组工人平均日产量代表性比乙组差。相反,从两个组的标志变异系数来看,乙组的平均差系数和标准差系数都比甲组大,这说明乙组工人日产量分布差异大,其平均数代表性比甲组小。

项目综合能力训练题(四)

一、填空题

指出下列各题数值是属绝对数、相对数还是平均数,并将其所属的具体种类填入表格内。

指标数值	指标类型	具体种类
1. 某年某市国民生产总值为 128 亿元。		
2. 某年年末某市职工人数为 86 万人。		
3. 某小学全部学生中,加入少先队的学生占 38.4%。		
4. 某厂工人年龄在 30 岁以下的工人数是 30 岁以上的工人数的 2 倍。		
5. 某年某市工业总产值是上年的 115%。		
6. 上海地区的人口总数是北京地区的 1.6 倍。		
7. 某年某市生产自行车工人劳动生产率为 6 480 辆/人。		
8. 某年底某企业完成了年初计划产量的 105%。		
9. 某厂工人中月工资最多的为 5 000 元。		
10. 某年某市平均每一个零售商店为 311 人服务。		

二、判断题

1. 同一总体的时期指标数值大小与时期长短成正比。　（　）
2. 同一时点上的同类现象的时点指标数值可以相加。　（　）
3. 相对指标的数值在表现形式上只有无名数。　（　）

4. 标志变异指标越大，说明平均数的代表性越大。（　　）

5. 众数既不受数列中极端值的影响，也不受数列中开口组的影响。（　　）

三、单项选择题

1. 商品销售额、商品库存量、固定资产投资额、居民储蓄额指标中，属于时点指标的有（　　）。

A. 1 个　　B. 2 个　　C. 3 个　　D. 4 个

2. 将全国粮食产量与人口数比较，属于（　　）。

A. 算术平均数　　B. 强度相对数　　C. 比较相对数　　D. 动态相对数

3. 众数是数列中（　　）。

A. 最大的变量值　　B. 最多的次数

C. 出现次数最多的变量值　　D. 不是一种平均数

4. 中位数的计算公式为（　　）。

A. $L+\dfrac{\sum f-S_{m-1}}{f_m}i$　　B. $L+\dfrac{\dfrac{\sum f}{2}-S_{m+1}}{f_m}i$

C. $L+\dfrac{\dfrac{\sum f}{2}-S_{m-1}}{f_m}i$　　D. $L+\dfrac{\dfrac{\sum f}{2}-S_{m+1}}{\sum f}i$

5. 几何平均数的计算公式为（　　）。

A. $\sqrt{x_1 \cdot x_2 \cdot \ldots \cdot x_n}$　　B. $\sqrt[\sum f]{x_1^{f1}+x_2^{f2}+\cdots+x_n^{fn}}$

C. $\sqrt[\sum f]{x_1^{f1} \cdot x_2^{f2} \cdot \cdots \cdot x_n^{fn}}$　　D. $\sqrt[n]{x_1^{f1} \cdot x_2^{f2} \cdot \cdots \cdot x_n^{fn}}$

四、简答题

1. 什么是总量指标？它有哪些作用？
2. 相对指标有哪几种？怎样计算？计算和应用相对数应注意哪些问题？
3. 试述平均指标的意义、种类及其计算方法。使用平均数时应遵守哪些原则？
4. 什么是变异系数？有哪些种类？如何计算？
5. 时期指标和时点指标各有哪些特点？

五、综合能力训练题

1. 某集团公司所属甲、乙、丙三个工厂有关资料如表 4—18 所示。

表 4—18　　甲、乙、丙三个工厂有关资料

工厂名称	上年实现利润（万元）	本年利润（万元）			本年实际比上年（%）	本年计划完成程度（%）
		实际	计划	各厂计划比重（%）		
指标类型						
甲厂	140		160		+10	

续表

工厂名称	上年实现利润(万元)	本年利润(万元)			本年实际比上年(%)	本年计划完成程度(%)
		实际	计划	各厂计划比重(%)		
乙厂	200		210			102.86
丙厂		228				100.00
合　计	580					

要求：

(1)计算表中空格的数字；

(2)说明各栏数字属哪类指标；

(3)根据表中各栏指标，对该公司生产情况作简要分析。

2. 根据“十五”规划规定，某产品在该五年规划的最后一年生产量应达到 803 万吨。该产品在五年规划最后两年每月实际产量如表 4—19 所示。

表 4—19　　某产品五年规划后两年实际产量情况　　单位：万吨

年度＼月份	1	2	3	4	5	6	7	8	9	10	11	12	合计
第四年	50	50	54	55	58	59	62	63	63	63	72	75	724
第五年	75	76	78	79	81	81	84	85	86	89	90	93	997

要求：根据表中资料计算该产品提前完成五年规划的时间。

3. 甲商品在不同地区的售价差异很大，现将其有关资料整理如表 4—20 所示。

表 4—20　　甲商品销售量和销售价格资料

销售价格(元)	销售量(百件)(f)
110～120	128
120～130	239
130～140	768
140～150	486
150～160	201
160～170	196
170～180	131
180～190	13
合　计	2 162

要求：

(1)计算甲商品的平均价格；

(2)计算甲商品价格的众数、中位数；

(3)根据甲商品价格的算术平均数、众数、中位数的关系,判断其价格分布的特点。

4. 甲、乙两个生产小组有关资料如表4—21所示。

表4—21　　甲、乙生产小组有关资料

甲组		乙组	
日产量(t)	工人数(人)	日产量(t)	工人数(人)
5	7	4	25
6	8	5	30
7	22	6	9
9	11	7	8
合　计		合　计	

要求:计算两组生产零件平均数、全距、平均差、标准差、平均差系数、标准差系数,并根据此比较两组的生产情况,说明哪个组技术水平比较均衡。

项目五

时间数列

【知识目标】

1. 熟悉时间数列的概念和种类。
2. 掌握水平指标和速度指标的含义和计算方法。
3. 了解趋势分析和预测的内容和方法。

【能力目标】

1. 能运用各种水平指标和速度指标分析社会经济现象。
2. 能对社会经济现象进行简单的趋势分析。

项目导入案例　　我国2010～2014年货物进出口总额

2014年全年货物进出口总额264 334亿元，比上年增长2.3%。其中，出口143 912亿元，增长4.9%；进口120 423亿元，下降0.6%。进出口差额（出口减进口）23 489亿元，比上年增加7 395亿元。

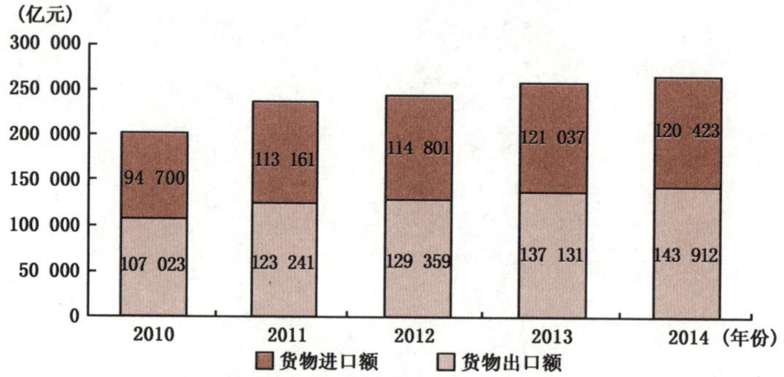

2010～2014年货物进出口总额

摘自《2014年国民经济和社会发展统计公报》。

任务一　时间数列的概念和种类

一、时间数列的概念和作用

项目四研究的综合指标是根据同一时间的资料，从静态上对总体的数量特征进行分析。与此同时，人们还要对社会经济现象在不同时间的变化进行动态分析。所谓动态是指现象在时间上的发展变化，于是就要编制时间数列。

时间数列是指将某一系列统计指标在不同时间上的数值，按其时间先后顺序排列而形成的一个数列，亦称动态数列，如表 5－1 所示。

表 5－1　　2003 年～2014 年我国国内生产总值发展情况表　　单位：10 亿元

年份	2003	2004	2005	2006	2007	2008
国内生产总值	13 656	16 071	18 590	21 766	26 802	31 802
年份	2009	2010	2011	2012	2013	2014
国内生产总值	34 563	40 890	48 412	53 412	58 802	63 646

时间数列由两个要素构成，即现象所属的时间和反映客观现象在各个时间上的统计指标值。

时间数列具有两个特点：一是反映客观现象的指标概念相对稳定；二是指标数值随着时间的变化而不断变化。

研究时间数列具有重要的作用：第一，通过时间数列的编制和分析，可以从数量方面研究社会现象的发展过程和规律，并预测未来，为编制计划、制定政策提供数据；第二，利用有关联的时间数值对比，分析现象之间发展变化的依存关系和不同空间的发展水平。

二、时间数列的种类

时间数列按统计指标的性质不同，可以分为绝对数时间数列、相对数时间数列和平均数时间数列三种。其中绝对数时间数列是基本数列，后两种是由绝对数时间数列派生而来的。

（一）绝对数时间数列

绝对数时间数列是由一系列同类总量指标（绝对数），按时间先后顺序排列而形成的。它反映了某种社会现象在各个不同时期所达到的绝对水平及其发展变化的情况。按其所反映的社会现象性质不同，可分为时期数列和时点数列两种。

1. 时期数列

时间数列是由一系列时期指标形成的，数列中的每个指标数值都是反映某种社会现象在一段时间内发展过程的总量。如表 5－2 中的工业增加值就是绝对数时期数列。

2. 时点数列

时点数列是一系列时点指标形成的，数列中每个指标数值都是反映现象在某一时点上所达到的状态或水平。如表 5－2 中年末职工人数、年末生产工人人数，即是绝对数时点数列。

表 5—2 某年某工业企业生产和职工情况统计表

序号	项 目	单位	2011 年	2012 年	2013 年	2014 年
1	工业增加值	万元	3 360	4 160	4 800	5 600
2	年末职工总数	人	500	520	600	620
3	其中，年末生产工人总数	人	420	416	498	527
4	生产工人数占职工总数比重	%	84	80	83	85
5	全员劳动生产率	万元/人	6.72	8.00	9.00	9.03
6	生产工人劳动生产率	万元/人	8.00	10.60	9.64	10.63

3. 时期数列和时点数列的特点

(1)时期数列中的各个指标数值是可以相加的，相加之和表示研究现象在更长时期内的发展总量；而时点数列中的各个指标数值是不能相加的，相加后没有实际意义。

(2)时期数列中每个指标数值的大小与其所属时间长短有直接关系。一般情况下，时间越长，指标数值越大，反之就越小；时点数列中，每个指标数值的大小与时间长短无直接联系。

(3)时期数列中的各个指标数值通常都是连续不断登记取得的；而时点数列中的每个指标数值则是相隔一定时间的某一时点上，作一次性登记取得的。

(二)相对数时间数列

相对数时间数列是将一系列同类相对指标的数值，按时间先后顺序排列而形成的时间数列，以反映两个相互联系的社会现象之间的发展变化情况。如表 5—2 中生产工人数占职工人数的比重就是相对数时间数列。

在相对数时间数列中，各个指标对比的基数不同，它们不能直接相加。

(三)平均数时间数列

平均数时间数列是将一系列同类平均指标数值，按时间先后顺序排列而形成的时间数列，以反映两个相互联系的社会现象之间的发展变化情况。如表 5—2中全员劳动生产率和生产工人劳动生产率就是此类指标。

平均数时间数列中各个指标数值一般不能直接相加。

三、制时间数列的原则

编制时间数列的目的在于分析社会现象的变化过程及其规律性。因此，在编制时间数列时必须遵守下列原则，以保证其各个指标数值的可比性。

(一)时间的间隔期长短应该一致

不论时期数列还是时点数列，都应尽量保持时间数列的时间可比性，即时期数列时期跨度和时点数列的时间间隔应一致。以便通过时间数列中各个指标数值的大小对比研究社会现象的发展变化情况。但这也不是绝对的，有时为了研究某事物，说明它的特殊性，也可将间隔期不等的时期指标编成时间数列。如表 5—3所示。表 5—3 中虽然两个指标时间间隔期不等，但很能说明问题：我国第一个五年计划期间钢产量超过了旧中国半个世纪钢产量的一倍以上。

表 5—3 我国两个时期的钢产量表 单位:万吨

时期	1900～1948	1953～1957
钢产量	760	1 667

(二)总体范围要一致

时间数列中各个指标数值应是反映同一总体内某一标志值的变化,使总体的空间范围前后一致,才能保证获取的资料具有可比性。如资产重组中,企业间进行兼并,组成一个新的企业。这样兼并前与兼并后是不同的总体,要编制兼并后企业的某一时间数列,则必须对与之相应的时间数列中的指标予以调整。

(三)经济内容应相同

在时间数列中各个指标的经济内容应该一致,保证它们的同质性,以免导致错误的结果。如公有制经济企业和民营企业性质不同,在编制有关时间数列时,应注意不同时期指标数值所包含的经济内容应该相同,不能将同一数列中两种不同经济性质的各个指标数值混为一谈。

(四)计算方法、计量单位应该统一

组成时间数列中各个指标数值的计算方法、计量单位应该一致。如不同年份用不同的不变价格计算国民收入时,必须经过换算调整成同一时期的不变价格,才能编制时间数列。

任务二 时间数列的水平指标

利用时间数列研究事物发展变化的方向、速度、趋势和规律,一是通过对时间数列的趋势分析,二是计算一系列动态分析指标。

动态分析指标可以分为两类:发展水平指标和发展速度指标。

发展水平指标主要有发展水平、平均发展水平、增减量和平均增减量四种。发展速度指标主要有发展速度、增减速度、平均发展速度、平均增长速度和增长 1%的绝对值五种。

一、发展水平和平均发展水平

(一)发展水平

发展水平是时间数列中各不同时期的总量指标数值,反映社会现象在各个不同时期所达到的水平。它是计算各种动态分析指标的基础。

根据发展水平在时间数列中所处的位置不同可分为:处于时间数列第一项指标数值的最初水平(a_0);处于时间数列中最后一项指标数值的最末水平(a_n),处于这两项中间的其余各项指标数值的中间水平($a_1,a_2,\cdots,a_{n-1}$),见表 5—4。

表 5—4 某地区 2007～2014 年钢产量的发展情况 单位:万吨

年份	2007	2008	2009	2010	2011	2012	2013	2014
符号	a_0	a_1	a_2	a_3	a_4	a_5	a_6	a_7
钢产量	15 226	18 155	22 200	27 300	39 692	42 266	48 966	50 049

最初水平 中间水平 最末水平

在对比两个不同时期的发展水平时，把作为对比基础时期的发展水平，称为基期水平；而把被研究时期与基期水平对比的发展水平，称为报告期水平。如表 5—4中 2014 年钢产量与 2007 年钢产量对比，则 2014 年钢产量50 049万吨为报告期水平，而 2007 年钢产量15 226万吨为基期水平。基期、报告期和最初水平、最末水平都不是固定不变的，而是随着研究目的的要求和研究时间的变更而作相应的改变。发展水平在文字说明上，习惯用“增加到”或“增加为”及“下降到”、“下降为”来表示。如表 5—4 中钢产量从 2007 年的15 226万吨增加到 2014 年的50 049万吨。

(二)平均发展水平(序时平均数)

1. 平均发展水平的概念和作用

平均发展水平又称序时平均数或动态平均数。它是时间数列中各个时期或时点上发展水平的平均数。它把社会现象在不同时间上的变动差异抽象化，从动态上说明现象在某一段时间内的一般水平。

序时平均数与一般平均数都是研究现象的数量差异抽象化，概况地反映现象的一般水平。但二者之间又有区别。其一，序时平均数是从动态上反映现象在某一段时间内的一般水平；而一般平均数是从静态上反映现象在同一时间不同单位的一般水平。其二，序时平均数是根据时间数列计算的，即根据不同时期或时点的指标数值和时间数列的项数计算的平均数。它所抽象化的是同一现象在不同时间上所表现出来的差异；而一般平均数是根据变量数列计算的，即根据同一时期的总体标志总量和总体单位总数计算的平均数。它所抽象化的是同一时间不同总体单位之间的差异。

序时平均数在统计上具有重要作用：

(1)反映现象在一定时间上的一般水平。序时平均数可以消除现象在短时间内波动的影响，便于在各段时间之间进行比较，并观察其发展趋势及其规律。

(2)通过序时平均数可以了解时间数列中某些可比性问题，便于对同一现象在不同时期的变化状况进行比较。

2. 序时平均数的计算方法

如前所述，反映事物发展的时间数列有绝对数时间数列、相对数时间数列和平均数时间数列 3 种。它们计算序时平均数的方法也有所不同。

(1)绝对数时间数列计算序时平均数。因为绝对数时间数列分为时期数列和时点数列两种，它们具有不同的特点，所以计算序时平均数的方法也有所不同。

①由时期数列计算序时平均数

因为时期数列中各项指标数值(a)可以相加，所以在计算序时平均数($\bar{a}$)时，可以采用简单算术平均数的方法。用数列中各个指标数值之和($\sum a$)除以时期的项数(n)：

$$\bar{a}=\frac{a_1+a_2+\cdots+a_n}{n}=\frac{\sum a_i}{n}$$

[例 5—1] 某商店销售额如表 5—5 所示。要求计算第一季度月平均销售额。

表 5—5 **某商店 2015 年第一季度销售情况表** 单位：亿元

月份	1 月	2 月	3 月
商品销售额	70.20	60.81	79.72

$$\bar{a}=\frac{\sum a_i}{n}=\frac{70.20+60.81+79.72}{3}=70.24(\text{亿元})$$

计算得出，该商店 2015 年第一季度月平均销售额为 70.24 亿元。

②由时点数列计算序时平均数

因为时点数列都是由一系列某一时点上瞬间资料编制的，按其资料登记是否连续分为连续时点数列和间断时点数列两种，其计算方法也不一样。

a. 间隔相等的连续时点数列计算序时平均数。这种时点数列一般是以日为时间的间隔而形成的。若掌握研究现象各个时点的资料，则可像时期数列那样运用简单算术平均法进行计算。

$$\bar{a}=\frac{\sum a_i}{n}$$

式中，$\bar{a}$——序时平均数；

a_i——时点数列中各时点上的数值；

n——时点数列的项数。

b. 间隔期不等的连续时点数列计算序时平均数。这种序时平均数是以各时点之间的间隔期为权数，用加权平均法来计算的。其计算公式为：

$$\bar{a}=\frac{\sum af}{\sum f}$$

式中，f 为每次变动后间隔期长度。

[例 5—2]　某厂 2015 年第一季度职工人数变动情况如表 5—6 所示，试计算该厂第一季度日平均人数。

表 5—6　某厂 2015 年第一季度职工人数变动资料　单位：人

时间 / 人数	1 月 1 日	1 月 20 日	2 月 3 日	2 月 24 日	3 月 1 日	3 月 31 日
原有人数	1 254	1 261	1 273	1 268	1 284	1 284
增加人数	—	10	12	—	20	—
减少人数	—	3	—	5	4	—

该厂第一季度日平均人数

$$\bar{a}=\frac{a_1f_1+a_2f_2+\cdots+a_nf_n}{f_1+f_2+\cdots+f_n}$$

$$=\frac{1\ 254\times19+1\ 261\times14+1\ 273\times21+1\ 268\times5+1\ 284\times31}{19+14+21+5+31}$$

$$=\frac{114\ 357}{90}=1\ 270.63\approx1\ 271(\text{人})$$

c. 间隔期相等的间断时点数列计算序时平均数。由于社会现象经常不断地变化着，要随时间登记其变动情况有困难，往往是每隔一定时间登记一次，并假定所研究现象在两个相邻时点间的变动是均匀的。

这种序时平均数的计算方法，需先计算各相邻两期发展水平的平均数，然后再将这些平均数用简单算术平均法求序时平均数或直接将数列中的首末两项折半加上中间各项之和，除以时间数列项数减 1 进行计算。

$$即\ \bar{a}=\frac{\frac{a_1+a_2}{2}+\frac{a_2+a_3}{2}+\cdots+\frac{a_{n-1}+a_n}{2}}{n-1}$$

$$或\ \bar{a}=\frac{\frac{a_1}{2}+a_2+\cdots+a_{n-1}+\frac{a_n}{2}}{n-1}$$

[例 5—3] 根据表 5—7 资料，要求计算该厂 2015 年第三季度各月平均人数。

表 5—7　　某厂 2015 年第三季度 4 个月末职工人数资料表

时间	6 月 30 日	7 月 31 日	8 月 31 日	9 月 30 日
符号	a_1	a_2	a_3	a_4
职工人数(人)	1 100	1 160	1 200	1 240

$$7\ 月份平均人数=\frac{a_1+a_2}{2}=\frac{1\ 100+1\ 160}{2}=\frac{2\ 260}{2}=1\ 130(人)$$

$$8\ 月份平均人数=\frac{a_2+a_3}{2}=\frac{1\ 160+1\ 200}{2}=\frac{2\ 360}{2}=1\ 180(人)$$

$$9\ 月份平均人数=\frac{a_3+a_4}{2}=\frac{1\ 200+1\ 240}{2}=\frac{2\ 440}{2}=1\ 220(人)$$

$$第三季度各月平均人数\ \bar{a}=\frac{1\ 130+1\ 180+1\ 220}{3}=1\ 177(人)$$

$$或\ \bar{a}=\frac{\frac{a_1}{2}+a_2+a_3+\frac{a_4}{2}}{n-1}=\frac{\frac{1\ 100}{2}+1\ 160+1\ 200+\frac{1\ 240}{2}}{4-1}=1\ 177(人)$$

d. 间隔期不相等的间断时点数列计算序时平均数不能直接应用上面的方法，而要以各时点之间的间隔长度为权数，将各相应的时点的平均数加权来计算序时平均数。

计算公式如下：

$$\bar{a}=\frac{\frac{a_1+a_2}{2}f_1+\frac{a_2+a_3}{2}f_2+\cdots+\frac{a_{n-1}+a_n}{2}f_{n-1}}{f_1+f_2+\cdots+f_{n-1}}$$

式中，f 为时点的间隔长度。

[例 5—4] 某厂 2015 年库存钢材资料如表 5—8 所示，要求计算该厂 2015 年各月钢材平均库存量。

表 5—8　　某厂 2015 年库存钢材资料

时间	1 月 1 日	5 月 31 日	9 月 1 日	12 月 31 日
符号	a_1	a_2	a_3	a_4
钢铁库存量(吨)	13 130	13 136	13 140	13 141

将表 5—8 中有关资料代入公式：

$$\bar{a}=\frac{\frac{13\ 130+13\ 136}{2}\times5+\frac{13\ 136+13\ 140}{2}\times3+\frac{13\ 140+13\ 141}{2}\times4}{5+3+4}$$

$=13\ 137$(吨)

根据计算得知，该厂 2015 年各月钢材平均库存量为 13 137 吨。

这种方法计算的序时平均数，是假定被研究现象在相邻两个时点之间的变动是均匀的，所计算的结果是一个近似值。

(2)相对数时间数列计算序时平均数。因为相对数时间数列是由两个有密切联系的绝对数时间数列相应项对比而形成的，而各个相对数不能直接相加，所以由相对数时间数列计算序时平均数，必须将构成相对数时间数列的两个绝对数时间数列，即分子和分母的序时平均数进行对比。

其基本计算公式为：

$$\bar{c}=\frac{\bar{a}}{\bar{b}}$$

式中，$\bar{c}$——相对数时间数列的序时平均数；

$\bar{a}$——绝对数时间数列的序时平均数；

$\bar{b}$——绝对数时间数列的序时平均数。

根据这个公式计算相对数时间数列序时平均数时，应当分清其分子、分母的数列是时期数列还是时点数列，间断期相等还是不相等，然后根据不同情况运用不同方法进行计算。一般可分为三种情况。

①由两个数和相应项对此形成的相对数时间数列计算序时平均数。根据所掌握的资料不同，又分为三种情况：

a. 形成相对数时间数列的分子、分母资料齐备，则用两个简单算术平均数$\left(\frac{\sum a}{n},\frac{\sum b}{n}\right)$求序时平均数。

其计算公式为：

$$\bar{c}=\frac{\frac{\sum a}{n}}{\frac{\sum b}{n}}=\frac{\sum a}{\sum b}$$

b. 若只掌握相对数时间数列中各自的比值和分母资料(b)，缺少分子资料(a)。因为 $c=\frac{a}{b}$，因此，可将 $a=bc$ 代入公式得：

$$\bar{c}=\frac{\sum a}{\sum b}=\frac{\sum bc}{\sum b}$$

c. 若已知相对数时间数列中各自的比值和分子资料(a)，缺少分母资料(b)。因为 $c=\frac{a}{b}$，所以 $b=\frac{a}{c}$，代入公式得：

$$\bar{c}=\frac{\sum a}{\sum b}=\frac{\sum a}{\sum \frac{a}{c}}$$

［例 5—5］ 根据表 5—9 资料计算某公司所属三个企业 2015 年第一季度月平均计划完成程度。

表 5—9　　2015 年第一季度某公司所属甲、乙、丙三个企业生产某产品情况　　单位：吨

企业	产量	1 月	2 月	3 月
甲企业	计划产量(b)	614	600	624
	实际产量(a)	620	596	632
乙企业	计划产量(b)	600	500	612
	计划完成(c)%	102	98	101
丙企业	实际产量(a)	588	600	632
	计划完成(c)%	90	100	104

甲企业第一季度月平均计划完成程度：

$$\bar{c}=\frac{\sum a}{\sum b}=\frac{620+596+632}{614+600+624}=100.54\%$$

乙企业第一季度月平均计划完成程度：

$$\bar{c}=\frac{\sum bc}{\sum b}=\frac{600\times1.02+500\times0.98+612\times1.01}{600+500+612}=\frac{1\ 720.12}{1\ 712}=100.47\%$$

丙企业第一季度月平均计划完成程度：

$$\bar{c}=\frac{\sum a}{\sum \frac{a}{c}}=\frac{588+600+632}{\frac{588}{0.99}+\frac{600}{1}+\frac{632}{1.04}}=\frac{1\ 820}{1\ 801.69}=101.02\%$$

②由两个时点数列相应项对比所形成的相对数时间数列计算序时平均数。如前所述，时点数列可分为连续时点数列和间断时点数列，且它们又分间隔期相等和间隔期不相等两种，其计算方法也不一样。

两个间隔期相等的连续时点数列相对比所形成的相对数时间数列可用简单算术平均法来计算序时平均数：

$$\bar{c}=\frac{\frac{\sum a}{n}}{\frac{\sum b}{n}}=\frac{\sum a}{\sum b}$$

两个间隔期相等的间断时点数列相对比所形成的相对数时间数列计算序时平均数，其计算公式为：

$$\bar{c}=\frac{\bar{a}}{\bar{b}}=\frac{\dfrac{\dfrac{a_1}{2}+a_2+\cdots+\dfrac{a_n}{2}}{n-1}}{\dfrac{\dfrac{b_1}{2}+b_2+\cdots+\dfrac{b_n}{2}}{n-1}}=\frac{\dfrac{a_1}{2}+a_2+\cdots+\dfrac{a_n}{2}}{\dfrac{b_1}{2}+b_2+\cdots+\dfrac{b_n}{2}}$$

［例 5—6］ 计算表 5—10 所示某厂第二季度月平均工人数占全体职工人数的比重。

表 5—10　　某厂 2015 年第二季度各月末职工人数　　单位:人

项目	3 月	4 月	5 月	6 月
生产工人数(a)	420(a_1)	420(a_2)	416(a_3)	428(a_4)
全体职工人数(b)	500(b_1)	510(b_2)	520(b_3)	540(b_4)
工人数占职工总数的比重(c)%	84(c_1)	82.35(c_2)	80(c_3)	79.26(c_4)

$$\bar{c}=\frac{\bar{a}}{\bar{b}}=\frac{\dfrac{420}{2}+420+416+\dfrac{428}{2}}{\dfrac{500}{2}+510+520+\dfrac{540}{2}}=81.29\%$$

计算得到该厂第二季度月平均工人数占全体职工人数的 81.29%。

③由时期数列和时点数列相应项对比形成的相对数时间数列计算序时平均数。这又分两种情况:

a. 当分子为时期数列,分母为时点数列相应项对比所形成的相对数时间数列,计算序时平均数。其计算公式为:

$$\bar{c}=\frac{\bar{a}}{\bar{b}}=\frac{\dfrac{\sum a}{n}}{\dfrac{\dfrac{b_1}{2}+b_2+\cdots+\dfrac{b_n}{2}}{n-1}}$$

［例 5—7］ 根据表 5—11 资料分别计算某商店第一季度各月商品流转次数、第一季度月平均商品流转次数和第一季度商品流转次数。

表 5—11　　某商店 2015 年第一季度商品情况表　　单位:万元

项目	上年 12 月	1 月	2 月	3 月
销售额	—	120(a_1)	216(a_2)	312(a_3)
月末库存商品额	50(b_1)	70(b_2)	76(b_3)	84(b_4)

$$商品流转次数=\frac{商品销售额}{平均商品库存额}$$

表 5—11 中商品销售额是时期指标,商品库存额是时点指标。

$$1月份商品流转次数=\frac{a_1}{\frac{b_1+b_2}{2}}=\frac{120}{\frac{50+70}{2}}=\frac{120}{60}=2(次)$$

$$2月份商品流转次数=\frac{a_2}{\frac{b_2+b_3}{2}}=\frac{216}{\frac{70+76}{2}}=\frac{216}{73}=2.96(次)$$

$$3月份商品流转次数=\frac{a_3}{\frac{b_3+b_4}{2}}=\frac{312}{\frac{76+84}{2}}=\frac{312}{80}=3.9(次)$$

第一季度月平均商品流转次数不能简单地将上述3个月商品流转次数相加后除以3进行计算。因为3个月的商品流转次数，是序时平均数，不能直接相加，而应先通过计算分子、分母的序时平均数，再进行对比求得。

因此，第一季度月平均商品流转次数为：

$$\bar{c}=\frac{\bar{a}}{\bar{b}}=\frac{\frac{\sum a}{n}}{\frac{\frac{b_1}{2}+b_2+\cdots+\frac{b_n}{2}}{n-1}}=\frac{\frac{120+216+312}{3}}{\frac{\frac{50}{2}+70+76+\frac{84}{2}}{4-1}}=\frac{684}{213}=3.04(次)$$

第一季度商品流转次数也不是各月商品流转次数相加的总和。因为各月商品流转次数构成相对数时间数列，所以应该采用第一季度销售总额除以第一季度月平均商品库存量去求得：

$$\bar{c}=\frac{\bar{a}}{\bar{b}}=\frac{\sum a}{\frac{\frac{b_1}{2}+b_2+b_3+\frac{b_4}{2}}{n-1}}=\frac{120+216+312}{\frac{\frac{50}{2}+70+76+\frac{84}{2}}{4-1}}=\frac{648}{71}=9.12(次)$$

也可以用第一季度月平均商品流转次数乘以月份数求得。即 $\bar{c}\cdot n=3.04\times 3=9.12$（次）。

b. 当分子是时点数列、分母为时期数列时，其计算公式为：

$$\bar{c}=\frac{\bar{a}}{\bar{b}}=\frac{\frac{\frac{a_1}{2}+a_2+\cdots+\frac{a_n}{2}}{n-1}}{\frac{\sum b}{n}}$$

(3)由平均数时间数列计算序时平均数。如前所述，平均数分一般平均数和序时平均数，它们的计算方法也有区别。

①一般平均数所构成的平均数时间数列计算序时平均数。一般平均数时间数列，也是由两个绝对数时间数列相应项对比形成的。它和相对数时间数列一样也分三种情况：分别由两个时期数列对比、两个时点数列对比和一个时期数列与另一个时点数列对比而形成的。所以由一般平均数时间数列计算序时平均数时，同样不能直接通过数列中的平均指标数值简单平均求得，必须先计算分子、分母的序时平均后，再进行对比求得。

基本计算公式为：

$$\bar{c}=\frac{\bar{a}}{\bar{b}}$$

[例 5—8] 根据表 5—12 资料计算该厂 2015 年第三季度月平均工资。

表 5—12 某厂 2015 年第三季度职工人数、工资情况

月份	上年 12 月	1 月	2 月	3 月
月末职工人数 b(人)	1 250(b_1)	1 258(b_2)	1 260(b_3)	1 280(b_4)
月平均工资 c(元)	—	1 780(c_1)	1 760(c_2)	1 740(c_3)

因为各月的平均工资其平均的基础不同，所以不能直接将 3 个月的平均工资之和除以 3 来计算月平均工资，而应通过计算第三季度工资总额的序时平均数与月平均人数对比来求得。在本例中没有工资总额的资料，但可由月平均工资乘以各月的平均人数求得，即 $a=c\cdot\bar{b}$，则：

$$\bar{c}=\frac{\bar{a}}{\bar{b}}=\frac{\dfrac{\sum a}{n}}{\dfrac{\frac{b_1}{2}+b_2+\cdots+\frac{b_n}{2}}{n-1}}=\frac{\dfrac{\sum c\cdot\bar{b}}{n}}{\dfrac{\frac{b_1}{2}+b_2+\cdots+\frac{b_n}{2}}{n-1}}=\frac{\dfrac{\frac{b_1+b_2}{2}c_1+\frac{b_2+b_3}{2}c_2+\frac{b_3+b_4}{2}c_3}{n}}{\dfrac{\frac{b_1}{2}+b_2+b_3+\frac{b_4}{2}}{n-1}}$$

$$=\frac{\left(\dfrac{\frac{1\ 250+1\ 258}{2}\times1\ 780+\frac{1\ 258+1\ 260}{2}\times1\ 760+\frac{1\ 260+1\ 280}{2}\times1\ 740}{3}\right)}{\dfrac{\left(\frac{1\ 250}{2}+1\ 258+1\ 260+\frac{1\ 280}{2}\right)}{4-1}}$$

$$=\frac{2\ 219\ 253.33}{1\ 294.33}=1\ 714.60(\text{元})$$

②由序时平均数所形成的平均数时间数列计算序时平均数，这也分两种不同情况。

a. 由间隔期相等的序时平均数所形成的平均数计算序时平均数，可以用简单算术平均法计算序时平均数。

[例 5—9] 根据表 5—13 资料计算第一季度月平均库存量。

表 5—13 某厂 2015 年第一季度某物质各月平均库存量

月份	1 月	2 月	3 月
平均库存量($\bar{a}_n$)	60	73	80

第一季度月平均库存量为

$$\bar{a}=\frac{\sum\bar{a}_n}{n}=\frac{60+73+80}{3}=\frac{213}{3}=71(\text{吨})$$

b. 由间隔期不相等的序时平均数所形成的平均数计算序时平均数，则以间隔期长度为权数，用加权算术平均法计算。

$$\bar{a}=\frac{\bar{a}_1f_1+\bar{a}_2f_2+\cdots+\bar{a}_nf_n}{f_1+f_2+\cdots+f_n}=\frac{\sum\bar{a}f}{\sum f}$$

二、增减量和平均增减量

(一)增减量

增减量是说明时间数列中报告期水平比基期水平变动的绝对数。它反映了报告期比基期增加或减少的水平。

增减量=报告期水平(a_n)-基期水平(a_0)

所得结果可以是正值,也可以是负值。其具体的经济意义要根据指标的性质进行分析而定。由于选择基期的不同,增减量可分为逐期增减量和累计增减量:

1. 逐期增减量

它是报告期水平与其前一期水平之差,说明现象在两个相邻时期或时点上发展水平增加或减少的数量。

其计算公式为:

逐期增减量=报告期水平-报告期前一期水平

即 $a_1-a_0, a_2-a_1, \cdots, a_n-a_{n-1}$

2. 累计增减量

它是报告期水平与某一固定基期水平之差,说明现象在一定时期或一定间隔期内总计增加或减少的数量。

其计算公式为:

累计增减量=报告期水平-固定基期水平

即 $a_1-a_0, a_2-a_0, \cdots, a_n-a_0$

3. 逐期增长量与累计增长量的关系

从计算公式中可知,逐期增长量和累计增减量之间有如下关系:

(1)累计增减量等于各期逐期增减量之和

即 $a_n-a_0=(a_1-a_0)+(a_2-a_1)+\cdots+(a_n-a_{n-1})$

从表5-14资料可得

156+286+345+319+539=1 645(万吨)

表5-14　　某企业2010~2015年钢铁产量发展情况表　　单位:万吨

年份		2010	2011	2012	2013	2014	2015
产量	符　号	a_0	a_1	a_2	a_3	a_4	a_5
	数　量	3 560	3 716	4 002	4 347	4 666	5 205
逐期增减量(a_n-a_{n-1})		—	156	286	345	319	539
累计增减量(a_n-a_0)		—	156	442	787	1 106	1 645

(2)两个相邻的累计增减量之差等于相应的逐期增减量

即 $(a_n-a_0)-(a_{n-1}-a_0)=a_n-a_{n-1}$

从表5-14中资料可得

$(a_5-a_0)-(a_4-a_0)=a_5-a_4=$1 645-1 106=539(万吨)

4. 年距增减量

在实际工作中，为了消除季节变动的影响，经常使用年距增减量指标，即本期发展水平与去年同期发展水平的增减量。

年距增减量＝本期发展水平－去年同期水平

增减量用文字说明时，习惯用“增加了”或“减少了”表示。

(二)平均增减量

平均增减量是说明某种现象在一定时期内每期平均增加或减少的数量。它是逐期增减量的平均数。其计算公式为

$$平均增减量\bar{\Delta}=\frac{逐期增减量之和}{逐期增减量的个数}=\frac{(a_1-a_0)+(a_2-a_1)+\cdots+(a_n-a_{n-1})}{n'}$$

$$=\frac{累计增减量}{时间数列项数-1}=\frac{a_n-a_0}{n-1}$$

式中，n'为逐期增减量的个数，n 为时间数列项数。

从表 5－14 中资料计算得企业钢铁产量 2010～2015 年间平均每年的增长量为：

$$\frac{a_n-a_0}{n-1}=\frac{5\ 205-3\ 560}{6-1}=\frac{1\ 645}{5}=329(万吨)$$

用这种方法计算的平均增长量称为水平法平均增长量。它能保证以基期水平 a_0 为基础，每期按平均增长量增长，n 期之后计算的理论水平与 n 期的实期水平完全相等。但是，水平法平均增长量只与期末水平(a_n)和期初水平(a_0)有关，而同中间各期水平无关，因此，用它所计算的平均增长量来推算各期水平，与实际水平可能有很大的差别。

平均增减量也可以用总和法计算。这是用平均增长量来推算各期理论水平之和等于各期实际水平之和，即

$$(a_0+\bar{\Delta})+(a_0+2\bar{\Delta})+\cdots+(a_0+n\bar{\Delta})=\sum a_i$$

整理后得 $na_0+\bar{\Delta}(1+2+\cdots+n)=\sum a_i$

则平均增减量$\bar{\Delta}=\dfrac{\sum a_i-na_0}{1+2+\cdots+n}$

[例 5－10]　某地甲农产品收购量 2006 年为 71.4 万吨，2006～2015 年累计为 724.1 万吨，其中，2015 年为 62.2 万吨。

$$按水平法计算平均增长量=\frac{a_n-a_0}{n}=\frac{65.2-71.4}{10}=-0.62(万吨)$$

即在此期间平均每年甲农产品收购量减少 0.62 万吨，以此推算各年水平的总和为 686.1 万吨，与实际收购量 724.1 万吨不符。这是因为最后一年(2015 年)的收购量下降，致使平均增长量为负数，推算结果与实际收购量存在差异。

$$\bar{\Delta}=\frac{\sum a_i-na_0}{1+2+\cdots+n}=\frac{724.1-714}{55}=0.18(万吨)$$

即在此期间甲农产品的收购量平均每年增加 0.18 万吨。据此推算各年的总和为 722.1 万吨，与实际收购量基本相符(相差 2 万吨，此乃因小数取数造成)。

在实际工作中，究竟应用哪种方法，视具体情况来选择。

任务三　时间数列的速度指标

时间数列的速度指标有发展速度、增长速度、平均发展速度、平均增长速度。它们都是在

发展水平指标基础上加工整理而来，是统计中广泛应用的动态分析指标。

一、发展速度和增长速度

（一）发展速度

发展速度是数列中报告期水平与基期水平之比，表明现象发展变化的程度。它把对比的两个时期发展水平数值抽象化，反映报告期水平已发展到基期水平的若干倍或百分之几。其计算公式为：

$$发展速度=\frac{报告期水平}{基期水平}=\frac{a_n}{a_0}$$

根据对比的基期不同，可分为环比发展速度和定基发展速度两种。

1. 环比发展速度

它是各期水平和前一时期水平之比，说明现象逐期发展的程度。用符号表示：

环比发展速度$\frac{a_1}{a_0},\frac{a_2}{a_1},\cdots,\frac{a_n}{a_{n-1}}$。如表 5—15 所示。

2. 定基发展速度

它是各期水平和某一固定基期水平之比，表明现象在一段时期内总的发展变化速度，亦称总速度。用符号表示：

定基发展速度$\frac{a_1}{a_0},\frac{a_2}{a_0},\cdots,\frac{a_n}{a_0}$。如表 5—15 所示。

表 5—15　　某企业 2010～2015 年钢铁产量发展情况表

年份		2010	2011	2012	2013	2014	2015
产量	符　号	a_0	a_1	a_2	a_3	a_4	a_5
	数量（万吨）	3 560	3 716	4 002	4 347	4 666	5 205
环比发展速度（%）$\frac{a_n}{a_{n-1}}$		—	104.38	107.70	108.62	107.34	111.55
定基发展速度（%）$\frac{a_n}{a_0}$		100	104.38	112.42	122.11	131.07	146.21

3. 环比发展速度与定基发展速度的关系

从上述论述中不难看出：

（1）各环比发展速度的连乘积等于定基发展速度，即

$$\frac{a_1}{a_2}\times\frac{a_2}{a_1}\times\cdots\times\frac{a_n}{a_{n-1}}=\frac{a_n}{a_0}$$

用表 5—15 中资料计算得：

104.38%×107.70%×108.62%×107.34%×111.55%＝146.21%

（2）两个相邻时期定基发展速度之商等于相应的环比发展速度，即

$$\frac{\frac{a_n}{a_0}}{\frac{a_{n-1}}{a_0}}=\frac{a_n}{a_{n-1}}$$

用表5—15资料计算得：

$$\frac{146.21\%}{131.07\%}=111.55\%$$

发展速度除了说明现象的发展程度外，还表明现象发展的方向。当发展速度大于100%时，说明现象发展呈上升趋势；当发展速度小于100%时，表明现象的发展呈下降趋势。

(二)增长速度

增长速度亦称增长率。它是增长量与基期水平之比，是扣除基数之后的一种发展速度，表示报告期水平比基期水平增长了或者降低了的程度。其计算公式为：

$$增长速度=\frac{增减量}{基期水平}=\frac{报告期水平-基期水平}{基期水平}$$

$$=\frac{报告期水平}{基期水平}-100\%=发展速度-100\%$$

用符号表示：

$$增长速度=\frac{a_n-a_0}{a_0}=\frac{a_n}{a_0}-100\%$$

发展速度与增长速度是一个问题的两种表述方法，二者有着密切的关系。①发展速度是说明报告期水平比基期水平发展到百分之几，包括了基期水平；而增长速度则是说明报告期水平比基期水平增加了百分之几，扣除了基期水平。②发展速度是通过报告期水平与基期水平对比计算的；增长速度是通过报告期水平减去基期水平后与基期水平对比计算的。③发展速度没有正负数值之分，而增长速度则有正负值之分。当增长速度为正值时，表示现象的增长程度；当其为负值时，表示现象的降低程度。

由于增长量有逐期增长量和累计增长量之分，增长速度因所采用基期不同，分为环比增长速度和定基增长速度。

1. 环比增长速度

它是逐期增长量与其前一期发展水平之比，表明现象逐期增长程度。其计算公式为：

$$环比增长速度=\frac{逐期增减量}{前一期水平}=\frac{本期水平-前一期水平}{前一期水平}$$

$$=环比发展速度-100\%$$

$$=\frac{a_n-a_{n-1}}{a_{n-1}}=\frac{a_n}{a_{n-1}}-100\%$$

2. 定基增长速度

它是累计增减量与某一固定基期水平之比，表明现象在一段时期内总的增减程度。

$$定基增长速度=\frac{累计增减量}{某一固定基期水平}=\frac{报告期水平-某一固定基期水平}{某一固定基期水平}$$

$$=定基发展速度-100\%$$

$$=\frac{a_n-a_0}{a_0}=\frac{a_n}{a_0}-100\%$$

这里必须注意,定基增长速度不等于环比增长速度的连乘积。所以,定基增长速度与环比增长速度之间不能直接换算。

(三)增长1%的绝对值

发展水平和增长量是绝对数,说明现象发展所达到的和所增长的绝对数量;发展速度和增长速度是相对数。说明现象发展和增长程度,把现象之间的差异抽象化了,在一定程度上掩盖了发展水平的差异。因此,低水平基础上的增长速度与高水平基础上的增长速度是不可比的,而环比增长速度具有不同的经济意义。由此可知,在动态分析时,不仅要看各期增长的百分数,还要看每增长1%包含的绝对值,这是一个由相对数和绝对数相结合运用的指标。

$$每增长1\%的绝对值=\frac{逐期增长量}{环比增长速度\times100}=\frac{逐期增长量}{\frac{逐期增长量}{前一期水平}\times100}$$

$$=\frac{前一期水平}{100}$$

用符号表示:

$$每增长1\%的绝对值=\frac{a_n-a_{n-1}}{\frac{a_n-a_{n-1}}{a_{n-1}}\times100}=\frac{a_{n-1}}{100}$$

从表5—16中可知,每增长1%的绝对值是前一期水平的1%。通常基期水平越高,则发展速度提高1%所包含的增长量越大,反之则越小。

表5—16　　某企业2010~2015年钢铁产量增长情况

年份	2010	2011	2012	2013	2014	2015
符号	a_0	a_1	a_2	a_3	a_4	a_5
产量(万吨)	3 560	3 716	4 002	4 347	4 666	5 205
环比增长速度(%) $\frac{a_n-a_{n-1}}{a_{n-1}}$	—	4.38	7.70	8.62	7.34	11.55
定基增长速度(%) $\frac{a_n-a_0}{a_0}$	—	4.38	12.42	22.11	31.07	46.21
增长1%绝对值(万吨) $\frac{a_{n-1}}{100}$	—	35.60	37.16	40.02	43.47	46.66

(四)年距发展速度和年距增长速度

在实际工作中,为了消除季节波动的影响,经常要计算年距发展速度和年距增长速度。

年距发展速度是说明本期发展水平与去年同期发展水平对比所得的发展变化程度和方向。

$$年距发展速度=\frac{本年发展水平}{去年同期发展水平}$$

年距增长速度是说明现象年距增长量与去年同期发展水平对比所达到的增长程度和方向。

$$\text{年距增长速度}=\frac{\text{年距增长量}}{\text{去年同期发展水平}}=\text{年距发展速度}-100\%$$

二、平均发展速度和平均增长速度

(一)平均发展速度和平均增长速度的概念

平均发展速度是根据各期环比发展速度计算的序时平均数,说明某种现象在一段较长时间内逐期平均发展的程度。通常用几何法和方程法计算,两种计算方法,应用条件各不相同,下面另有详述。

平均增长速度是根据平均发展速度计算而来,二者仅相差一个基数:

平均增长速度=平均发展速度-1

平均增长速度说明某现象在一段较长时间内逐期平均增长的程度。若计算结果为正值,表明被研究现象在一段时间内逐期递增;若计算结果为负值,则表明其逐期递减。

平均发展速度和平均增长速度指标在实际统计工作中应用很广泛。它们可以概括反映国民经济建设中取得的成就,说明各个历史阶段中发展或增长的程度,可用与对不同历史时期、不同国家、不同地区的社会经济现象发展情况进行比较。利用这两个指标可编制长期计划,分析计划完成情况,并以此作为编制年度计划的重要依据之一;还可利用平均发展速度预测未来发展水平,等等。

(二)平均发展速度的计算方法

1. 几何平均法(水平法)

因为现象的发展总速度(R)不等于各期环比发展速度之和,而是等于各期环比发展速度的连乘积,所以计算平均发展速度不能用算术平均法,而采用几何平均法。

所谓几何平均法是指一段时期内各期环比速度的连乘积开 n 次方根。即:

$$\bar{x}_G=\sqrt[n]{x_1\cdot x_2\cdot\cdots\cdot x_{n-1}\cdot x_n}=\sqrt[n]{\prod_{i=1}^{n}x_i}$$

$$=\sqrt[n]{\frac{a_1}{a_0}\cdot\frac{a_2}{a_1}\cdot\cdots\cdot\frac{a_{n-1}}{a_{n-1}}\cdot\frac{a_n}{a_{n-1}}}=\sqrt[n]{\frac{a_n}{a_0}}$$

式中,x_i——各期的环比发展速度;

$\bar{x}_G$——平均发展速度;

n——环比发展速度项数。

其实质是现象从最初水平(a_0)出发,每期用平均发展速度($\bar{x}_G$)发展,经过 n 期后,达到最末水平(a_n)。即 $a_0\cdot\bar{x}_G^n=a_n$。

因为各期环比发展速度的连乘积等于相应的定基发展速度,则

$$\bar{x}_G=\sqrt[n]{\frac{a_1}{a_0}\cdot\frac{a_2}{a_1}\cdot\cdots\cdot\frac{a_{n-1}}{a_{n-1}}\cdot\frac{a_n}{a_{n-1}}}=\sqrt[n]{\frac{a_n}{a_0}}=\sqrt[n]{R}$$

所以用几何平均法计算平均发展速度有三个公式可以选用。当已经掌握了现象逐期环比发展速度资料时,则选用 $\bar{x}_G=\sqrt[n]{\Pi x}$;若已知现象的最初水平和最末水平,可选用 $\bar{x}_G=\sqrt[n]{\frac{a_n}{a_0}}$;如掌握了现象的总速度($R$)时,则用 $\bar{x}_G=\sqrt[n]{R}$。

用几何平均法计算平均发展速度，要开 n 次方根，通常可用直接查平均发展速度计算表或利用求对数表、计算器等工具求解。

以表 5－15 某企业 2010～2015 年钢铁产量的发展情况为例，计算平均发展速度。

(1)用各年环比发展速度连乘积计算：

$$
\begin{aligned}
\text{平均发展速度 } \bar{x}_G &= \sqrt[n]{x_1 \cdot x_2 \cdot \cdots \cdot x_n} \\
&= \sqrt[5]{1.0438 \times 1.0770 \times 1.0862 \times 1.0734 \times 1.1155} \\
&= \sqrt[5]{1.4621} = 1.0789 = 107.89\%
\end{aligned}
$$

(2)根据现象的最初、最末水平计算：

$$\bar{x}_G = \sqrt[n]{\frac{a_n}{a_0}} = \sqrt[5]{\frac{5\,205}{3\,560}} = \sqrt[5]{1.4621} = 107.89\%$$

(3)用现象发展总速度计算：

$$\bar{x}_G = \sqrt[n]{R} = \sqrt[5]{1.4621} = 107.89\%$$

上述三种方法计算的平均增长速度＝平均发展速度－100%＝107.89%－100%＝7.89%，其结果是相等的。

利用公式 $\bar{x}_G = \sqrt[n]{\frac{a_n}{a_0}}$ 可以推算和预测。当已知最初水平 a_0，平均发展速度 $\bar{x}_G$ 和年份 n 时，可将原公式变形后，计算最末水平，即 $a_n = a_0 \cdot \bar{x}_G^n$。

还可以根据所掌握的资料不同，将原公式变形为：

$$n = \frac{\log a_n - \log a_0}{\log \bar{x}_n}, \quad a_0 = \frac{a_n}{\bar{x}_G^n}$$

分别求得年份 n 和最初水平 a_0

[例 5－11] 某地 2010 年甲产品产量为 6.2 万吨，2015 年为 8.7 万吨，试计算 2010～2015 年甲产品平均发展速度和平均增长速度。如果以此速度发展，到 2020 年甲产品的产量可达到多少万吨？假定计划在 2020 年水平上翻两番，需要几年方能完成计划？

2010～2015 年平均发展速度

$$\bar{x}_G = \sqrt[n]{\frac{a_n}{a_0}} = \sqrt[5]{\frac{8.7}{6.2}} = 107.01\%$$

平均增长速度＝107.01%－1＝7.01%

设 2020 年甲产品产量为 a_n，则

$$a_n = a_0 \cdot \bar{x}_G^n = 8.7 \times 1.0701^5 = 12.21\text{(万吨)}$$

因为

$$\bar{x}_G = \sqrt[n]{R} = \sqrt[n]{4}$$

所以

$$n = \frac{\log R}{\log \bar{x}_G} = \frac{\log 4}{\log 1.0701} = \frac{0.6021}{0.0294} = 20.48 \approx 21\text{(年)}$$

根据计算在 21 年后甲产品产量可以翻两番。

从上所述可知，用水平法计算平均发展速度，侧重于考察中长期计划期末发展水平，适宜于计算钢、粮、煤产量及国民生产总值等水平指标的平均发展速度。

2. 方程法(累计法)

它是通过研究某一现象在一定时期内各期实际水平累计之和对基期水平之比所形成的代数方程式来计算平均发展速度的方法。其实质是以最初水平 a_0 为基础,每期按平均发展速度 $\bar{x}_G$ 发展计算的各期水平之和等于各期实际水平的总和。即

$$a_0\bar{x}^1+a_0\bar{x}^2+\cdots+a_0\bar{x}^n=\sum a_i$$

$$a_0(\bar{x}^1+\bar{x}^2+\cdots+\bar{x}^n)=\sum a_i$$

$$\bar{x}^1+\bar{x}^2+\cdots+\bar{x}^n=\frac{\sum a_i}{a_0}$$

解这个高次方程比较麻烦。在实际工作中,通常使用已编好的平均发展速度查对表中的"累计法查对表"(见本书附表1),根据年限和各年发展水平总和为基础的百分比($\frac{\sum a_i}{a_0}$)直接查表求得平均发展速度,或用电子计算器计算。

查表方法简单介绍如下:

(1)先计算出各期发展水平总和($\sum a_i$)和最初水平(a_0)的比值,即$\frac{\sum a_i}{a_0}$。

(2)计算$\frac{\sum a_i/a_0}{n}$,以判断现象是递增型还是递减型。若其结果大于100%,为递增型;若小于100%,为递减型;若接近于100%,表示现象无明显增减速度变化,就不必计算发展速度。仍以表5－15资料某企业2010～2015年钢铁产量为例说明:

已知:a_0=3 560万吨,$\sum a_n$=21 936万吨,n=5年,则

$$\frac{\sum a_n}{a_0}=\frac{21\ 936}{3\ 560}=616.18\%$$

$$\frac{\sum a_n/a_0}{n}=\frac{616.18\%}{5}=1.232\ 4=123.24\%$$

从计算结果可知,该产品以递增型发展。

据此查"累计法查对表"中 $n=5$ 这一列最接近616.18%的数值为615.33%,顺水平方向从表中第一列可查得平均增长速度为7%,即某产品2010～2015年的平均增长速度为7%,平均发展速度为107%。

从此可以看出,同一资料用几何法和方程法计算所得结果不完全一致(107.89%,107%)。这是因为两种方法各有特点,主要表现如下:

第一,从计算目的和结果来看,几何平均法侧重于考察最末一年的发展水平,按所确定的平均发展速度,使最末一年的发展水平等于其实际水平,$a_0\cdot\bar{x}_G^n=a_n$,即$3\ 560\times(107.89\%)^5=5\ 204$,且最末一期的定基发展速度也和实际的定基发展速度相近似,$\bar{x}_G^n=\frac{a_n}{a_0}$,即$(107.89\%)^5=\frac{5\ 204}{3\ 560}=146.18\%$,而方程法侧重于考察全期发展水平总和等于全期实际水平,即

$$a_0\bar{x}_G^1+a_0\bar{x}_G^2+\cdots+a_n\bar{x}_G^n=\sum a_i$$

$$3\ 560\times107.89\%+3\ 560\times(107.89\%)^2+\cdots+3\ 560\times(107.89\%)^5=21\ 906(\text{万吨})$$

(这个结果与表 5－15 资料中各年产量总和21 936万吨稍有出入，此乃因平均发展速度 $\bar{x}_G$ 小数取位关系所致)

且各年定基发展速度的总和等于实际的各年定基发展速度总和，即

$$\bar{x}_G^1+\bar{x}_G^2+\cdots+\bar{x}_G^n=\frac{\sum a_i}{a_0}$$

$$107\%+(107\%)^2+\cdots+(107\%)^5=615.33\%$$

(由于小数取位关系与表 5－15 中资料 616.19%稍有差异)

第二，从计算过程看，几何平均法不反映中间各期水平的变化，平均速度大小、方向取决于最末水平和最初水平的比值；而方程法考虑了中间各期水平的变化，平均发展速度大小、方向取决于整个阶段各期水平之和与基期水平的比值。

第三，从计算条件看，几何平均法求得平均发展速度是各环比发展速度的平均数。它掩盖了某一段时期内各个环比发展速度的数量差异，因此各个环比发展速度必须是同增或同减，如果是有增有减则计算的平均发展速度就失去实际意义；方程法计算的平均发展速度掩盖了各期发展水平的数量差异，当各期发展水平相差悬殊，同样失去现实意义。

第四，从计算范围看，几何平均法可用于时期数列和时点数列的计算；而方程法只能就时期数列计算。如工农业生产净值、工资总额、人口增长等着重考察最末一年所达到的水平，用几何法计算为佳；而固定资产投资额、学生毕业人数等着重考察全期计划完成情况的，用方程法计算为宜。

方程法保证了各期累计总量符合实际要求，而几何平均法保证了末期发展水平符合实际情况，故可按实际情况将两种方法结合起来应用。

(三)计算和应用平均速度指标应注意的问题

如前所述，平均速度指标是各个环比速度的平均数。它一方面概括反映了各环比速度的数量差异，同时又掩盖了各环比速度之间的数量差异，因此在计算和应用平均速度指标时要注意以下几点：

(1)根据研究目的选择适当基期，注意所依据的指标在整个研究时期的同质性。

(2)要联系研究时期的中间资料，注意中间各期发展水平波动过大或不同时期发展变化的方向，以避免影响平均发展速度指标的代表性。

(3)当研究现象发展时期过长时，应计算分段平均发展速度，补充总平均发展速度，以便全面、深入地了解现象的整个发展变化过程。

(4)要结合发展水平、经济效益研究发展速度，防止发展过程中可能出现的高速度低效益现象，以便揭示现象发展变化的规律性。

任务四　长期趋势的研究

一、测定长期趋势的意义

社会现象的发展变化随着时间不同而有所不同。影响其变动的因素多种多样，大致可归纳为两种：一是对现象各期的发展水平起着普遍的、长期性、决定性作用的基本因素；二是对现象的发展只起局部的、暂时的、非决定性作用的偶然因素。

诸因素对现象发展的影响大小各异，造成了现象发展的不平衡，有升有降，有快有慢，使现象发展趋势往往不大明显。因此要对反映现象在一个相当长的时期内持续变动总方向的趋势进行测定，研究它的发展变化规律。

影响现象长期变化趋势的因素是错综复杂的，要研究其发展趋势，必须对已掌握的较长时间内完整的数列资料变动情况、特点作理论分析，选择适当的统计方法，剔除一些非本质的偶然性因素的影响，从而提高对现象在一定条件下数量关系变动规律性的认识，为编制长期计划，加强经济管理，指导生产提供依据。通过分析现象发展的长期趋势，建立一个合适的数学模型，配合一条趋势线，为统计预测和决策提供依据，同时消除原有时间数列中长期趋势的影响，以利于研究季节变动。

二、长期趋势的测定方法

测定长期趋势的方法主要有时距扩大法、移动平均法、最小平方法等三种。

(一)时距扩大法

时距扩大法又称间隔扩大法，就是将原来时距较小的时间数列，加工整理归并，消除了原数列中因季节变动和各种偶然因素的影响引起的波动，显示出现象发展总趋势的方法。

举例说明如下：表 5－17 中某地某农产品产量由于受各年气候、降雨量等季节变化及其他偶然因素的影响，在相邻年份间产量有升有降，发展趋势不大明显。

表 5－17　　某地区 1986～2015 年小麦产量资料　　单位：万吨

年份	产量	年份	产量	年份	产量	年份	产量
1986	196.9	1994	233.7	2002	246.1	2010	359.8
1987	170.9	1995	235.4	2003	238.1	2011	463.7
1988	186.3	1996	235.5	2004	205.6	2012	625.9
1989	180.0	1997	208.0	2005	204.9	2013	415.0
1990	175.0	1998	227.7	2006	216.7	2014	345.0
1991	180.0	1999	210.5	2007	220.7	2015	419.0
1992	186.3	2000	195.8	2008	270.7		
1993	209.8	2001	256.2	2009	296.8		

现采用时距扩大法，将原时期数列中的时距一年扩大为 5 年，将连续 5 年小麦产量相加的总数和序时平均数，编制成一个新的时间数列，如表 5－18 所示。通过扩大组距，将小麦产量在不同年份受偶然因素影响的波动消除了，明显地反映出 30 年来小麦产量持续增长的趋势。

时距扩大法简单易行，是测定长期趋势最简单的方法。在应用时要注意所扩大的各个时期的时距必须相等，否则不具有可比性，不能反映其变化趋势，同时扩大的时距也不宜太大，否则会掩盖现象发展的具体变化。时距扩大法不能用来预测。

表 5—18　　某地区 1986～2015 年小麦产量资料　　单位:万吨

年份	产量	平均年产量
1986～1990	909.10	181.82
1991～1995	1 045.20	209.04
1996～2000	1 077.50	215.50
2001～2005	1 150.90	230.18
2006～2010	1 364.70	272.94
2011～2015	2 267.60	453.54

(二)移动平均法

移动平均法是将原来的时间数列的时距扩大,采取逐项依次移动的办法,计算扩大时距后各个指标数值的序时平均数,形成一个派生时间数列。这样把原时间数列中由偶然因素引起的变动削弱或消除,从而明显地反映出现象的发展趋势,并基本保留与原时间数列相对应的项目,使之与实际水平更为接近。

仍以表 5—17 某地区 1986～2015 年小麦产量资料为例,编制表 5—19 加以研究。

表 5—19 中第(2)栏是用 5 年为时距逐项移动平均而形成的时间数列,第(4)栏是用 4 年为时距逐项移动 2 次平均而形成的时间数列。这样形成的新时间数列基本上消除了偶然因素的影响,呈现出小麦生产的发展趋势是向上增长的。

应用移动平均法测定现象的长期趋势要注意以下几点:

(1)应用移动平均法对时间数列修匀,关键在于确定移动平均的项数。即移动时间的长度,这直接影响修匀的程度,通常应根据研究对象的特点来确定。当原数列中存在自然周期,则以周期数作为移动平均的项数。如是各年季度资料,用 4 项移动平均;若是月度资料,用 12 项移动平均。这样更有效地消除周期变动影响,较准确地揭示现象发展的长期趋势。

(2)当原数列中无明显周期变动,则用奇数项移动平均比较简便。每项移动平均值都可以对准各期的原值,只需移动一次就可得趋势值,如表 5—19 中第(2)栏是 5 年移动平均值,第一个移动平均值为 181.82 万吨,正对准 1988 年,其他依此类推;若采用偶数项移动的平均值,则对准两期的中间,因此再要进行一次两项移动趋势值。如表 5—19 中第(3)栏是 4 年移动,第一次移动所得值为 138.52 万吨。置于 1987 年与 1988 年之间,所以再要作一次两项移动,即 $\frac{(183.52+178.05)}{2}=180.79$(万吨),使之对准 1988 年,其余依此类推。

(3)应用移动平均法所移动的项数越多,时距越大,就能更好地修匀时间数列,使趋势线更平滑;反之,移动项数越少,对近期数据变化反应越灵敏,不利于分析长期趋势。

移动平均后的结果,使原数列缩短,如 2 年、3 年移动平均,使原数列两端各减少一项;4 年、5 年移动平均使数列两端各减少两项。设移动期数为 N,当 N 为偶数,则$\frac{N}{2}$项数从数列两端失去;当 N 为奇数,则有$\frac{N-1}{2}$项从数列两端失去。

表 5－19　　某地区 1986～2015 年小麦产量移动序时平均数　　单位：万吨

年份	产量	五年移动平均	四年移动	
			第一次移动	第二次移动
甲	(1)	(2)	(3)	(4)
1986	196.9			
1987	170.9			
1988	186.3	181.82	183.52	180.79
1989	180.0	178.44	178.05	179.19
1990	175.0	181.46	180.33	180.29
1991	180.0	186.16	180.25	183.98
1992	186.3	196.90	187.70	195.04
1993	209.8	208.98	202.38	209.31
1994	233.7	220.08	216.23	222.42
1995	235.4	224.48	228.60	228.38
1996	235.5	228.06	228.15	227.40
1997	208.0	223.42	226.65	223.54
1998	227.7	215.50	220.425	215.46
1999	210.5	219.64	210.50	216.53
2000	195.8	227.26	222.55	224.83
2001	256.2	229.34	227.15	230.60
2002	246.1	228.36	234.05	235.28
2003	238.1	230.18	226.50	230.09
2004	205.6	222.28	223.675	220.00
2005	204.9	217.20	216.325	214.15
2006	216.7	223.72	211.975	220.11
2007	220.7	241.96	228.25	239.74
2008	270.7	272.94	251.225	299.11
2009	296.8	322.34	287.00	317.38
2010	359.8	136.33	317.75	392.15
2011	463.7	432.24	436.55	451.33
2012	625.9	443.68	466.10	465.38
2013	415.0	455.52	464.65	459.06
2014	345.0		453.475	
2015	419.0			

(4)应用移动平均法是用算术平均法，属等差平均，适用于现象发展趋势为直线型数列的修匀，不适用于曲线型发展趋势的数列。

(三)最小平方法

用这种方法测定现象的长期趋势，是通过建立一定的数学模型，对原有的时间数列拟合一条适当的趋势线，来显示出现象发展的总趋势。

最小平方法的基本要求是：

(1)使趋势值 y_c 的总和与原数列的实际值 y 的总和相等，即

$\sum y=\sum y_c, \sum(y-y_c)=0$

(2)使实际值与趋势值离差平方之和为最小值，即

$\sum(y-y_c)^2=$最小值

这样可以建立直线或曲线的数学模型。在此之前，要根据原数列的发展趋势和特点，用直角坐标绘制散点图或利用现象发展趋势特点观察其分布型态，确定现象发展趋势是直线还是曲线。

1. 直线趋势的拟合

当现象的发展表现为每期按大致相同的增减量增减变化，则其发展基本趋势属于直线型，拟建立相应的直线趋势方程式来描述与该现象发展接近的一条直线，并可利用其预测现象未来的发展趋势。

直线趋势方程一般形式为：

$y_c=a+bt$

式中，t——各发展时期；

a,b——未知参数。

于是，就要求得直线方程中的两个未知参数 a,b。

根据最小平方法的要求，用求偏导数的方法，导出求 a,b 两个待定参数的标准方程组，即

$\sum(y-y_c)^2=$最小值

将 $y_c=a+bt$ 代入后得

$\sum[y-(a+bt)]^2=$最小值

设

$M=\sum(y-y_c)^2=\sum[y-(a+bt)]^2$

$\frac{\partial M}{\partial a}=\sum 2(y-a-bt)(-1)=0$(对 a 求偏导)

$\frac{\partial M}{\partial b}=\sum 2(y-a-bt)(-t)=0$(对 b 求偏导)

整理后得规范方程组 $\begin{cases}\sum y=na+b\sum t\\ \sum ty=a\sum t+b\sum t^2\end{cases}$

即 $\begin{cases}b=\dfrac{n\sum ty-\sum t\sum y}{n\sum t^2-(\sum t)^2}\\ a=\dfrac{\sum y-b\sum t}{n}\end{cases}$

式中，n 为项数。

用这种方法求解比较繁琐，为了简便起见，可用坐标移位的方法，使$\sum t=0$。当时间数列项数n为奇数时，则取t的间隔期为1年，将原点$t=0$移位于中间的一年，即中间一年以“0”表示，得t值依次分别为…，−4，−3，−2，−1，0，1，2，3，4，…，从而$\sum t=0$。则原方程组简化为

$$\begin{cases}\sum y=na\\ \sum ty=b\sum t^2\end{cases}$$

$$\begin{cases}a=\dfrac{\sum y}{n}\\ b=\dfrac{\sum ty}{\sum t^2}\end{cases}$$

以表5−20资料为例说明。

(1)当时间数列项数为奇数时的计算方法

从表5−20中列示的数列逐期增减量Δ_y，可知其大体上相等，则判断该现象的发展趋势基本上属于直线型，用最小平方方法拟合直线趋势方程。

①以首项为原点的计算方法

表5−20　　某地区2009～2015年小麦产量资料　　单位：万吨

年份	年次 t	产量 y	逐期增减量 Δy	以首项为原点计算			年次 t'	产量 y'	以中间项为原点计算		
				计算栏		趋势值			计算栏		趋势值
				ty	t^2	y_c			$t'y'$	t'^2	y'_c
甲	1	2	3	4	5	6	7	8	9	10	11
2009	0	250	—	0	0	250.75	−3	250	−750	9	250.75
2010	1	258	8	258	1	257.93	−2	258	−516	4	257.93
2011	2	266	8	532	4	265.11	−1	266	−266	1	265.11
2012	3	273	7	819	9	272.29	0	273	0	0	272.29
2013	4	279	6	1 116	16	279.47	1	279	279	1	279.47
2014	5	286	7	1 430	25	286.65	2	286	572	4	286.65
2015	6	294	8	1 764	36	293.83	3	294	882	9	293.83
合　计	21	1 906	—	5919	91	1 906.03	0	1 906	201	28	1 906.03

从表中左边资料可知时间数列项数$n=7$，$\sum t=21$，$\sum y=1\ 906$，$\sum ty=5\ 919$，$\sum t^2=91$。代入方程组得：

$$\begin{cases}b=\dfrac{n\sum ty-\sum t\sum y}{n\sum t^2-(\sum t)^2}=\dfrac{7\times5\ 919-21\times1\ 906}{7\times91-21^2}=7.18\\ c=\dfrac{\sum y-b\sum t}{n}=\dfrac{1\ 906-7.18\times21}{7}=250.75\end{cases}$$

将a，b值代入直线趋势方程得：

$y_c=a+bt=250.75+7.18t$

再将各t值代入直线趋势方程即可求得各年的趋势值y_c（如表5−20中第(6)栏数值）。

利用这个方程可以进行预测。设不考虑其他因素，预测2016年某地区该产品的产量为：

$y_c = a + bt = 250.75 + 7.18 \times 8 = 308.19$(万吨)

②以中间项为原点的计算方法

从表 5－20 右边资料可知 $n=7$，$\sum y'=1\ 906$，$\sum t'y'=201$，$\sum t'^2=28$，代入方程组得：

$$\begin{cases} b=\dfrac{\sum t'y'}{\sum t'^2}=\dfrac{201}{28}=7.18 \\ c=\dfrac{\sum y'}{n}=\dfrac{1\ 906}{7}=272.29 \end{cases}$$

将 a，b 值代入直线方程得：

$y'_c = a + bt' = 272.29 + 7.18t$

所得的结果与第一种方法稍有差异(因小数取位造成)。同样可以计算出各年(t')趋势值 y'_c，并预测所需要的年份的产量 y'_c，且其结果与第一种方法大致相似(如表 5－20 中第 11 栏数值)。

(2)当时间数列项数为偶数时的计算方法

①以首项为原点的计算方法

以表 5－21 中资料为例说明。

表 5－21

年份	年次 t	产量 y	以首项为原点计算：计算栏 ty	以首项为原点计算：计算栏 t^2	以首项为原点计算：趋势值 y_c	年次 t'	产量 y'	以中间项为原点计算：计算栏 $t'y'$	以中间项为原点计算：计算栏 t'^2	以中间项为原点计算：趋势值 y'_c
甲	1	2	4	5	6	7	8	9	10	11
2008	0	243	0	0	243.32	−7	243	−1701	49	243.36
2009	1	250	250	1	257.23	−5	250	−1250	25	250.58
2010	2	258	516	4	257.78	−3	258	−774	9	257.80
2011	3	266	798	9	265.01	−1	266	−266	1	265.02
2012	4	273	1092	16	272.24	1	273	273	1	272.24
2013	5	279	1395	25	279.47	3	279	837	9	279.46
2014	6	286	1716	36	286.70	5	286	1 430	25	286.68
2015	7	294	2 058	49	293.93	7	294	2 058	49	293.90
合计	28	2 149	7 825	140	2 149.00	0	2 149	607	168	2 149.04

从表中左边资料可知，首项 2008 年为原点，则 t 单位为 1 年，$n=8$，$\sum t=28$，$\sum y=2\ 149$，$\sum ty=7\ 825$，$\sum t^2=140$，代入方程组得：

$$\begin{cases} b=\dfrac{n\sum ty-\sum t\cdot\sum y}{n\sum t^2-(\sum t)^2}=\dfrac{8\times 7\ 825-28\times 2\ 149}{8\times 140-28^2}=\dfrac{62\ 600-60\ 172}{1\ 120-784}=\dfrac{2\ 428}{336}=7.23 \\ a=\dfrac{\sum y-b\sum t}{n}=\dfrac{2\ 149-7.23\times 28}{8}=\dfrac{1\ 964.56}{8}=243.32 \end{cases}$$

将 a，b 值代入直线趋势方程得：

$y_c = a + bt = 243.32 + 7.23t$

将各年 t 值代入直线趋势方程，可计算出各年的趋势值 y'_c(如表 5－21 中第(5)栏数值)。如前所述，用这种方法求解比较繁琐，同样可以用坐标移位，使 $\sum t=0$。因其时间数列为偶数项，移位后，原点与其后各年之间的间距分别为…－2.5，－1.5，－0.5，0，＋0.5，＋1.5，＋2.5…给计算带来不便，于是可将各个间距都扩大一倍，使之分别为…－5，－3，－1，0，＋1，＋3，＋5…。则原方程组简化为：

$$\begin{cases}\sum y'=na\\ \sum ty'=b\sum t'^2\end{cases}\Rightarrow\begin{cases}a=\dfrac{\sum y'}{n}\\ b=\dfrac{\sum t'y'}{\sum t'^2}\end{cases}$$

②以中间项为原点的计算方法

从表5－21中右边资料可知。原点在2011年与2012年之间，则 $n=8$，$\sum y'=2\ 149$，$\sum t'y'=607$，$\sum t'^2=168$。代入方程组得：

$$\begin{cases}a=\dfrac{\sum y'}{n}=\dfrac{2\ 149}{8}=268.63\\ b=\dfrac{\sum t'y'}{\sum t'^2}=\dfrac{607}{168}=3.61\end{cases}$$

将 a，b 值代入直线趋势方程得：

$y'_c=a+bt'=268.63+3.61t$

当 $t'=0$ 时，$y'_c=268.63=a$，y'_c 值位于2011年与2012年之间，即此两项的平均数 $\left(\dfrac{265.02+272.24}{2}=268.63\right)$，$b=3.61$ 是每半年的增加值，$2b=7.22$ 为每一年的增加值，其结果与方法①计算的 b 值基本相同。同样也可以对现象进行预测。

2. 曲线趋势的拟合

社会现象发展变化的趋势并不总是直线型的，有时呈不同形式的曲线变化，这就需要配合适当的曲线方程来测定其长期趋势值，常用的曲线方程有抛物线曲线型和指数曲线型。

(1)抛物线曲线型

若现象的发展各期增减量的增减量，即二级增减量大致相同，如表5－22所示，则这种现象发展的基本趋势是二次抛物线曲线型，可拟合为抛物线曲线方程：

$y_c=a+bt+ct^2$

式中，a，b，c 是3个待定参数。

根据最小平方法的原理，$\sum(y-y_c)^2=$最小值，代入曲线方程 $y_c=a+bt+ct^2$ 得：

$\sum[y-(a+bt+ct^2)]^2=$最小值

表5－22　　某地区小麦产量增减变化情况表　　单位：万吨

年份(t)	指标值(y)	逐级(一级)增减量(Δy)	二级增减量
1	2.0	—	—
2	3.2	1.2	—
3	4.8	1.6	0.4
4	6.8	2.0	0.4
5	9.2	2.4	0.4
6	12.0	2.8	0.4
⋮	⋮	⋮	⋮

设：$M(a,b,c)=\sum[y-(a+bt+ct^2)]^2$，对 a,b,c 求偏导：

$$\begin{cases}\dfrac{\partial M}{\partial a}=\sum 2(y-a-bt-ct^2)(-1)=0\\ \dfrac{\partial M}{\partial b}=\sum 2(y-a-bt-ct^2)(-t)=0\\ \dfrac{\partial M}{\partial c}=\sum 2(y-a-bt-ct^2)(-t^2)=0\end{cases}$$

整理后得：

$$\begin{cases}\sum y=na+b\sum t+c\sum t^2\\ \sum ty=a\sum t+b\sum t^2+c\sum t^3\\ \sum t^2y=a\sum t^2+b\sum t^3+c\sum t^4\end{cases}$$

参照前面的方法以中间一年为原点，将方程加以简化，使$\sum t=0$，$\sum t^3=0$，得

$$\begin{cases}\sum y=na+c\sum t^2\\ \sum ty=b\sum t^2\\ \sum t^2y=a\sum t^2+c\sum t^4\end{cases}$$

解方程得：

$$\begin{cases}b=\dfrac{\sum ty}{\sum t^2}\\ c=\dfrac{n\sum t^2y-\sum t^2\cdot\sum y}{n\sum t^4-(\sum t^2)^2}\\ a=\dfrac{\sum y-c\sum t^2}{n}\end{cases}$$

以表5—23资料为例说明。

表5—23　　某地区2009～2015年钢铁产量资料表　　单位：万吨

年份	年次 t	产量 y	逐期增减量	二级增减量	计算栏 ty	t^2	t^2y	t^4	趋势值 y_c
甲	1	2	3	4	5	6	7	8	9
2009	−3	160.0	—	—	−480.0	9	1 440.0	81	159.91
2010	−2	176.2	16.2	—	−352.4	4	704.8	16	176.27
2011	−1	196.4	20.2	4.0	−196.4	1	196.4	1	196.53
2012	0	220.8	24.4	4.2	0	0	0	0	220.69
2013	1	248.8	28.0	3.6	248.8	1	248.8	1	248.75
2014	2	280.6	31.8	3.8	561.2	4	561.4	16	280.71
2015	3	316.6	36.0	4.2	949.8	9	2849.4	81	316.57
合计	0	1 599.4	—	—	731.0	28	6 561.8	196	1 599.43

对此现象先计算时间数列实际观察的二级增长量，其值大体相同（上表中第(4)栏数值），可以判断现象发展趋势为抛物线型。运用最小平方法配合抛物线方程。

从表中资料可知，以 2013 年为原点，t 值单位为一年，$n=7$，$\sum y=1\ 599.4$，$\sum ty=731$，$\sum t^2=28$，$\sum t^2y=6\ 561.8$，$\sum t^4=196$，将其代入方程组得：

$$\begin{cases} b=\dfrac{\sum ty}{\sum t^2}=\dfrac{731}{28}=26.11 \\ c=\dfrac{n\sum t^2y-\sum t^2\cdot\sum y}{n\sum t^4-(\sum t^2)^2}=\dfrac{7\times6\ 561.8-28\times1\ 599.4}{7\times196-28^2}=\dfrac{1\ 149.4}{588}=1.95 \\ a=\dfrac{\sum y-c\sum t^2}{n}=\dfrac{1\ 599.4-1.95\times28}{7}=220.69 \end{cases}$$

将 a，b，c 值代入二次曲线方程得：

$y_c=a+bt+ct^2=220.69+26.11t+1.95t^2$

将各 t 值代入抛物线方程，即可计算出各年的趋势值（如表 5－23 中第 9 栏数值）。不考虑其他因素的影响，利用此方程可进行预测。设预测 2018 年该产品的产量：

$y_c=220.69+26.11\times6+1.95\times6^2=477.55$（万吨）

（2）指数曲线型

若现象的发展按每期大致相等的增减速度增减变化，即各期的环比增减速度大致相等，其发展趋势基本上是指数曲线型。可拟合指数曲线方程

$y_c=ab^t$

式中 a，b 是两个待定参数。

进行指数曲线的拟合，可将指数曲线化为直线形式。即先用对数方法将其化为直线方程，然后用最小平方法求直线方程中的待定参数 a，b。

将指数曲线方程 $y_c=ab^t$ 两边取对数：$\log y_c=\log a+t\log b$，设 $y_c'=\log y_c$，$A=\log a$，$B=\log b$。则得直线方程 $y_c'=A+Bt$。

用最小平方法建立标准方程组：

$$\begin{cases} \sum y'=nA+B\sum t \\ \sum ty'=A\sum t+B\sum t^2 \end{cases}$$

将原点移到中间项，使 $\sum t=0$，得：

$$\begin{cases} \sum y'=nA \\ \sum ty'=B\sum t^2 \end{cases}$$

则 $$\begin{cases} A=\dfrac{\sum y'}{n} \\ B=\dfrac{\sum ty'}{\sum t^2} \end{cases}$$

即 $$\begin{cases} \log a=A=\dfrac{\sum y'}{n} \\ \log b=B=\dfrac{\sum ty'}{\sum t^2} \end{cases}$$

查反对数表求得 a，b 值。现以表 5－24 资料为例说明。

表 5—24　　某地历年年末人口资料表　　单位：千人

年份	年次 t	人口数 y	环比增减速度(%)	计算栏			趋势值 y_c
				$y'=\log y$	ty'	t^2	
甲	1	2	3	4	5	6	7
2009	−3	1 162.84	—	3.065 5	−9.196 5	9	1 164.93
2010	−2	1 180.52	1.52	3.072 1	−6.144 2	4	1 179.23
2011	−1	1 194.07	1.15	3.077 0	−3.077 0	1	1 194.83
2012	0	1 210.79	1.40	3.083 0	0	0	1 210.60
2013	1	1 227.74	1.24	3.089 1	3.089 1	1	1 226.58
2014	2	1 242.96	1.28	3.094 5	6.189 0	4	1 242.77
2015	3	1 258.87	1.40	3.100 0	9.300 0	9	1 259.18
合计	0	8 477.79	—	21.581 2	0.160 4	28	8 478.12

表中时间数列实际观测值的环比增长速度大致相同，可以判断某地人口发展趋势为指数曲线型，于是运用最小平方法拟合指数方程。且从中间项 2012 年为原点，$n=7$，$\sum y'=21.581\ 2$，$\sum ty'=0.160\ 4$，$\sum t^2=28$，代入方程组得：

$$\begin{cases} A=\dfrac{\sum y'}{n}=\dfrac{21.581\ 2}{7}=3.083\ 0 \\ B=\dfrac{\sum ty'}{\sum t^2}=\dfrac{0.160\ 4}{28}=0.005\ 7 \end{cases}$$

查 A、B 的反对数表得 $\begin{cases} a=1\ 210.598 \\ b=1.013\ 2 \end{cases}$

将 a，b 代入指数方程得：

$y_c=ab^t=1\ 210.60\times 1.013\ 2^t$

将各年 t 值代入 $y_c=ab^t$ 中即可求得各年年末的人口发展趋势值 y_c，如表 5—24中第 7 栏数值。

将这条趋势线向外延伸，可预测某地未来任意一年年末人口数。设预测 2018 年年末人口数为：

$y_c=ab^t=1\ 210.60\times(1.013\ 2)^6=1\ 309.70$(千人)

任务五　季节变动的测定

一、测定季节变动的意义

季节变动是指某些社会现象受到生产条件或自然因素的影响，在一年内或某个周期内随着季节或时间的变动而发生有规律的变化。

测定现象的季节变动，使人们能认识和掌握研究对象的变动周期和规律性，克服因季节变动而引起的不良影响，有利于制定计划，安排生产，保证供给，促进经济不断发展。

二、季节变动的测定方法

测定季节变动的方法很多，其中，主要的方法有两类：一种是不考虑长期趋势的影响，按月(按季)平均法；另一种是考虑长期趋势的影响，采用移动平均法，从而剔除长期趋势的影响。

(一)按月(季)平均法

这种方法不考虑长期趋势的影响，直接根据原始资料计算，其具体计算方法，结合表5—25资料说明。

表 5—25　　某企业 2013～2015 年毛衣销售量资料　　单位：万件

年份＼月份		1	2	3	4	5	6	7	8	9	10	11	12	合计
2013		80	64	40	26	14	8	10	14	82	96	84	92	610
2014		82	68	40	28	12	6	10	16	90	120	132	120	724
2015		84	80	46	46	14	10	12	18	96	160	148	148	840
合计		246	212	126	100	40	24	32	48	268	376	364	338	2 174
月平均数		82	70.67	42	33.33	13.33	8	10.67	16	89.33	125.30	121.33	112.67	60.39
季节比率	未调整	135.78	117.02	69.55	55.19	22.07	13.25	17.67	26.49	147.92	207.53	200.91	186.57	1 199.95
	调整后	135.79	117.02	69.55	55.19	22.07	13.25	17.67	26.49	147.93	207.54	200.92	186.58	1 200.00

首先将被研究对象若干年(一般 3 年以上)的月度资料编成平行的时间数列如表 5—25 所示，然后按下列步骤计算：

(1)计算现象在不同年度同一月份的合计数和平均数。如三年的 1 月份合计数＝80＋82＋84＝246(万件)，月平均数$=\frac{246}{3}=82$(万件)。

(2)计算现象三年内总的月平均数，即将各月合计之和除以月份数(3×12)，表 5—25 中为$\frac{2\ 174}{36}=60.39$(万件)。

(3)将各月平均数与总的月平均数对比，求出各月的季节比率(季节指数)，如 1 月份的季节比率为$\frac{82}{60.39}=135.78\%$。

月平均数与总的月平均差额越小，则季节比率变动越小，反之则越大。

(4)计算各月季节比率合计，若其总和不等于1 200%，应予调整，将各月季节比率乘以调整系数$\left(\text{调整系数}=\frac{1\ 200\%}{\text{各月季节比率之和}}\right)$，求得调整后的季节比率，如例中调整系数$=\frac{1\ 200\%}{1\ 199.95\%}=1.000\ 042$，则 1 月份调整后的季节比率为 135.78%×1.000 042＝135.79%。

(5)根据求得的季节比率资料，绘制季节变动曲线图，如图 5—1 所示。

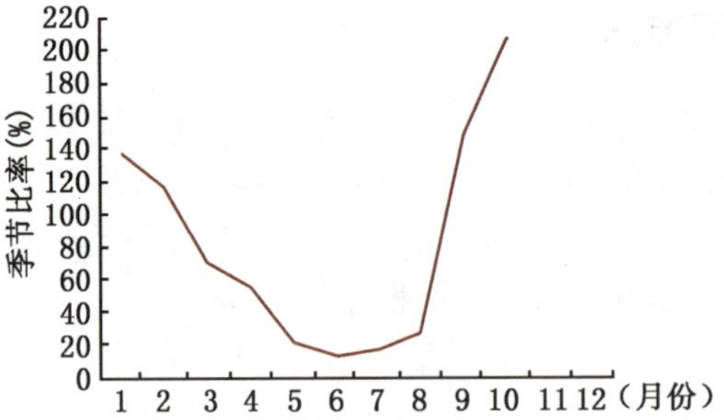

图 5—1 某商品销售量季节变动图

从表 5—25 和图 5—1 的曲线中可以看出毛衣的销售量冬季最大，春、秋季次之，夏季最小。

利用季节变动资料可以进行预测，假定 2016 年 1、2 两个月毛线的销售量分别为 90 万和 83 万件，则可预测这一年 3、4 两个月销售量：

$$3\text{ 月份销售量}=\frac{90+83}{135.79\%+117.02\%}\times 69.55\%=47.59\text{(万件)}$$

$$4\text{ 月份销售量}=\frac{90+83}{135.79\%+117.20\%}\times 55.19\%=37.77\text{(万件)}$$

这种方法计算简便，容易理解，但它不考虑时间数列中长期趋势的影响，从而使计算的季节比率不够准确。

(二)移动平均趋势剔除法

这是利用移动平均法来剔除长期趋势影响后，再测定季节变动的方法，以表 5—26 资料说明。其计算步骤如下：

(1)根据各年月资料(y)以 12 个月移动平均求得长期趋势值 T。

$$\text{如第一个移动平均数}=\frac{80+64+40+26+14+8+10+14+82+96+84+92}{12}=50.83$$

(见表 5—26 第(4)栏)

再作第二次移动校正趋势值(T)：

$$\text{第二次移动校正趋势值}=\frac{50.83+49.33}{2}=50.08$$

(见表 5—26 第(5)栏)

(2)将各月的实际值 y 除以相应的各月趋势值 T，即

$$\frac{y}{T}=\frac{T\cdot S\cdot I}{T}=S\cdot I$$

计算出各月的季节比率，以消除长期趋势所包含的季节变动和不规则变动的相对数。

$$2013\text{ 年 7 月份的季节比率}=\frac{10}{50.08}=19.97\%$$

(见表 5—26 中第(6)栏)

(3)将求得的季节比率(SI)重新按月编排，再按月求其平均的季节比率，即计算各年同月的季节比率的简单算术平均数(S)，从而得到消除了不规则变动因素的季节比率，见表 5—27。

如 1 月份的平均季节比率$=\frac{125.25+129.39}{2}=127.32\%$

(4)若各月季节比率的合计数不等于1 200%，应采用与前面相同的方法，计算调整系数予以调整。例中调整系数为：

$\frac{1\ 200\%}{1\ 193.62\%}=1.005\ 345\ 08$，则 1 月份的调整季节比率为：

$127.32\%\times1.005\ 345\ 08=128\%$

表 5—26　　某企业 2013～2015 年毛衣销售量资料表　　单位：万件

年份	月份	销售量 $y=T\cdot S\cdot I$	12 个月移动总数	12 个月移动平均数	趋势值 T	季节比率(%) $\frac{y}{T}=S\cdot I$
甲	(1)	(2)	(3)	(4)	(5)	(6)=(2)/(5)
2013	1	80	—	—	—	—
	2	64	—	—	—	—
	3	40	—	—	—	—
	4	26	—	—	—	—
	5	14	—	—	—	—
	6	8	610	50.83	—	—
	7	10	592	49.33	50.08	19.97
	8	14	596	49.67	49.50	28.28
	9	82	596	49.67	49.67	165.09
	10	96	598	49.83	49.75	192.96
	11	84	596	49.67	49.75	168.84
	12	92	594	49.50	49.59	185.52
2014	1	62	594	49.50	49.50	125.25
	2	68	596	49.67	49.59	137.12
	3	40	604	50.33	50.00	80.00
	4	28	628	52.33	51.33	54.55
	5	12	576	56.33	54.33	22.09
	6	6	704	58.67	57.50	10.43
	7	10	726	60.50	59.59	16.78
	8	16	738	61.50	61.00	26.23
	9	90	744	62.00	61.75	145.75
	10	120	762	63.50	62.75	191.24
	11	132	764	63.67	63.59	207.58
	12	120	768	64.00	63.84	187.97

续表

年份	月份	销售量 $y=T\cdot S\cdot I$	12个月移动总数	12个月移动平均数	趋势值 T	季节比率(%) $\frac{y}{T}=S\cdot I$
甲	(1)	(2)	(3)	(4)	(5)	(6)=(2)/(5)
2015	1	84	790	65.83	64.92	129.39
	2	80	792	66.00	65.92	121.36
	3	46	798	66.50	66.25	69.43
	4	46	838	69.83	68.17	67.48
	5	14	854	71.17	70.50	19.86
	6	10	860	71.67	71.42	14.00
	7	32	—	—	—	—
	8	18	—	—	—	—
	9	96	—	—	—	—
	10	160	—	—	—	—
	11	148	—	—	—	—
	12	126	—	—	—	—

表 5—27　　季节比率计算表　　单位：%

年份＼月份	1	2	3	4	5	6	7	8	9	10	11	12	合计
2013	—	—	—	—	—	—	19.97	28.28	165.09	192.96	168.84	185.52	—
2014	125.25	137.12	80.00	54.55	22.09	10.43	16.78	26.23	145.75	191.24	207.58	187.97	—
2015	129.39	121.36	69.43	67.48	19.86	14.00	—	—	—	—	—	—	—
合计	254.64	258.48	149.43	122.03	41.95	24.43	36.75	54.51	310.84	384.20	376.42	373.49	—
平均	127.32	129.24	74.72	61.02	20.98	12.22	18.38	27.26	192.10	192.10	188.21	186.75	1 193.62
季节比率	128.00	129.53	75.12	61.35	21.09	12.29	18.48	27.41	193.13	193.13	189.22	187.75	1 200.00

$$调整系数=\frac{1\ 200\%}{各月季节比率之和}=\frac{1\ 200\%}{1\ 193.62\%}=1.005\ 345\ 085$$

项目综合能力训练题(五)

一、填空题

1. 时间数列由________和________________两个要素组成。
2. 时间数列按统计指标的性质不同，可以分为________、________、________三种形式。
3. 某商场历年年末商品库存总量形成的数列属于________数列，历年商品销售额形成的数列属于________数列。

4. 测定长期趋势的方法主要有________、________、________等三种。

二、判断题

1. 各种形式的时间数列，其指标数值大小都受到指标所属时间长短的影响。（　　）
2. 由间断时点数列计算序时平均数，是假定现象的动态变化过程为均匀变动。（　　）
3. 平均增长速度是各期环比增长速度乘积的 n 次方根。（　　）
4. 按月平均法是一种不考虑长期趋势影响的测定现象季节变动的方法。（　　）

三、单项选择题

1. 时间数列中，每个指标数值可以相加的是（　　）。

A. 时间数列　　B. 时点数列　　C. 相对数时间数列　　D. 平均数时间数列

2. 某企业 1 月份刚好完成计划，2 月份超额完成计划 2%，3 月份超额完成计划 4%，则第一季度超额完成计划（　　）。

A. 2%　　B. 6%　　C. 3%　　D. 不能计算

3. 年距增减速度的计算公式为（　　）。

A. $\frac{\text{逐期增减量}}{\text{前一期水平}}$　　B. $\frac{\text{年距增减量}}{\text{去年同期水平}}$　　C. $\frac{\text{逐期增减量}}{\text{最初水平}}$　　D. $\frac{\text{年距增减量}}{\text{最初水平}}$

4. 用几何平均法计算平均发展速度，是（　　）的连乘积开 n 次方根。

A. 环比增减速度　　B. 环比发展速度　　C. 逐期增减量　　D. 累计增减量

5. 当时间数列中各期环比增减速度大体相同时，应拟合（　　）。

A. 直线　　B. 二次曲线　　C. 三次曲线　　D. 指数曲线

6. 用最小平方法拟合曲线趋势方程，如果 $y_c = ab^t$ 中，b 为负数，则这条直线呈（　　）。

A. 上升趋势　　B. 下降趋势

C. 先上升后下降趋势　　D. 上述三种情况都可能出现

四、简答题

1. 时期数列和时点数列有何区别？
2. 计算平均发展速度的水平法和累计法各有什么特点？
3. 什么是长期趋势？测定长期趋势有哪几种方法？各有什么特点？
4. 什么是季节变动？测定季节变动的方法有哪两种？各有什么优缺点？

五、综合能力训练题

1. 已知某企业 2015 年职工人数资料如表 5—28 所示。

表 5—28　　某企业 2015 年全年各月统计的职工人数

日　期	1 月 1 日	5 月 31 日	9 月 1 日	12 月 31 日
人数（人）	1 200	1 340	1 450	1 560

要求：计算 2015 年该企业职工平均人数。

2. 某工业企业 2015 年职工人数和净资产值资料如表 5－29 所示。

表 5－29　　某工业企业 2015 年职工人数和净资产值

项　目	1 月 1 日	5 月 31 日	9 月 1 日	12 月 31 日
月初职工人数(人)	2 000	2 200	2 000	2 100
净资产值(万元)	2 200	2 520	2 940	3 260

要求：

(1)计算 2015 年第一季度各月每个职工平均净资产值；

(2)计算 2015 年第一季度每个职工平均净资产值。

3. 某商业企业 2015 年各季商品销售额资料如表 5－30 所示。

表 5－30　　某商业企业 2015 年各季商品销售额

项目	商品销售额(万元)	增长量(万元)		发展速度(%)		增长速度(%)		增长 1%绝对值(万元)
		逐期	累计	环比	定基	环比	定基	
第一季度	100							
第二季度	120							
第三季度	216							
第四季度	312							

要求：

(1)计算表 5－30 空格中的指标；

(2)计算该企业全年各季的平均发展速度和平均增长速度。

4. 某市 2009～2015 年工业增加值资料如表 5－31 所示。

表 5－31　　某市 2009～2015 年工业增加值

项目	2009 年	2010 年	2011 年	2012 年	2013 年	2014 年	2015 年
工业增加值(万元)	800	880	960	1 043	1 120	1 200	1 285

要求：试分析某市工业增加值的发展变化类型，并拟合相应的趋势线预测 2016 年和 2017 年的工业增加值。

5. 某市 2013～2015 年甲商品销售量资料如表 5－32 所示。

表 5－32　　某市 2013～2015 年甲商品销售量　　单位：kg

时间	1 月	2 月	3 月	4 月	5 月	6 月	7 月	8 月	9 月	10 月	11 月	12 月
2013 年	40	35	30	26	27	32	55	72	77	68	42	38
2014 年	55	40	36	31	35	40	63	80	85	74	50	46
2015 年	62	48	42	40	44	48	72	88	94	86	62	58

要求：

(1)用按月平均法计算季节比率。

(2)假设 2016 年 8 月、9 月甲商品销售额分别为 85kg、70kg，试预测该年 10 月、11 月甲商品销售量。

项目六

统计指数

【知识目标】

1. 了解统计指数的概念和作用。
2. 掌握统计指数的计算方法。
3. 熟悉统计指数体系和因素分析。
4. 了解指数在经济活动中的应用。

【能力目标】

1. 能够运用统计指数分析社会经济现象。
2. 能够针对调查任务设计统计指数体系。

项目导入案例

2008 年 1～12 月我国居民消费价格指数 CPI 统计表

时间	1月	2月	3月	4月	5月	6月	7月	8月	9月	10月	11月	12月
当月指数	107.1	108.7	108.3	108.5	107.7	107.1	106.3	104.9	104.6	104	102.4	101.2
同比增长	7.10%	8.70%	8.30%	8.50%	7.70%	7.10%	6.30%	4.90%	4.60%	4.00%	2.40%	1.20%
环比增长	1.20%	2.60%	−0.70%	0.10%	−0.40%	−0.20%	0.10%	−0.10%	0.00%	−0.30%	−0.80%	−0.20%
累计增长	107.1	107.9	108	108.2	108.1	107.9	107.7	107.3	107	106.7	106.3	105.9

在 2008 年，我国 CPI 发生了多年难得一见的较大波动，上半年与下半年的经济可用“冰火两重天”来形容。

上半年，我们还在为多年不遇的高通货膨胀率担忧：2007年猪肉价格上涨在2008年延续着；一波尚未平息，冰冻灾害又为通货膨胀增加了新的动力，国际市场上石油价格的疯狂上涨更增添了人们的忧虑。

但到了下半年，随着“两房”被美国财政部接管、美国雷曼兄弟公司的倒闭与美林被收购，次贷突生变数，国际经济形势不断恶化，全球经济处于风雨飘摇之中，中国经济也未能幸免。我们刚刚告别对通货膨胀的担忧，又开始为是否会进入通货紧缩时代而惶惶不安，全世界的很多企业开始过上紧日子，甚至于倒闭，就业压力变得异常之大。我们时刻都处于危机的摆布之中，CPI增速的逐级下落使我们真切地感受到危机。

尽管CPI只是一个价格指数，但经济波动无一不与之有关。

思考：CPI是怎么计算的？它为什么可以反映经济波动的趋势？

任务一　统计指数的概念和种类

一、指数的概念和作用

（一）指数的概念

指数的含义有广义和狭义之分。广义上的指数泛指所有反映社会经济现象数量变动或差异程度的相对数，如项目四中所讲的动态相对数、计划完成相对数、比较相对数等都属于指数；狭义上的指数是指用来综合反映那些不能直接相加的复杂社会经济现象总体数量变动的相对数，这是一种特殊的相对数，如零售物价指数，是反映所有零售商品价格总变动的相对数；工业产品产量指数，是表明在某一范围内全部工业产品实物量总变动的相对数，等等。统计中所讲的指数，主要是指狭义的指数。

（二）指数的作用

1. 反映复杂社会经济现象总体的综合变动程度

统计研究社会现象总体变动时，除了说明个别现象，如个别产品产量、个别产品成本、个别商品价格等在不同时期的变动情况外，还要综合研究多种产品产量、多种商品价格总的变动情况。这些个别的不同商品或产品的单价、单位成本，虽然都是用货币表示，但它们的使用价值不同，生产单位产品所需要的物力、劳力不一样，同样不能简单对比。因此，就要利用指数，将这些不能直接相加、对比的现象，过渡到能够相加并综合对比，以反映其总的变动情况。

2. 分析和测定复杂社会经济现象总变动中各个因素的变动对其影响程度

复杂社会经济现象的总体是由多个因素构成的，其变动是由构成的诸多因素变动综合影响的结果。如商品销售额是由商品销售量和销售价格两个因素组成，即

商品销售额＝商品销售量×商品销售价格

商品销售额的多少，决定于商品销售量的多少和商品销售价格的高低。诸如此类现象，就要编制指数来分析和测定社会经济现象总体中各个构成因素对其总变动的影响程度。

3. 测定平均水平对比分析中各组平均水平与总体结构变动对其的影响程度

在对现象总体进行分组的条件下，平均水平数值大小，既受现象水平的影响，又受现象结

构的影响。如职工平均工资的变化，既受各组平均工资的影响，又受各组工人人数在全体职工中所占比重的影响，要分析平均水平中两个因素的变动情况和影响程度，可以通过编制平均指标指数来研究。

4. 反映计划综合执行情况

在检查计划完成情况时，经常要涉及不能直接相加的复杂社会经济现象，有时还要将它们在不同地区间进行对比分析，就要应用统计指数。

二、指数的分类

（一）按指数所反映的对象范围大小不同分为个体指数和总指数

1. 个体指数

个体指数是说明个别现象变动的相对数。例如某产品的产量指数、某商品的价格指数等。其计算方法比较简单：

个体产量指数 $K_Q=\dfrac{Q_1}{Q_0}\times100\%$

个体物价指数 $K_p=\dfrac{P_1}{P_0}\times100\%$

个体成本指数 $K_Z=\dfrac{Z_1}{Z_0}\times100\%$

式中，K_Q、K_p、K_Z——分别为产量、物价、成本的个体指数；

Q_1、Q_0——分别为报告期和基期的产品产量；

P_1、P_0——分别为报告期和基期商品的价格；

Z_1、Z_0——分别为报告期和基期产品的成本。

2. 总指数

总指数是指说明多种事物综合变动的相对数，如反映多种产品产量综合变动的物量总指数，说明多种产品价格综合变动的价格总指数等。它们的编制和计算方法比较复杂，我们将在后面专门研究。

此外，还有一种介于个体指数与总指数之间的指数——类指数，它是反映总体中某一组或某一类现象变动的相对数。其编制和计算方法与总指数相同。

（二）按其所研究对象的性质不同分为数量指标指数和质量指标指数

1. 数量指标指数（简称数量指数）

它是反映数量指标变动程度的相对数，如产品产量指数、职工人数指数、货物运输量指数等。

2. 质量指标指数（简称质量指数）

它是反映质量指标变动程度的相对数，表明工作质量好坏，管理水平高低的指数，如价格指数、成本指数、平均工资指数、劳动生产率指数等。

在统计指数的编制和应用中，必须十分重视数量指数和质量指数的区分，它们各自采用不同的编制方法。

（三）按其所采用的基期不同分为定基指数和环比指数

定基指数是指以某一固定时期作为对比基期的指数。

环比指数是指各个指数都以前一期为基期的指数。

（四）按其对比内容的时间不同分为动态指数和静态指数

动态指数是由两个不同时期的变量值对比形成的相对数，说明现象在不同时间上的变化情况。

静态指数是指在同一时间条件下，不同空间上的同一现象不同数值对比的相对数。

（五）按其编制方法不同分为综合指数和平均指标指数

有关这方面的内容，后文将作专门研究。

任务二　综合指数

一、综合指数的概念和分类

综合指数是总指数的基本形式。它是将不能直接相加的各种经济变量通过乘以另一个与此有关的同度量因素而转换成可以相加的总量指标，然后进行对比得到的相对数来说明复杂现象的综合变动。

按其研究对象的性质不同，可分为数量指数和质量指数两种。

二、编制综合指数的一般方法

（一）运用两分法将复杂社会现象进行分解

由于构成现象的各种因素之间存在着相互联系，因此，要对现象总体进行分解，并判别它们是数量因素还是质量因素，从而确定所要编制的指数是数量指数，还是质量指数。如表6—1所示构成甲、乙、丙三种商品销售额中，销售量是数量因素，而销售价格是质量因素。

表 6—1　　某商店销售甲、乙、丙三种不同商品的有关资料

商品名称	计量单位	基期			报告期			假定销售额（万元）	
		销售量	单价（元）	销售额（万元）	销售量	单价（元）	销售额（万元）		
（甲）	（乙）	Q_0	P_0	Q_0P_0	Q_1	P_1	Q_1P_1	Q_1P_0	Q_0P_1
甲	m	40 000	24	96	60 000	22	132	144	88.0
乙	Kg	50 000	12	60	56 000	10	56	67.2	50.0
丙	件	10 000	60	60	8 000	55	44	48.0	55.0
合计	—	—	—	216	—	—	232	259.2	193.0

（二）选择适当的同度量因素，使原来不能直接相加的现象过渡到可以相加

从表 6—1 中可以看出，甲、乙、丙三种不同商品，它们的使用价值和计量单位不同，不能直接相加，因而也不能直接进行对比来反映它们的总变动。为此需要找到一个同度量因素，以此作为媒介。借助于三种商品各自的销售价格，把不同商品的销售量乘以相应的销售价格后过渡到商品销售额就可以相加并进行对比，计算商品销售量总指数。同样，三种商品的销售价格，也不能简单相加，要通过销售量对其同度量化后才能相加对比，以计算价格总指数。

统计中，通过乘上一个因素，把原来不能直接相加的现象过渡到可以相加，这个乘上的作为媒介的因素，称为同度量因素，它在指数计算中起着权衡轻重的作用，所以又称它为权数。

（三）选择同度量因素的所属时期

在编制总指数时，为了分析一个因素的变动情况，就必须把另一个因素固定不变，即要把相对比的分子和分母所乘上的那个同度量因素固定在某一时期不变。在复杂现象总体中，各个不同时期的同度量因素不同，数值不同：有基期的，也有报告期的；有实际的，也有计划的。那么，到底同度量因素应选择在哪个时期呢？这是统计中一个重要的理论问题，有着不同的观点。

根据实践中的应用情况，确定统计指数同度量因素所属时期一般是：编制数量总指数时，以基期的质量因素作为同度量因素；编制质量总指数时，以报告期的数量因素作为同度量因素为宜。

三、数量总指数的编制和计算方法

数量总指数是反映数量因素综合变动的情况。仍以表 6－1 中的资料为例，说明其编制和计算方法。

从表 6－1 的资料中可以看出：甲、乙两种商品的销售量报告期比基期均有所增加，而丙商品却减少了。它们各自的变动情况，可用个体销售量指数表示：

甲商品销售量指数 $K_Q=\frac{Q_1}{Q_0}\times100\%=\frac{60\ 000}{40\ 000}\times100\%=150\%$

乙商品销售量指数 $K_Q=\frac{Q_1}{Q_0}\times100\%=\frac{56\ 000}{50\ 000}\times100\%=112\%$

丙商品销售量指数 $K_Q=\frac{Q_1}{Q_0}\times100\%=\frac{8\ 000}{10\ 000}\times100\%=80\%$

式中，K_Q——个体数量指数；

Q_1、Q_0——分别为报告期和基期的商品销售量。

为了反映三种商品销售量总变动情况，需要编制销售量综合指数。如前所述，不能将它们直接相加取得两个时期的销售量，但是，可以借助它们各自的价格作为同度量因素，而价格是反映三种商品质量好坏的质量因素。这样，把同度量因素——价格——固定在基期，然后去乘以各自的销售量得到销售额，从而将它们过渡到价值形态，使三种商品由不同的使用价值形态转化为同质异量的价值总量，于是就能得到三种商品基期销售额的总量和按基期价格与报告期销售量计算所得的假定销售额总量，然后将这两个总量指标对比，得到三种商品销售量总指数。其一般的计算公式如下：

$$\overline{K}_Q=\frac{\sum Q_1P_0}{\sum Q_0P_0}\times100\%=\frac{259.2}{216.0}\times100\%=120\%$$

式中，$\overline{K}_Q$——销售量综合指数；

Q_1，Q_0——分别为报告期销售量与基期销售量；

P_1，P_0——分别为报告期价格与基期销售价格。

计算结果表明，三种商品销售量报告期比基期总的增长了 20%，公式中的分子和分母之差为：

$\sum Q_1P_0-\sum Q_0P_0=259.20-216.0=43.2$(万元)

计算结果说明，由于三种商品销售量平均增长了 20%，从而使销售额增加了 43.2 万元。这是在假定价格不变的情况下，由于销售量报告期比基期增加而增加的销售额，其经济意义很明确。

上面的计算公式，最早是由德国经济学家拉斯贝尔提出的，所以又称为拉斯贝尔数量指数公式，简称拉氏公式。如产量指数、职工人数指数、商品销售量指数等数量指数，一般都用这个公式编制和计算，将其同度量因素固定在基期。

关于数量指数的编制与计算，统计学界也有不同的观点，有的学者主张将同度量因素固定在报告期，其公式为：

$$\overline{K}_Q=\frac{\sum Q_1P_1}{\sum Q_0P_1}\times 100\%=\frac{232.0}{193.0}\times 100\%=120.21\%$$

计算结果说明，三种商品的销售量平均增长了 20.21%，其分子、分母之差为：

$\sum Q_1P_1-\sum Q_0P_1=232.0-193.0=39$(万元)

上述结果说明，由于三种商品销售量平均增长了 20.21%，使销售额增加了 39.0 万元，这是在销售价格已经发生了变化的情况下，由于销售量的变动而带来的销售额的增加，不仅是销售量变动的结果，还包括了销售价格变动的因素影响；而且，这个结果是表明报告期的销售量与基期的销售量按报告期的价格计算所得的销售额之间变动的程度和差额，其经济意义与现实意义都很缺乏；同时与编制数量综合指数纯粹是为了说明数量变动的初衷相违背，因此，在实际工作中，大多不采用这个公式来测定数量的综合变动。

四、质量总指数的编制和计算方法

质量总指数是反映现象质量因素变动的情况。仍以表 6—1 中的资料为例，说明其编制和计算方法。

从表 6—1 中的资料中可以看出，甲、乙、丙三种商品销售价格报告期比基期都有所下降，它们各自的变动情况，可以编制个体价格指数：

甲商品的个体价格指数 $K_P=\frac{P_1}{P_0}\times 100\%=\frac{22}{24}\times 100\%=91.67\%$

乙商品的个体价格指数 $K_P=\frac{P_1}{P_0}\times 100\%=\frac{10}{12}\times 100\%=83.33\%$

丙商品的个体价格指数 $K_P=\frac{P_1}{P_0}\times 100\%=\frac{55}{60}\times 100\%=91.67\%$

式中，K_P——个体价格指数；

P_1,P_0——分别为报告期和基期的商品销售价格。

为了反映三种商品销售价格总变动情况，需要编制价格综合指数。前面已经讲到，三种商品的销售价格虽然都是以货币为计量单位，但也不能简单相加，它们也是不同度量的。甲商品是每米的价格，乙商品是每千克的价格，丙商品是每件的价格，将它们相加是没有意义的。因此也要通过同度量因素使之转化为可以相加的价值量指标。这里，可以借助于它们各自的销售量作为同度量因素，而销售量是反映三种商品销售数量多少的数量因素。按照编制综合指数的一般方法，把同度量因素——销售量——固定在报告期，然后去乘以各自的价格，使它们过渡到价值形态。这样就能得到三种商品报告期的销售额总量和按基期的价格与报告期销售量计算所得的假定销售额总量，再将这两个总量指标对比，得到三种商品的价格指数。其一般的公式为：

$$\overline{K}_P=\frac{\sum Q_1P_1}{\sum Q_1P_0}\times 100\%=\frac{232.0}{259.2}\times 100\%=89.51\%$$

式中，$\overline{K}_p$——价格综合指数。

其他符号含义同前。

计算结果表明三种商品的价格报告期比基期平均下降了 10.49%。公式中的分子与分母之差为：

$\sum Q_1P_1-\sum Q_1P_0=232.0-259.2=-27.2$（万元）

其结果说明由于三种商品的价格平均下降了 10.49%，使销售额减少了 27.2 万元。这是在假定同度量因素——销售量——不变，并把它固定在报告期的情况下，由于销售价格报告期比基期下降，而减少了销售额，其计算结果具有现实的经济意义。但它却包含了销售量变化的因素在内。

上面这个公式，由德国经济学家哈曼·派许最早提出，故又称为派许指数公式，简称派氏公式。如物价指数、单位成本指数等，一般都用这个公式编制和计算。

关于质量指数的编制，在统计学界同样有不同的观点，有人提出将同度量因素固定在基期，其公式为：

$$\overline{K}_P=\frac{\sum Q_0P_1}{\sum Q_0P_0}\times 100\%=\frac{193}{216}\times 100\%=89.35\%$$

计算结果说明，三种商品的销售价格平均下降了 10.65%，其分子、分母的差额为：

$\sum Q_0P_1-\sum Q_0P_0=193-216=-23$（万元）

计算结果说明，由于三种商品销售价格平均下降了 10.65%，因此使销售额减少了 23 万元。这是在假定销售量没有变动的情况下，纯粹由于价格变动而产生的结果。这个价格综合指数反映了价格变动的程度和差额，其经济意义也是很明确的。

将这两个质量综合指数进行比较：前面的公式是以报告期的销售量为同度量因素计算的价格综合指数，其结果受到价格与销售量变动的双重影响，即这种价格综合指数不仅反映了价格的变动，同时还包含了销售量变化的影响。它具有非常现实的经济意义，因为这个公式的计算结果，表明由于价格变化，报告期实际销售的商品量，使商店减少销售额 27.2 万元；而对消费者来说，报告期购买这类商品由于价格下降而少支出 27.2 万元。而按后面的以基期销售量为同度量因素公式计算，表明由于价格变化，商店在基期销售的商品量，再按报告期价格计算，减少销售额 23 万元；对消费者来说，基期购买的商品如果到报告期再购买，可少支出 23 万元，显然这是缺乏现实经济意义的。另外，实际生活表明，价格的变化会引起生产或销售商品的结构变化，也会推动居民消费结构变化。所以，我们在编制价格总指数反映价格变化而对生产和销售以及对消费者的影响时，应从现实出发，一般选择以报告期的销售量作为同度量因素。但是，这也不是绝对的，有时当基期销售量资料比较容易取得，而报告期销售量资料不易取得或尚不具备时，也可以用基期销售量作为同度量因素来编制价格指数。

任务三　平均数指数和平均指标指数的因素分析

一、平均数指数的概念和因素分析

(一)平均数指数的概念和分类

以个体指数为基础，采用加权平均形式编制的总指数称为平均数指数。它与综合指数相比，只是由于掌握资料不同，所采用的计算方法不同而已，其计算结果与经济意义是一样的，平均数指数实质上是综合指数的变形。

按其指数化因素的性质和平均方法不同，可以分为加权算术平均数指数和加权调和平均指数两种。

(二)平均数指数的因素分析

1. 加权算术平均数指数

加权算术平均数指数是对个体数量指数采用加权算术平均方法计算的总指数。一般情况下，在编制数量总指数时，当掌握的资料是个体数量指数和基期的总量指标时，可以采用这种形式来编制数量总指数。其计算公式为：

$$\overline{K}_Q=\frac{\sum K_Q Q_0 P_0}{\sum Q_0 P_0}\times 100\%=\sum K_Q \cdot \frac{Q_0 P_0}{\sum Q_0 P_0}\times 100\%$$

式中，$\overline{K}_Q$——数量加权算术平均指数；

K_Q——个体数量指数$\frac{Q_1}{Q_0}$。

其他符号含义同前。

仍以表6—1所示资料为例编制表6—2。

表6—2　某商店三种商品销售量和销售额资料

名称	计量单位	销售量		基期销售额（万元）	销售量个体指数	假定（万元）
		基期 Q_0	报告期 Q_1	Q_0P_0	$K_Q=\frac{Q_1}{Q_0}$(%)	$K_Q\cdot Q_0P_0=Q_1P_0$
甲	m	40 000	60 000	96	150	144.0
乙	kg	50 000	56 000	60	112	67.2
丙	件	10 000	8 000	60	80	48.0
合计	—	—	—	216	—	259.2

从表6—2中已知三种商品的个体销售量指数 K_Q，即

$$K_Q=\frac{Q_1}{Q_0},Q_1=K_Q Q_0$$

$$\overline{K}_Q=\frac{\sum Q_1 P_0}{\sum Q_0 P_0}=\frac{\sum K_Q Q_0 P_0}{\sum Q_0 P_0}=\frac{259.2}{216.0}=120\%$$

$$\sum K_Q Q_0 P_0-\sum Q_0 P_0=259.2-216.0=43.2(\text{万元})$$

计算结果表明，三种商品的销售量报告期比基期平均增长了 20%，由于销售量增长而增加的销售额为 43.2 万元。

上式中，个体销售量指数 K_Q 是变量，以基期商品销售额 Q_0P_0 为权数，将销售量综合指数$\frac{\sum Q_1P_0}{\sum Q_0P_0}$变形为加权算术平均数指数$\frac{\sum K_QQ_1P_0}{\sum Q_0P_0}$。即

$$\frac{\sum Q_1P_0}{\sum Q_0P_0}=\sum\frac{Q_1}{Q_0}\cdot\frac{Q_0P_0}{\sum Q_0}=\frac{\sum K_QQ_0P_0}{\sum Q_0P_0}$$

从中可以看出，在资料完全相同的情况下，以基期价值总量指标为权数的加权算术平均数指数与前面所讲编制的数量综合指数的经济意义是一致的，而且计算结果也相等。

2. 加权调和平均数指数

加权调和平均数指数是对个体质量指数用加权调和平均方法计算的总指数。通常，在编制质量总指数时，只掌握报告期的总量指标和个体质量指数时，可用这种方法编制质量总指数。其计算公式为：

$$\overline{K}_P=\frac{\sum Q_1P_1}{\sum\frac{1}{K_P}Q_1P_1}=\frac{\sum Q_1P_1}{\sum Q_1P_0}$$

式中，$\overline{K}_P$——质量加权调和平均数指数；

K_P——个体质量指数，其值等于$\frac{P_1}{P_0}$。

其他符号含义同前。

仍以表 6—1 所示资料为例，编制表 6—3。

表 6—3　　某商店三种商品销售量和销售额资料

商品名称	计量单位	价格（元）		基期报告期销售额（万元）	价格个体指数	假定销售额（万元）
		基期 P_0	报告期 P_1	Q_1P_1	$K_P=\frac{P_1}{P_0}$（%）	Q_1P_1/K_P
甲	m	24	22	132	91.67	144.0
乙	kg	12	10	56	83.33	67.2
丙	件	60	55	44	91.67	48.0
合计	—	—	—	232	—	259.2

$$\overline{K}_P=\frac{\sum Q_1P_1}{\sum Q_1P_0}=\frac{\sum Q_1P_1}{\sum\frac{1}{K_P}Q_1P_1}=\frac{232}{259.2}=89.51\%$$

$$\sum Q_1P_1-\sum\frac{1}{K_P}Q_1Q_1=232-259.2=-27.2\text{（万元）}$$

计算结果表明，三种商品的销售价格报告期比基期平均下降 10.49%，由于销售价格下降而减少商品销售额 27.2 万元。其计算结果与前面讲的质量综合指数结果完全相同。

上式中，个体价格指数 K_P 是变量，以报告期商品销售额 Q_1P_1 为权数，将商品销售价格

综合指数$\frac{\sum Q_1P_1}{\sum Q_1P_0}$变形为加权调和平均数指数$\frac{\sum Q_1P_1}{\sum \frac{1}{K_P}Q_1P_1}$。即

$$\frac{\sum Q_1P_1}{\sum Q_1P_0}=\frac{\sum Q_1P_1}{\sum \frac{P_1}{P_0}Q_1P_1}=\frac{\sum Q_1P_1}{\sum \frac{1}{K_P}Q_1P_1}$$

由此可见，在资料相同的情况下，以报告期价值总量指标为权数的加权调和平均数指数与前面所讨论的质量综合指数是一致的。

3. 固定权数加权平均数指数

编制加权平均数指数时，其权数有变动权数和固定权数两种。权数随报告期而经常变动的称为变动指数；权数确定后在较长时间内不变的称为固定权数。

在统计工作中，有时由于报告期权数的资料不易取得，往往选择经济发展比较稳定的某一时期的价值总量结构作为固定权数 W 来计算平均数指数。这种固定权数使总指数计算比较简便、迅速，有较大的灵活性。如我国的零售物价指数就是采用固定权数的平均指数。

固定权数为比重形式，即$\frac{Q_P}{\sum Q_P}$，以 W 表示 QP，则加权算术平均数指数和调和平均数指数公式分别为：

$$\overline{K}_Q=\frac{\sum K_QW}{\sum W},\overline{K}_P=\frac{\sum W}{\sum \frac{1}{K_P}W}$$

二、平均指标指数及其因素分析

(一)平均指标指数的概念

平均指标指数也称总平均指数。它是对总体平均指标变动程度的测定，例如劳动生产率指数、平均工资指数、平均成本指数等。

(二)平均指标指数的因素分析

以表 6—4 所示资料为例，说明平均指标指数的编制及其应用；同时，根据这个指数之间的内在联系，分析平均数总变动中，各组的平均水平及其结构变动对它的影响程度。

表 6—4　某铁矿集团公司采矿量和工人数资料

矿区名称	工人人数(人)				人均采矿量(千吨)		总产量(千吨)			劳动生产率指数
	基期		报告期		基期	报告期	基期	报告期	假定	
符号	f_0	$\frac{f_0}{\sum f_0}$(%)	f_1	$\frac{f_1}{\sum f_1}$(%)	q_0	q_1	q_0f_0	q_1f_1	q_0f_1	$\frac{q_1}{q_0}$(%)
甲矿	30 000	60	20 000	38.46	0.20	0.25	6 000	5 000	4 000	125
乙矿	20 000	40	32 000	61.54	0.40	0.75	8 000	24 000	12 800	187.5
合计	50 000	100	52 000	100	0.28	0.557 7	14 000	29 000	16 800	199.18

1. 可变结构指数

在进行平均指标指数因素分析时，要与统计分组结合起来分析。从表 6－4 中可知，某铁矿集团甲、乙两个铁矿，工人人数、铁矿产量、劳动生产率各不相同；基期乙矿职工人数比甲矿少，而劳动生产率却比甲矿高出一倍。为了提高全公司的劳动生产率，除了采取各种科学管理技术措施以外，调整两个矿的工人人数，改变集团公司工人人数的结构，也是重要的措施之一。从上述资料中，公司劳动生产率报告期比基期提高受两个因素共同影响：一是各铁矿劳动生产率都有所提高；二是两个铁矿工人人数在全公司所占比重发生了变化。表明现象总体的平均水平发生变动，由各组平均水平和总体中单位结构变动两个因素相互作用结果的指数称为可变结构指数。

根据表 6－4 中的资料，计算该集团公司劳动生产率可变结构指数：

$$\frac{\bar{q}_1}{\bar{q}_2}=\frac{\dfrac{\sum q_1 f_1}{\sum f_1}}{\dfrac{\sum q_0 f_0}{\sum f_0}}=\frac{\dfrac{29\ 000}{52\ 000}}{\dfrac{14\ 000}{50\ 000}}=\frac{0.557\ 7}{0.28}=199.18\%$$

$$\frac{\sum q_1 f_1}{\sum f_1}-\frac{\sum q_0 f_0}{\sum f_0}=0.557\ 7-0.28=0.277\ 7(\text{千吨})$$

计算结果表明，该公司劳动生产率报告期比基期上升了 99.18%，平均每个工人多生产了 277.7 吨铁矿石。这是受各矿劳动生产率变动和劳动生产率水平不同的两矿工人人数结构变动的共同影响所致。下面就来分析这两个因素对全公司劳动生产率的影响程度。

2. 固定结构指数

先来分析甲、乙两矿劳动生产率变动对公司总劳动生产率变动的影响。按指数编制的一般方法，将各矿工人人数的比重固定在报告期，即用报告期工人人数结构作权数，计算劳动生产率固定结构指数。

$$\frac{\dfrac{\sum q_1 f_1}{\sum f_1}}{\dfrac{\sum q_0 f_1}{\sum f_1}}=\frac{\dfrac{29\ 000}{52\ 000}}{\dfrac{16\ 800}{52\ 000}}=\frac{0.557\ 7}{0.323\ 1}=172.61\%$$

$$\frac{\sum q_1 f_1}{\sum f_1}-\frac{\sum q_0 f_1}{\sum f_1}=0.557\ 7-0.323\ 1=0.234\ 6(\text{千吨})$$

计算结果表明，假定甲、乙两铁矿劳动力在全公司的人数构成报告期与基期相同的情况下，由于各矿劳动生产率的提高使全公司的劳动生产率提高了 72.61%，从而使公司人均产量增加了 234.6 吨铁矿石。

3. 结构影响指数

下面再来分析甲、乙两矿工人人数在公司工人人数中比重变动对公司劳动生产率的影响。同样，根据编制指数的一般方法，把各矿的劳动生产率固定在基期，以此作为权数，计算劳动生产率结构影响指数：

$$\frac{\dfrac{\sum q_0 f_1}{\sum f_1}}{\dfrac{\sum q_0 f_0}{\sum f_0}}=\frac{\dfrac{16\ 800}{52\ 000}}{\dfrac{14\ 000}{50\ 000}}=\frac{0.323\ 1}{0.28}=115.39\%$$

$$\frac{\sum q_0 f_1}{\sum f_1}-\frac{\sum q_0 f_0}{\sum f_0}=0.3231-0.28=0.0431(\text{千吨})$$

其结果表明，假定甲、乙两矿劳动生产率报告期保持和基期一样，由于劳动生产率水平较低的甲矿人数在全公司人数的比重由基期的60%下降到报告期的38.46%，而劳动生产率水平比较高的乙矿人数在全公司人数的比重则由基期的40%上升到报告期的61.54%，从而使全公司劳动生产率提高了15.39%，每个人平均增加产量43.1吨铁矿石。

从上面的分析中，可以进一步了解到：可变结构指数、固定结构指数和结构影响指数都是总指数。它们具有独立的经济意义，并且它们之间有着内在的联系，即

可变结构指数＝固定结构指数×结构影响指数

$$\frac{\dfrac{\sum q_1 f_1}{\sum f_1}}{\dfrac{\sum q_0 f_0}{\sum f_0}}=\frac{\dfrac{\sum q_1 f_1}{\sum f_1}}{\dfrac{\sum q_0 f_1}{\sum f_1}}\times\frac{\dfrac{\sum q_0 f_1}{\sum f_1}}{\dfrac{\sum q_0 f_0}{\sum f_0}}$$

199.18%＝172.61%×115.39%

各因素分子和分母之差的代数和表示总劳动生产率水平的差额，且存在着这样的联系：

$$\frac{\sum q_1 f_1}{\sum f_1}-\frac{\sum q_0 f_0}{\sum f_0}=\left(\frac{\sum q_1 f_1}{\sum f_1}-\frac{\sum q_0 f_1}{\sum f_1}\right)\times\left(\frac{\sum q_0 f_1}{\sum f_1}-\frac{\sum q_0 f_0}{\sum f_0}\right)$$

0.5577－0.28＝(0.5577－0.3231)＋(0.3231－0.28)

0.2777(千吨/人)＝0.2346(千吨/人)＋0.0431(千吨/人)

(三)平均指标指数的特点

从上面对平均指标指数的讨论中可以得出其具有如下两个特点：

(1)平均指标指数是利用分组资料计算的指数，它所测定的总体平均指标是对组平均数的加权平均，其权数是各组单位数占总体单位总数的比重。它所综合的不是不可同度量的变量，而是不同地区、不同单位的同一指标，不需采用同度量因素。

(2)平均指标指数除了测定总体平均指标变动程度以外，还可测定总体内部各组水平的平均变动和总体结构变动对总平均指标变动的影响，能适应统计研究的不同要求，计算三种形式的总平均指数，即上面所论述过的可变结构指数、固定结构指数和结构影响指数。

任务四　指数体系和因素分析

一、指数体系的概念和作用

客观现象是错综复杂的，各种因素对它的影响不是孤立的，而是相互联系、相互制约和相互影响的。统计中，除了依据现象内在因素联系编制综合指数外，同时还要应用指数体系来分析现象中各个因素的影响程度，这就需要建立指数体系。

所谓指数体系，是指若干有联系的指数在数量上形成的一个整体，反映客观事物本身的内在联系。

利用指数体系，可以从相对数和绝对数两个方面分析，在受多种因素影响的复杂总体中，各个因素的影响程度；利用指数体系，可以进行指数之间的相互推算，已知三个指数中的任意

两个，就可以推算第三个指数；通过指数体系可以对某种现象进行预测。

二、两因素分析

复杂的社会现象是由两个以上的因素构成，各因素之间的客观联系是建立统计指数体系的依据。这种关系，在相对数上表现为乘积，在绝对数上表现为相加的关系。如表6－1中某商店销售甲、乙、丙三种不同商品，按照前面已经计算出来的结果，则可以得到：

相对数关系为：

商品销售额总指数＝商品销售量总指数×商品销售价格总指数

即

$$\frac{\sum Q_1P_1}{\sum Q_0P_0}=\frac{\sum Q_1P_0}{\sum Q_0P_0}\times\frac{\sum Q_1P_1}{\sum Q_1P_0}$$

$$\frac{232}{216}=\frac{259.2}{216}\times\frac{232}{259.2}$$

$$107.14\%=120\%\times 89.51\%$$

绝对数关系为：

$$\begin{matrix}\text{商品销售额}\\\text{增减变动总额}\end{matrix}=\begin{matrix}\text{因销售变动而}\\\text{增减的销售额}\end{matrix}-\begin{matrix}\text{因销售价格变动}\\\text{而增减的销售额}\end{matrix}$$

即

$$\sum Q_1P_1-\sum Q_0P_0=(\sum Q_1P_0-\sum Q_0P_0)\times(\sum Q_1P_1-\sum Q_1P_0)$$

$$232-216=(259.2-216)+(232-259.2)$$

16(万元)＝43.2(万元)＋(－27.2)(万元)

以上的计算表明，某商店销售甲、乙、丙三种商品销售额，报告期比基期上升了7.41%，由此导致增加销售金额为16万元。销售额变动是受以下两个因素共同影响的结果：一是由于三种商品的销售量报告期比基期上升了20%，使销售额增加了43.2万元；二是由于三种商品的销售价格报告期比基期下降了10.49%，使销售额减少27.2万元。

通过指数体系，对影响商品销售额的两个因素——销售量和销售价格从相对数和绝对数两个方面进行分析，并测定了它们的影响程度和数额。同样，可以对产品产值与产品产量、出厂价格之间，生产总成本与产品产量、单位成本之间等社会经济现象从相对数和绝对数进行两因素分析。

三、多因素分析

复杂社会现象变动有时受三个或三个以上的多因素变动的影响，对此，可以利用指数体系，进行多因素分析，以测定多个因素变动对现象总体变动的影响程度。这种分析，从理论上讲可以推广到3个、4个甚至更多的因素分析。但统计研究中应分清主次，抓住主要矛盾，以便采取措施。因此，一般以三四个因素的分析就可以满足其要求了。

下面以表6－5为例说明多因素的分析方法。

表 6－5　　某服装厂生产毛衣、牛仔裤两种服装的原材料消耗情况表

产品名称	原材料名称	产量		原材料单耗		原材料单价(元)		原材料支出总额(万元)			
		基期	报告期	基期	报告期	基期	报告期	基期	报告期	假定	
		Q_0	Q_1	M_0	M_1	P_0	P_1	$Q_0M_0P_0$	$Q_1M_1P_1$	$Q_1M_0P_0$	$Q_1M_1P_0$
毛衣(万件)	毛线(kg)	10	12	10	9	14	15	1 400	1 620	1 680	1 512
牛仔裤(万条)	布(m)	8	7	3.2	3.3	20	21	512	485.1	448	462
合计	—	—	—	—	—	—	—	1 912	2 105.1	2 128	1 974

在进行多因素现象分析时，需要注意以下两点：

(一)同度量因素固定时期的选择

为了反映一个因素变动，必须假定其他因素固定不变，这也有一个选择固定的时期问题，即同度量因素固定时期的选择。一般来说，测定数量因素变动时，将质量因素固定在基期；在测定质量因素变动时，将数量因素固定在报告期，与前面讲的综合指数编制方法相似。其目的是要使各个因素指数的连乘积等于总指数，各个因素指数变动而造成的差额之和要等于总量指数实际发生的差额。

(二)各个因素的排列顺序

在多因素分析中，对各个因素的排列顺序，要根据现象各因素间的内在联系加以确定，应使相邻两个变量的乘积具有独立经济意义。例如，企业原材料消耗总额＝产品产量×产品单耗×原材料单价，三个因素的乘积求得，多因素分析排序也是如此；或者倒转过来，即为原材料消耗总额＝原材料单价×产品单耗×产品产量的结果。上述两种排序，无论哪种方式，其相邻两个因素的乘积都有独立的经济意义：即原材料单价×产品单耗＝单位产品原材料消耗额。而产品单耗×产品产量＝全部产品原材料消耗总量。这样排序，是将三个因素归并为两个因素，即三个因素是两个因素的展开。如果按照产品的产品单耗×原材料单价×产品产量，就不符合指数分解逻辑，而原材料单价×产品产量，则没有现实经济意义。

根据表 6－5 中的资料对原材料支出总额进行多因素分析。

相对数：

原材料支出总额指数＝产量总指数×产品的原材料单耗总指数×原材料单价总指数

$$\frac{\sum Q_1M_1P_1}{\sum Q_0M_0P_0}=\frac{\sum Q_1M_0P_0}{\sum Q_0M_0P_0}\times\frac{\sum Q_1M_1P_0}{\sum Q_1M_0P_0}\times\frac{\sum Q_1M_1P_1}{\sum Q_1M_1P_0}$$

$$\frac{2\,105.1}{1\,912.0}=\frac{2\,128.0}{1\,912.0}\times\frac{1\,974.0}{2\,128.0}\times\frac{2\,105.1}{1\,974.0}$$

110.10%＝111.30%×92.76%×106.64%

绝对数为：

$$\text{原材料支出总额增减变动总额}=\text{因产量变动而增减的原材料支出总额}+\text{因产品单耗变动而增减的原材料支出总额}+\text{因原材料单价变动而增减的原材料支出总额}$$

$$\sum Q_1M_1P_1-\sum Q_0M_0P_0=(\sum Q_1M_0P_0-\sum Q_0M_0P_0)+(\sum Q_1M_1P_0-\sum Q_1M_0P_0)+(\sum Q_1M_1P_1-\sum Q_1M_1P_0)$$

2 105.1－1 912.0＝(2 128.0－1 912.0)＋(1 974.0－2 128.0)＋(2 105.1－1 974.0)

193.1(万元)＝216(万元)＋(－154)(万元)＋131.1(万元)

据此，可以计算以下几个指数，对各个因素进行分析。

1. 原材料支出总额指数

$$\overline{K}_{QMP}=\frac{\sum Q_1M_1P_1}{\sum Q_0M_0P_0}\times 100\%=\frac{2\ 105.1}{1\ 912.0}\times 100\%=110.1\%$$

$$\sum Q_1M_1P_1-\sum Q_0M_0P_0=2\ 105.1-1\ 912.0=193.1(\text{万元})$$

从上面的计算可知，原材料支出总额报告期比基期上升了 10.1%，从而原材料增加支出额为 193.1 万元。

2. 原材料支出总额因素分析

(1)产品产量总指数。分析产量因素变动时，将作为同度量因素的两个质量因素——产品的原材料单耗和原材料单价——固定在基期：

$$\overline{K}_{Q}=\frac{\sum Q_1M_0P_0}{\sum Q_0M_0P_0}\times 100\%=\frac{2\ 128.0}{1\ 912.0}\times 100\%=111.3\%$$

计算结果表明，由于报告期的产量比基期增加，使原材料支出额上升 11.3%，增加支出额为：

$$\sum Q_1M_0P_0-\sum Q_0M_0P_0=2\ 128.0-1\ 912.0=216(\text{万元})$$

(2)产品的原材料单耗总指数。这里分析产品单耗变动，对它来说，应将产量因素固定在报告期不变，而将原材料单价因素固定在基期：

$$\overline{K}_{M}=\frac{\sum Q_1M_1P_0}{\sum Q_1M_0P_0}\times 100\%=\frac{1\ 974.0}{2\ 128.0}\times 100\%=92.76\%$$

$$\sum Q_1M_1P_0-\sum Q_1M_0P_0=1\ 974.0-2\ 128.0=-154(\text{万元})$$

其结果表明，由于单位产品原材料消耗下降，使原材料费用支出额下降了 7.24%，减少原材料费用支出额 154 万元。

(3)原材料价格总指数。此处分析原材料价格变动，应将产品产量与产品原材料单耗的乘积作为数量因素，固定在报告期：

$$\overline{K}_{P}=\frac{\sum Q_1M_1P_1}{\sum Q_1M_1P_0}\times 100\%=\frac{2\ 105.1}{1\ 974.0}\times 100\%=106.64\%$$

$$\sum Q_1M_1P_1-\sum Q_1M_1P_0=2\ 105.1-1\ 974.0=131.1(\text{万元})$$

上述结果说明，由于原材料价格报告期比基期上涨，使原材料费用支出总额上升了 6.64%，增加支出费用 131.1 万元。

至此，将原材料费用支出总额变动的情况及其影响的因素逐个作了分析和测定，得出如下结论：

某厂生产毛衣和牛仔裤两种产品，消耗毛线和布两种原材料的支出总额，报告期比基期上升 10.1%，增加支出费用 193.1 万元。这是由于以下三个因素共同影响的结果：

(1)由于产品产量增加，使原材料费用支出上升 11.3%，增加费用支出 216 万元。

(2)由于产品单耗下降，使原材料费用支出下降 7.24%，减少原材料费用支出 154 万元。

(3)因为原材料价格上涨，导致原材料费用支出上升 6.64%，使费用支出增加 131.1 万元。说明该厂经营情况良好，贯彻了增产节约的方针，取得了可喜的成绩。

综上所述分析结果如表 6—6 所示。

表 6—6　　某服装厂毛衣和牛仔裤两种服装原材料费用支出因素分析表

项目	费用支出额(万元)		指数(%)	报告期比基期增减额(万元)
	基期	报告期		
原材料费用支出总额	1 912.0	2 105.1	110.1	193.1
其中,1. 产量影响	1 912.0	2 128.0	111.3	216.0
2. 原材料单耗影响	2 128.0	1 974.0	92.76	−154.0
3. 原材料单价影响	1 974.0	2 105.1	106.64	131.1

四、综合指数与平均指数相结合的因素分析

平均指标指数与总量指标指数之间的关系,如同平均指标与总量指标之间的关系一样,存在着一定的经济联系,同样可以进行两因素分析和多因素分析。仍以表 6—4 中的资料为例,整理后得表 6—7。

表 6—7　　某铁矿集团公司因素分析表

项目	基　期	报 告 期
铁矿石产量(千吨)$\sum Q$	14 000	29 000
工人人数 $\sum f$	50 000	52 000
劳动生产率(千吨)$\bar{q}$	0.28	0.557 7

产品产量总指数=工人人数指数×劳动生产率指数

即

$$\frac{\sum Q_1}{\sum Q_0}=\frac{\sum f_1}{\sum f_0}\times\frac{\bar{q}_1}{\bar{q}_0}$$

$$\frac{29\ 000}{14\ 000}=\frac{52\ 000}{50\ 000}\times\frac{0.557\ 7}{0.28}$$

$$207.14\%=104\%\times 199.18\%$$

$$\sum Q_1-\sum Q_0=29\ 000-14\ 000=15\ 000(\text{千吨})$$

计算结果表明,该公司报告期产量比基期产量上升 107.14%,增加铁矿石 15 000 千吨,这是由于公司工人人数增加与劳动生产率提高两个因素共同影响的结果。

(1)由于工人人数报告期比基期上升 4%,增加人数2 000人,使公司产量增加为:

$$(\sum f_1-\sum f_0)\times\bar{q}_0=(52\ 000-50\ 000)\times 0.28=560(\text{千吨})$$

(2)因为公司劳动生产率报告期比基期上升 99.18%,使公司增加产量为:

$$(\bar{q}_1-\bar{q}_0)\times\sum f_1=(0.557\ 7-0.28)\times 52\ 000=144\ 400(\text{千吨})$$

又因为劳动生产率指数是可变结构指数,它包含了劳动生产率固定结构指数和结构影响指数。即

在相对数上:

劳动生产率可变结构指数=劳动生产率固定结构指数×劳动生产率结构影响指数

即

$$\frac{\frac{\sum q_1 f_1}{\sum f_1}}{\frac{\sum q_0 f_0}{\sum f_0}}=\left(\frac{\frac{\sum q_1 f_1}{\sum f_1}}{\frac{\sum q_0 f_1}{\sum f_1}}\right)\times\left(\frac{\frac{\sum q_0 f_1}{\sum f_1}}{\frac{\sum q_0 f_0}{\sum f_0}}\right)$$

亦即

$$\frac{\bar{q}_1}{\bar{q}_0}=\left(\frac{\frac{\sum q_1 f_1}{\sum f_1}}{\frac{\sum q_0 f_1}{\sum f_1}}\right)\times\left(\frac{\frac{\sum q_0 f_1}{\sum f_1}}{\frac{\sum q_0 f_0}{\sum f_0}}\right)$$

199.18%=172.61%×115.39%

在绝对数上：

$$\bar{q}_1-\bar{q}_0=\left(\frac{\sum q_1 f_1}{\sum f_1}-\frac{\sum q_0 f_1}{\sum f_1}\right)+\left(\frac{\sum q_0 f_1}{\sum f_1}-\frac{\sum q_0 f_0}{\sum f_0}\right)$$

即

0557 7−0.28=(0.557 7−0.323 1)+(0.323 1−0.28)

0.277 7=0.234 6+0.043 1

所以，全公司劳动生产率上升 99.18%，增加产量 14 440 千吨是因为：

①由于各矿工人劳动生产率提高，使公司劳动生产率报告期比基期提高 72.61%，从而使公司增加产量为：

$$\left(\frac{\sum q_1 f_1}{\sum f_1}-\frac{\sum q_0 f_1}{\sum f_1}\right)\times\sum f_1=(0.557\,7-0.323\,1)\times 52\,000=12\,199.2\text{(千吨)}$$

②由于各矿工人人数占公司人数比重的变动，即劳动生产率较低的甲矿在公司人数中的比重从基期的 60%下降到报告期的 38.46%，而劳动生产率较高的乙矿从基期的 40%上升到报告期的 61.54%，使公司劳动生产率上升 15.39%，从而增加产量为：

$$\left(\frac{\sum q_0 f_1}{\sum f_1}-\frac{\sum q_0 f_0}{\sum f_1}\right)\times\sum f_1=(0.323\,1-0.28)\times 52\,000=2\,241.2\text{(千吨)}$$

所以上述四个指数存在着如下关系：

在相对数上：

产品产量指数=工人人数指数×劳动生产率固定结构指数×劳动生产率结构影响指数

即

$$\frac{\sum Q_1}{\sum Q_0}=\frac{\sum f_1}{\sum f_0}\times\left(\frac{\frac{\sum q_1 f_1}{\sum f_1}}{\frac{\sum q_0 f_1}{\sum f_1}}\right)\times\left(\frac{\frac{\sum q_0 f_1}{\sum f_1}}{\frac{\sum q_0 f_0}{\sum f_0}}\right)$$

$$\frac{29\,000}{14\,000}=\frac{52\,000}{50\,000}\times\left(\frac{\frac{29\,000}{52\,000}}{\frac{16\,800}{52\,000}}\right)\times\left(\frac{\frac{16\,800}{52\,000}}{\frac{14\,000}{50\,000}}\right)$$

207.14%=104%×172.61%×115.39%

在绝对数上：

$$\sum Q_1-\sum Q_0=\left(\sum f_1-\sum f_0\right)\times\bar{q}_0+\left(\frac{\sum q_1 f_1}{\sum f_1}-\frac{\sum q_0 f_1}{\sum f_1}\right)\times\sum f_1+\left(\frac{\sum q_0 f_1}{\sum f_1}-\frac{\sum q_0 f_0}{\sum f_0}\right)\times\sum f_1$$

$$29\,000-14\,000\approx(52\,000-50\,000)\times0.28+(0.557\,7-0.323\,1)\times52\,000+(0.323\,1-0.28)\times52\,000$$

15 000(千吨)≈560(千吨)+12 199.2(千吨)+2 241.2(千吨)

由于小数取位时四舍五入，产生 0.4 千吨误差可做适当调整。

通过上面的一系列计算与分析，可以作以下综合说明：

该公司报告期铁矿石产量比基期上升 107.14%，增加铁矿石产量15 000千吨。其原因是：①由于公司工人人数报告期比基期上升 4%，增加2 000人，使公司增加产量 560 千吨。②由于公司劳动生产率提高 99.18%，从而增加产量14 440千吨。其中又因为：由于甲、乙两矿工人劳动生产率的提高使公司劳动生产率提高 72.61%，使公司增加产量12 199.2千吨；由于甲、乙两矿工人人数在公司人数比重中的变动，使公司劳动生产率提高 15.39%，使公司增加产量2 241.2千吨。

任务五　指数在社会经济统计中的应用

统计指数在我国社会经济生活中应用非常广泛，每月、每季度和每年国家统计局都要公布一些统计指数来说明经济运行情况，并用来预测经济走势。如定期公布的零售物价指数、居民消费价格指数(CPI)、生产者物价指数(PPI)和股票价格指数等，与居民的生活和工作息息相关。

一、零售物价指数

零售物价指数是测定市场零售商品价格变动程度和趋势的一种相对数。它是党和政府加强宏观调控和市场管理、制定物价和分配政策、研究和分析市场商品供需情况和国民经济运行的重要依据之一。

为了反映不同地区和全国的物价情况，按其研究范围不同，可分为省(市、自治区)、地区零售物价指数和全国零售物价指数；为了反映各地和全国城乡经济状况，又分别按农村和城市编制农村零售物价指数和城市零售物价指数。

零售物价指数的编制比较繁琐，因为社会上零售商品品种较多，价格变动频繁，很难获取全面资料按综合指数公式计算。实际中，通常采用抽样的方法，选择有代表性的商品，将它们的单项指数加权平均，计算各类商品零售物价指数和全部商品的零售物价指数。具体方法如下：

(一)商品的分离和代表商品的选择

我国现代的零售物价指数包括各种经济类型的工业、商业、餐饮业和其他行业的零售商品及农民对非农业居民出售农产品的价格指数。按国家统计局规定，全部商品分为食品、饮料烟酒、服装鞋帽、纺织品、中西药品、化妆品、书报杂志、文化用品、日用品、家用电器、首饰、燃料、建筑装潢材料、机电产品等十四大类，每一大类又分若干中类，中类内再分小类，每个小类又包括若干商品集团。例如食品这一大类，可分为粮食、油脂、肉禽蛋、水产品、鲜菜、干菜、鲜果、干果、饮食品和其他食品等十大类；在粮食这一中类中又分为细粮和粗粮两个小类；而细粮这个小类中包括面粉、大米、糯米、挂面四个商品集团。然后，再从各个商品集团中抽选代表商品，计算零售物价指数。

代表商品是各地根据统计部门规定要调查的商品目录和地区的实际情况进行选择的商品。一般选择质量中等，在本地销售量大，生产和销售前景看好，价格变动趋势有一定的代表性的商品。而代表商品也并非一直不变，因为生产不断发展，人民的生活需求不断变化，商品的品种规格也会随之变化，所以代表商品也应经常审查并进行调整。

（二）代表商品价格的调查和计算

代表商品选定后，要对其价格进行调查和计算。由各地根据商品销售额的比重和农贸市场商品成交额的多少，选择经营品种比较齐全、成交量大的中心市场作为调查点，派员定点定时进行调查登记。对同种商品的零售价格，每个大中城市确定 3～5 个调查点，小城市和县确定 1～2 个调查点。对一般性商品，每月调查 2～3 次；与人们生活密切相关、价格变动比较频繁的商品，调查次数要多一些，一般每 5 天要调查一次；对国家控制的一些主要商品价格或价格变动相对稳定的商品，通常按月或按季度调查一次。

根据调查取得的资料按月、季和年度计算平均价格，即对各个调查点的同一时间、同一商品的价格用简单算术平均方法求得各种商品的同一时点的平均价格，作为计算价格指数的商品价格；将同一种商品一个月内不同时点的平均价格加以平均，计算出各种商品月平均价格；对 12 个月的月平均价格加以平均，即得到各种商品的平均价格。

（三）零售物价指数的计算公式和权数

零售物价的类指数和总指数的加权算术平均数公式为：

$$\overline{K}_P=\frac{\sum K_P W}{\sum W}$$

式中，$\overline{K}_P$——零售物价类指数或总指数；

$K_P=\dfrac{P_1}{P_2}$——商品的个体价格指数；

$W=Q_0P_0$——各代表规格品所代表的商品集团的零售额；

$\sum W$——小类商品零售总额。

计算加权算术平均数，其权数采用固定权数，一般代表商品的权数每年计算一次，或三年计算一次；季节性强的鲜菜、鲜果每月计算一次。

零售物价指数计算顺序是先小类，再中类、大类，最后将各大类商品零售物价指数加权平均计算出城市（农村）的零售物价总指数。每一类的权数都是同一类中各类商品零售额所占比重，用百分数表示，其和为 100%。各省（市、自治区）包括城市和农村的综合零售物价总指数的计算顺序是，在城市和农村单项代表商品零售物价指数的基础上，再根据城乡商品零售额资料，确定每一种商品城乡间的比重，进行加权，计算出各省、市、自治区单项商品零售价格指数，然后再用加权算术平均数公式分层汇总计算出小类、中类、大类直至零售物价总指数。下面以某市某年零售商品物价指数为例，说明其编制的步骤和计算方法（见表 6—8 和表 6—9）。

表 6—8 某城市零售商品价格食品类指数计算表

类别及品名	规格等级牌号	计量单位	代码	平均价格(元)		权数(%) $\frac{W}{\sum W}$	以基数为 100	
				基期 (P_0)	本期 (P_1)		指数 $K_p=\frac{P_1}{P_0}$	指数×权数 $\sum K_p\frac{W}{\sum W}$
甲	乙	丙	丁	(1)	(2)	(3)	(4)=(2)/(1)	(5)=(4)×(3)
食品大类指数						100		129.16
其中,1. 粮食中类						14	151.58	21.22
(1)细粮小类						96	151.70	145.63
	二等粳米	kg		1.81	2.80	80	154.50	123.6
	籼米	kg		1.56	2.20	20	140.50	28.1
(2)粗粮小类						4	148.96	5.59
	赤豆	kg		3.23	5.00	60	155.00	93
	绿豆	kg		4.36	6.10	40	139.90	55.96
2. 油脂中类						4	175.90	7.03
3. 肉禽蛋中类						25	146.90	36.72
4. 水产品中类						15	118.32	17.74
5. 鲜菜中类						10	62.75	6.23
6. 干菜中类						1	120.83	1.21
7. 鲜果中类						5	119.22	5.96
8. 干果中类						1	144.82	1.45
9. 其他食品类						6	139.21	8.35
10. 饮食业种类						19	122.40	23.25

表 6—9　　　　某城市零售商品价格总指数计算表

类别及品名	规格等级牌号	计量单位	代码	平均价格(元)		权数(%)	以基数为 100	
				基期	本期		指数	指数×权数
甲	乙	丙	丁	(1)	(2)	(3)	(4)	(5)=(4)×(3)
总指数						100		123.30
1. 食品类						25	129.16	32.29
2. 饮料、烟酒类						15	106.53	15.95
3. 服装、鞋帽类						10	118.41	11.84
4. 纺织品类						3	120.70	3.62
5. 中西药品类						5	117.22	5.86
6. 化妆品类						5	108.24	5.41
7. 书报杂志类						1	107.40	1.07
8. 文化体育用品						3	106.21	3.18
9. 日用品类						20	118.00	23.60
10. 家用电器类						10	94.55	9.45
11. 首饰类						2	102.90	2.06
12. 燃料类						1	131.50	1.31
13. 建筑材料类						3	94.27	2.83
14. 机电产品类						5	96.58	4.83

按前所述，其计算步骤如下：

(1)计算各代表商品的个体零售价格指数。如表 6—8 中二等籼米的个体零售价格指数为：

$$K_P=\frac{P_1}{P_2}=\frac{2.8}{1.81}=154.50\%$$

(2)各代表商品零售物价指数乘以权数，加总后计算出各小类商品零售物价指数。如表 6—8中细粮小类的零售物价指数为：

$$\overline{K}_P=\frac{\sum K_P P_0 Q_0}{\sum P_0 Q_0}=\sum K_P\cdot\frac{W}{\sum W}$$
$$=154.5\%\times 0.8+140.5\%\times 0.20=151.70\%$$

(3)各小类零售物价指数乘以其相应的权数，加总后计算出各中类零售物价指数。如表 6—8中粮食中类的零售物价指数为：

$$\overline{K}_P=\sum K_p\cdot\frac{W}{\sum W}=151.70\%\times 0.96+148.96\%\times 0.04=151.58\%$$

(4)各中类零售物价指数乘以其相应的权数，加总后得各大类的零售物价指数，如表 6—8 中食品大类的零售物价指数为：

$$\overline{K}_p=\sum K_p\cdot\frac{W}{\sum W}=151.58\%\times0.14+175.90\%\times0.04+146.90\%\times0.25+118.32\%\times0.15+62.75\%\times0.10+120.83\%\times0.01+119.2\%\times0.05+144.82\%\times0.01+139.21\%\times0.06+122.40\%\times0.19=129.16\%$$

(5)各大类商品零售物价指数乘以其相应的权数，加总后得到某市某年零售商品物价总指数 123.30%(见表 6－9)。其计算方法与第四步计算各中类零售商品物价指数完全相同，只要将表 6－9 中十四大类商品零售物价指数分别乘以相应的权数加总后即可。

二、居民消费价格指数(CPI)

居民消费价格是指居民支付所购买消费品和获得服务项目的价格。它与人民生活密切相关，在国民经济价格体系中占有重要的地位。居民消费价格指数是反映上述这种消费品和服务项目价格变动趋势和程度的相对数。它用来分析居民实际收入水平和生活水平的变化情况，例如 2015 年 7 月份我国 CPI 同比上涨 6.3%，就是说如果 2014 年 7 月我国普通家庭购买一组具有代表性的消费品是 100 元，那么 2015 年 7 月购买同样一组商品则需要 106.3 元。

居民消费价格指数包括居民日常所需的全部商品和服务项目。国家统计局规定的“商品目录”一共分为八大类，即食品、衣着、家庭设备及用品、医疗保健、交通和通讯、娱乐教育和文化用品、居住、服务项目等。每一大类内又分若干中类，中类内再分若干小类(即商品集团)。我国统计调查的消费品和服务项目共有 325 种。

居民消费价格指数同商品零售物价指数一样，也是采用抽样方法，定人、定时、定点，派员调查登记代表商品和服务项目的价格。在计算平均价格和个体价格指数的基础上，按加权算术平均数指数公式，从小类、中类到大类加权计算出它们的居民消费价格指数，最后将各大类居民消费价格指数再加权平均，计算出城乡居民消费价格总指数。它包括的范围、调查方法、计算公式都与商品零售物价指数相似。但二者也有不同之处，主要区别如下：

(一)观察的角度不同

零售物价指数是从商品出售者的角度来观察物价水平的变动及其对社会经济的影响；而居民消费价格指数是从商品消费者的角度来观察物价水平变动及其对居民实际收入和生活水平的影响。

(二)包括的范围不同

主要表现在三个方面：①购买力地区范围不同。商品零售物价指数包括外地购买力在本地购买的商品，但不包括本地购买力在外地购买的商品；而居民消费价格指数则相反，它包括本地购买力在外地购买的商品，而不包括外地购买力在本地购买的商品。②购买力范围不同。商品零售物价指数包括居民购买力，也包括企事业和机关团体等社会集团购买力；而居民消费价格指数只包括居民购买部分，不包括社会集团购买部分。③具体商品和项目不同。零售物价指数只是反映零售商品价格的变动，这些商品既有生活消费品，又有企事业和机关团体的办公用品和机电产品，如货车、面包车和大客车，但不包括服务项目；而居民消费价格指数既包括消费品，又包括服务项目，如理发、洗澡、医疗手术、家电维修等。

(三)选择的权数不同

商品零售物价指数是用商业部门的商品零售额为权数；而居民消费价格指数是用居民家

庭的实际支出为权数。前者资料来源于商业报表或典型调查，后者资料来源于城乡居民住户的抽样调查。

由于零售物价指数和居民消费价格指数二者之间存在上述区别，因而对同一地区同一时间计算的两种指数，其结果也必然不同，如某市200×年的零售物价指数是117.5%，而居民消费价格指数为123.9%。

三、零售物价指数和居民消费价格指数的应用

零售物价指数和居民消费价格指数包含着丰富的社会经济内容，由此可派生某些指数，用来研究社会经济问题，为制定有关政策提供依据。

(一)测定通货膨胀

所谓通货膨胀，是货币发行过多，超过商品流通正常需要，引起物价上涨、货币贬值的一种经济现象。它干扰正常的经济秩序，加剧经济周期波动，增加财政赤字，加重人们生活负担，尤其是对低收入居民生活影响更大，给一个国家的政治、社会带来了不安定因素。为此，各国政府都把抑制通货膨胀作为制定政策的重要问题之一。

按照通货膨胀的速度(增长率)和严重程度可划分为四类：

第一类，温和的通货膨胀，也称爬行通货膨胀。其特征是增长率低，速度慢，危害较轻，是四类通货膨胀中最稳定的类型。

第二类，加速的通货膨胀，也称奔驰通货膨胀。其特征是增长率高，一般都在两位数以上，对经济影响明显。

第三类，超速通货膨胀，也称恶性通货膨胀。其特征是增长率特别高，一般会达到三位数，而且完全失控。它会引起金融体系完全崩溃，从而导致经济崩溃。

第四类，受抑制的通货膨胀，又称隐蔽通货膨胀。从表面上看，通货膨胀并没发生。这是由于政府严格的价格管制和配给造成的，实际上经济中的通货膨胀压力是存在的。一旦解除价格管制，并取消配给，就会发生严重的通货膨胀。

通货膨胀程度的测定是计算通货膨胀率，通常用价格指数的环比增长率表示，其计算公式为：

$$通货膨胀(p)=\frac{报告期零售物价指数}{基期零售物价指数}\times 100\%$$

当计算结果为正值时，表明存在通货膨胀；若为负值时，则说明出现通货紧缩，物价下跌，币值提高。这个指数也可以用居民消费价格指数计算。

例如我国1982～2008年通货膨胀程度如表6－10所示。

表6－10　我国1982～2008年通货膨胀程度

年份	通货膨胀率(%)	年份	通货膨胀率(%)
1982	1.9	1996	8.3
1983	1.5	1997	2.8
1984	2.8	1998	－0.8
1985	9.3	1999	－1.4

续表

年份	通货膨胀率(%)	年份	通货膨胀率(%)
1986	6.5	2000	0.4
1987	7.3	2001	0.7
1988	18.8	2002	−0.8
1989	18.0	2003	1.2
1990	3.1	2004	3.9
1991	3.4	2005	1.8
1992	5.2	2006	1.5
1993	14.7	2007	4.8
1994	24.1	2008	5.8
1995	17.1		

(二)测定货币购买力和职工实际工资

1. 货币购买力指数

货币购买力指数是指单位货币所能购买到的消费品和服务数量。其变动直接由价格的变动所决定,而且与价格变动呈相反方向。当价格上涨时,货币购买力下降;而价格下降时,货币购买力上升。所以货币购买力指数与居民消费价格指数呈倒数关系,其计算公式为:

$$货币购买力指数=\frac{1}{居民消费价格指数}\times 100\%$$

如某地区 2014 年居民消费价格指数为 123.90%,则同期货币购买力指数为:

$$\frac{1}{\frac{123.9}{100}}\times 100\%=\frac{100}{123.9}\times 100\%=80.71\%$$

计算结果表明,该市 2014 年货币的币值只相当于 2013 年的 80.71%。

2. 职工实际工资指数

职工劳动所得的货币工资能够买到多少消费品和服务数量,直接受价格变动的影响。为了准确地反映职工生活水平的变动,可用居民消费价格指数来推算职工货币工资实际能够购买到的消费品和服务数量的变动,即计算职工实际工资指数,其计算公式为:

$$\begin{aligned}职工实际工资指数&=\frac{职工平均工资指数}{居民消费价格指数}\times 100\%\\&=职工平均工资指数\times 货币购买力指数\end{aligned}$$

如某地区 2014 年职工人均工资为17 309元,比上年增长 29.4%;同期居民消费价格指数为 123.9%。则职工的实际工资指数为:

$$\frac{129.4\%}{123.99\%}\times 100\%=104.44\%$$

或

$$129.4\%\times 80.74\%=104.44\%$$

同样地，还可以计算：

$$城市居民实际生活费收入指数=\frac{城市人均生活费收入}{城市居民消费价格指数}\times100\%$$

$$农民实际纯收入指数=\frac{农民人均生活费收入}{农民消费价格指数}\times100\%$$

3. 计算商品需求的价格弹性系数

商品的价格变动，必然会引起商品需求量的相应变动。在经济学中，一般用需求的价格弹性来衡量需求的数量随商品价格的变动而变动的情况。

测定商品需求的价格弹性指标是价格弹性系数。它是反映价格变化后，需求量相应变动的程度，对价格决策起着重要的作用。其计算公式为：

$$价格弹性系数=\frac{商品需求量变动率}{价格变动率}$$

用符号表示：

$$E_p=\left|\frac{\frac{\Delta Q}{Q}}{\frac{\Delta p}{P}}\right|$$

式中，E_p——价格弹性系数；

Q——商品原需求量；

P——商品原价格；

Δ——增量。

计算结果通常有三种情况：如果弹性系数大于1（忽略符号），即需求量的变化幅度大于价格的变动幅度，说明需求是有弹性的；如果弹性系数小于1，即需求量的变化幅度小于价格的变动幅度，说明需求是缺乏弹性的；如果弹性系数等于1，则称为单位弹性。

［例6—1］ 某商品每件由8元降低为7.60元，销售量由1 540件增加到2 000件。则价格弹性系数为：

$$E_p=\left|\frac{\frac{\Delta Q}{Q}}{\frac{\Delta p}{P}}\right|=\frac{\left|\frac{2\ 000-1\ 540}{1\ 540}\right|}{\left|\frac{8-7.60}{8}\right|}=\frac{\frac{460}{1\ 540}}{\frac{0.4}{8}}=5.974$$

计算结果表明，商品价格降低5%，商品需求量增长29.9%，则需求弹性系数为5.98，说明需求富有弹性。

此外，由于商品之间存在效用替代性，一种商品的价格变动，除了引起自身需求量的变动外，还会引起相关商品或替代商品需求量的变动。这种现象称为需求交叉弹性，可用以计算交叉弹性系数。其公式为：

$$交叉弹性系数=\frac{甲商品需求量变动率}{乙商品价格变动率}$$

用符号表示为：

$$\varepsilon_{ij}=\frac{\frac{\Delta Q_j}{Q_j}}{\frac{\Delta p_i}{p_i}}$$

式中，ε_{ij}为商品 j 的需求对商品 i 价格的弹性系数；其他符号与价格弹性系数公式中相同。计算结果，可以是正值，也可以是负值。表明乙商品价格变动 1%引起甲商品需求量增加的百分比。当 $\varepsilon_{ij}>0$，为需求增加；当 $\varepsilon_{ij}<0$，为需求减少。

四、生产者物价指数(PPI)

PPI 是生产者物价指数的英文缩写，它是站在生产者的角度来观察不同时期货物和服务商品价格水平变动的一种物价指数，反映了生产环节的价格水平，也是制定有关经济政策和国民经济核算的重要依据。

根据价格传导规律，PPI 反映生产环节的价格水平，CPI 反映消费环节的价格水平，PPI 对 CPI 有一定的影响。因此，PPI 能够反映生产者获得原材料的价格波动情况，推算预期 CPI，从而估计通货膨胀风险。2009 年 1 月开始，我国开始同时公布 CPI 和 PPI，为估计和预测经济运行情况提供依据。

在我国，PPI 一般指统计局公布的工业品出厂价格指数，目前我国 PPI 的调查产品有 4 000多种(含规格品9 500多种)，覆盖全部 39 个工业行业大类，涉及调查种类 186 个。其中，能源原材料价格在 PPI 构成中占较大比重。通常情况下，PPI 走高意味着企业出厂价格提高，因此会导致企业盈利增加；但如果下游价格传导不利或市场竞争激烈，走高的 PPI 则意味着众多竞争性领域的企业将面临越来越大的成本压力，从而影响企业盈利，整个经济运行的稳定性也将受到考验。

五、股票价格指数

股票价格指数是股市中反映各种股票价格变动水平的一种比例数或指标。

股票价格是反映证券市场行情变化的重要指标，也是反映某一地区或国家宏观经济形势的“晴雨表”。

股票价格指数的编制步骤分为四步：

第一步，选择样本股。选择一定数量具有代表性的上市公司股票作为股票价格指数的样本股。样本股可以是全部上市股票，也可以是其中有代表性的一部分。样本股的选择主要考虑两条标准：一是样本股的市价总值要占在交易所上市的全部股票市价总值的相当部分；二是样本股价格变动趋势必须能反映股票市场价格变动的总趋势。

第二步，选定某基期，并以一定方法计算基期平均股价。通常选择某一有代表性或股价相对稳定的日期为基期，并按选择的某一种方法计算这一天的样本股平均价格或总市值。

第三步，计算报告期平均股价并做必要的修正。收集样本股在报告期的价格并按选定的方法计算平均价格。有代表性的价格是样本股收盘平均价。

股价指数通常采用发行量为权数进行加权计算，其基本公式为：

$$股价指数=\frac{\sum Q_1P_1}{\sum Q_1P_0}$$

式中，Q_1——报告期股票发行量(也可以采用基期股票发行量)；

P_1、P_0——分别为报告期、基期股票价格。

第四步，指数化。将基期平均股价定为某一常数，并据此计算计算期股价的指数值。

股价指数的计量单位一般用“点”来表示。以基期的股价指数为 100 或1 000，以后各期的股价指数每上升或下降一个单位为 1 点。

项目综合能力训练题(六)

一、填空题

1. 若不考虑其他影响因素，为保持指数体系在数量上的对等关系，在编制综合指数时，一般方法是：在编制数量指数时，应将同度量因素固定在________；编制质量指数时，应将同度量因素固定在________。

2. 平均指数的主要形式为________和________，若不考虑其共变影响因素，则计算公式分别为________和________。

3. 统计中，在经济上有联系、在数量上保持一定对等关系的三个或三个以上的指数称为________。

4. 指数体系中，总量指数等于各因素指数的________。总量指数发生的绝对增加量等于相应各因素影响的增减量的________。

5. 某厂 2014 年产量比前一年增长了 13.6%，生产费用增长了 12.9%，则该厂 2014 年单位成本降低了________。

二、判断题

1. 在实际应用中，计算价格综合指数时，需要采用基期的数量指标为同度量因素。 (　　)
2. 总指数有个体指数和综合指数两种计算形式。 (　　)
3. 可变结构指数=结构影响指数×固定结构指数。 (　　)
4. 复杂社会现象由两个因素构成，分析各个因素对总体的影响，称为多因素分析。 (　　)
5. 价格指数是数量指标指数。 (　　)

三、单项选择题

1. 指数的狭义含义是(　　)。

A. 动态指数　　B. 定基指数　　C. 总指数　　D. 个体指数

2. 同度量因素在计算综合指数中(　　)。

A. 只起同度量作用　　B. 只起权数作用

C. 起权数和同度量作用　　D. 既不起同度量作用，又不起权数作用

3. 按照个体价格指数和报告期销售额计算的价格指数是(　　)。

A. 综合指数　　B. 平均指标指数

C. 加权算术平均数指数　　D. 加权调和平均指数

4. 零售价格上升 2%，销售量增加 5%，则零售额增长(　　)。

A. 7%　　B. 7.1%　　C. 10%　　D. 107.1%

四、简答题

1. 什么是指数？在经济统计中，它有哪些作用？

2. 什么是综合指数？为什么说综合指数是总指数的基本形式？编制综合指数时，怎么确定同度量因素？

3. 什么是数量指标指数和质量指标指数？

4. 综合指数有哪些变形？为什么要变形？

5. 什么是指数体系？怎样利用指数体系进行二因素或多因素的联系分析？

6. 什么是总平均指数？它有哪几种形式？它们之间有何关系？

五、综合能力训练题

1. 已知三种产品的成本和产量资料如表 6—11 所示。

表 6—11　三种产品的成本和产量资料

产品名称	计量单位	单位产量成本(元)		产　量	
		基期(P_0)	报告期(P_1)	基期(Q_0)	报告期(Q_1)
甲	件	10	8	3 000	5 000
乙	kg	8	6	4 500	7 000
丙	m	6	5	10 000	20 000
合　计	—	—	—		

要求：

(1)计算每种产品的个体成本指数、个体产量指数。

(2)计算三种产品的成本总指数、产量总指数和产值总指数。

(3)计算由于三种产品单位成本报告期比基期降低所节约的生产费用支出总额。

(4)假定三种产品某时期的不变价格分别为：甲产品 15 元，乙产品 10 元，丙产品 8.5 元。试计算三种产品的总产量指数和由于三种产品产量报告期比基期增加而增加的总产值(按不变价格计算)。

2. 设某农产品收购站基期、报告期的统计资料如表 6—12 所示。

表 6—12　某农产品收购站统计资料

农产品等级	收购量($\times 10^2$kg)		收购价格(元/$\times 10^2$kg)	
	基期(Q_0)	报告期(Q_1)	基期(P_0)	报告期(P_1)
一	24.0	45.0	350	360
二	60.0	90.0	320	328
三	136.0	120.0	300	306
四	82.5	72.6	270	277
合　计				

要求：分析该站报告期收购某农产品等级构成变动对平均收购价格变动的影响情况，应计算什么统计指数？列出计算公式并计算出结果，进行分析。

3. 某企业报告期四种产品的产量、单位成本、个体成本指数资料如表 6—13 所示。

表 6—13　　某企业产品资料

产品名称	产量(件)	单位成本(元)	个体成本指数(%)
甲	250	40	80
乙	600	20	90
丙	150	100	85
丁	500	80	75
合　计	—	—	

要求：

(1)计算四种产品成本总指数；

(2)计算由于四种产品单位成本降低所节约的生产费用支出总额。

4. 某商业企业的统计资料，如表 6—14 所示。

表 6—14　　某商业企业统计资料

商品名称	计量单位	单位成本(元)		报告期价格比基期降低(%)
		基期(P_0)	报告期(P_1)	
甲	件	400	450	10
乙	台	1 400	1 440	4
丙	kg	225	392	2
丁	盒	100	98	2
合　计				

要求：

(1)用调和平均指数法计算物价总指数；

(2)计算商品销售量总指数；

(3)计算由于物价降低居民减少支出的金额；

(4)计算销售量变动对销售额绝对值的影响。

5. 设某市居民以相同的金额，在报告期购买的副食品数量比基期购买同样副食品的数量少 8.5%。

要求：计算、分析副食品价格的变动情况。

6. 某集市的商品价格报告期比基期总的下降了 2.5%，商品成交额增长了 7%。

要求：计算商品成交量的增长(%)。

7. 某公司所属两个工厂的有关资料如表 6—15 所示。

表 6—15　　某公司所属工厂有关资料

工厂名称	基　期		报告期	
	平均工人数(人)	总产值(元)	平均工人数(人)	总产值(元)
甲厂	200	300 000	360	540 000
乙厂	300	600 000	340	480 000
合　计	500	900 000	700	1 020 000

要求：

(1)计算劳动生产率可变结构指数；

(2)计算劳动生产率固定结构指数；

(3)计算劳动生产率结构影响指数；

(4)建立指数体系，从相对数和绝对数上进行分析。

8. 某工厂两种产品产量和原材料消耗的有关资料如表 6－16 所示。

表 6－16　　某工厂两种产品和原材料消耗资料

产品名称	产量(万吨)		原材料名称	每吨产品原材料消耗量(吨)		每吨原材料价格(元)	
	基期	报告期		基期	报告期	基 期	报告期
	Q_0	Q_1		M_0	M_1	P_0	P_1
电石	10	11	石灰石	0.85	0.85	25.0	25.0
			焦 炭	0.55	0.55	90.0	86.0
石灰	9	10	石灰石	2.00	2.00	7.0	6.8
			焦 炭	0.14	0.15	90.0	86.0

要求：分析原材料费用总额变动受各因素变动的影响程度和影响绝对值。

项目七

抽样推断

【知识目标】

1. 了解抽样调查的意义和作用。
2. 掌握抽样推断的计算方法。
3. 熟悉抽样方案的设计方法。

【能力目标】

1. 能够运用抽样调查方法推断总体的平均数和成数。
2. 能够设计一份合理完整的统计调查方案。

项目导入案例　　　　抽样推断的作用

【生活笑话一则】

一天，爸爸叫儿子小华去买一盒火柴。

临出门前，爸爸嘱咐儿子要买能够划燃的火柴。

小华拿着钱出门了。

过了好长时间，小华才拿着一盒火柴回到家。

“火柴能划燃吗?”爸爸问。

“都能划燃。”

“你这么肯定?”

小华递过一盒划过的火柴，兴奋地说:“我每根都试过啦。”

【思考问题】

1. 在这则笑话中，儿子采用的是什么调查方式?
2. 儿子得到火柴能否划燃的信息准确吗?这样做有什么后果?
3. 这种调查方式好不好?还可采用什么方法调查?

任务一　抽样调查的概念及其理论依据

一、抽样调查的概念和特点

抽样调查是按照随机原则从总体中抽取一部分单位组成样本，对其进行调查，根据样本指标推断总体指标的一种非全面调查方法。其特点如下：

1. 按随机原则抽取样本单位

在抽取样本时，应排除人们的主观意愿，使研究现象总体中的每一个单位抽中与否的机会均等，纯属偶然，这样能使被抽中的单位在总体中具有充分的代表性。这是抽样调查区别于其他调查方法的一个重要特点。

2. 抽样调查可以节约人力、物力和财力

抽样调查是从总体中抽取一部分单位进行调查研究，根据样本指标数据推断与之相应的总体指标数值，因而能节省人力、物力和财力，并且能在较短的时间内取得较为可靠的资料。

3. 抽样推断的可靠性高

抽样推断是用样本指标推断总体指标，其可靠性能得到保证。利用概率论和数理统计的知识，在一定概率条件下可以保证推断总体指标的可靠性，并以一定误差范围表明总体指标的准确性，还能通过测定抽样平均误差，事先对抽样误差的大小进行控制，为抽样推断的应用开拓了广阔的领域。

二、抽样调查的作用

抽样调查具有上述特点，故广泛应用于天文、地理、医疗、经济等自然科学和社会科学的研究中，并发挥着重要作用。

抽样调查可以对某些必须了解其全部情况，但实际又不可能或不必要进行全面调查的现象作研究。如工业产品质量检验中某些属于破坏性的实验情况，像电灯泡、显像管、轮胎的使用寿命、炮弹的射程和杀伤力等，只能用抽样推断的方法进行检验。有些现象从理论上说，虽然可以用全面调查的方法，但由于总体过大或总体单位分散，工作量太大，实际上也没有必要。

如若采用全面调查方法，对我国 3 亿多户城乡居民家庭进行家计调查，涉及范围之广、工作量之大、所需的经费之多是可想而知的，而采用抽样调查的方法，既能节约大量人力、物力和财力，又提高了资料的时效性。

应用抽样调查与全面调查相结合的方法，可以对全面调查的数字资料进行质量检验和修正。如人口普查、经济普查，由于总体范围大而复杂，容易产生误差，利用抽样调查进行评估与修正，可使其更接近实际。我国 2000 年进行的第五次人口普查，通过抽样调查，得出漏登率为 1.8%。国际上对人口普查漏报率的共识是，漏报率在 2%以下，便认为是成功的普查，漏报率在 2%～4%之间是可以接受；如果漏报率超过 5%，则要对普查资料的使用大打折扣。又如对我国 2004 年 12 月 31 日进行的第一次全国经济普查采取分层随机等距整群抽样方法，对全国 31 个地区的数据质量进行了质量检查，抽样汇总结果，数据填报综合差错率为 4.9‰，数据质量达到预期目标。

抽样调查可以用于对工业生产中成批生产或大量连续生产产品的工艺过程进行严格的质

量控制，检查生产过程是否处于正常状态；还可利用抽样推断对总体进行假设检验，判断真伪，决定取舍。

三、抽样推断中常用的几个基本概念

(一)全及总体和抽样总体

1. 全及总体

全及总体是指研究对象的全部单位，即具有同一性质的若干单位的集合体，简称总体，在抽样调查中称全及总体。

总体可分为包含的单位数是无限的或相对无限的无限总体和包含的单位数是有限的有限总体。

2. 抽样总体

抽样总体也称子样，简称样本。这是从全及总体中按照随机原则抽取一部分单位所组成的整体。抽样总体的单位数与全及总体的单位数相比，抽样单位数是很少的。

一般来说，当样本单位数 $n>30$ 时的样本称为大样本，当 $n<30$ 时的样本称为小样本。社会经济现象的样本大多为大样本，而自然现象的样本大多为小样本。

(二)全及指标和抽样指标

1. 全及指标

根据全及总体各个单位的标志值计算的反映其某种特征的综合指标，称为全及指标，一般用大写英文字母表示。常用的全及指标有平均数、成数、标准差、方差。

(1)全及平均数(总体平均数)($\bar{X}$)是全及总体某一变量值的算术平均数。

(2)全及成数(总体成数)(P)是指全及总体具有某种标志的单位数在总体中所占的比重。

(3)总体方差(σ^2)和总体标准差(σ)是测定全及总体标志变异程度的指标。

2. 抽样指标

抽样指标是根据抽样总体各个单位标志值计算的综合指标，它与全及指标是相对应的，通常用小写英文字母表示。常用的抽样指标有：

(1)抽样平均数($\bar{x}$)是抽样总体中某一变量值(观察值)的算术平均数。

(2)抽样成数(p)是具有某种标志的单位数在抽样总体中所占的比重。

(3)样本标准差(s)是说明抽样总体标志差异程度的指标，而 s^2 表示样本方差。

(三)重复抽样和不重复抽样

1. 重复抽样

重复抽样是从全及总体 N 个单位中抽取 n 个样本单位，每次从总体中随机抽出一个单位登记后，再放回全及总体中重新参加以后的抽取。

这种有放回抽样构成的样本是由 n 次独立试验所组成的样本。在抽样过程中，总体单位数始终保持不变，而各单位被抽中与否的机会均等。

2. 不重复抽样

不重复抽样是从全及总体 N 个单位中抽取 n 个样本单位，当某一单位被随机抽出登记后，不再放回全及总体，即不参加以后的抽取。

这样连续进行 n 次抽取，抽出 n 个样本单位构成抽样总体。而全及总体中每抽一次就减少一个单位，抽 n 次就减少 n 个单位，抽样完毕时，还剩下 $N-n$ 个单位。全及总体中的每一个单位被抽中与否的机会都在变动，n 次抽取也不是互相独立的。

四、抽样调查的理论依据

抽样调查的理论依据是概率论及数理统计中的大数定律和中心极限定理。

（一）大数定律

大数定律又称大数法则，是随机变量出现的基本规律。大致内容是，在对某一现象观察过程中由大量相互独立的随机变量构成的总体，受偶然因素的影响，每次所得的结果不同，但经过大量观察并加以综合平均后，消除了偶然因素引起的差异，而接近于总体的平均值，使现象总体某一标志的规律及其共同特征在数量上、质量上显示出来。因此，大数定律为统计学研究现象的数量方面和数量关系提供了数学依据。

（二）中心极限定理

中心极限定理是研究在怎样的条件下，随机变量之和的极限分布接近于正态分布。在抽样调查中，样本平均数是一种随机变量之和的分布。根据中心极限定理，只要样本容量 n 在充分大的条件下（一般要求 $n>30$），不论全及总体的变量分布是否属于正态分布，其抽样平均数总是趋近于正态分布的。这为抽样推断提供了极为重要的数学依据和有效方法。利用这种关系，我们只要能够从样本总体中计算出算术平均数和标准差，就可以推断估算出全及总体的相应指标。

任务二　抽样误差的研究

一、抽样误差的概念和影响因素

（一）抽样误差的概念

在统计调查时，调查取得的资料与实际情况的差异称为统计误差。

统计误差有两种：

一是登记性误差。即在统计调查和统计资料整理过程中由于登记错误和计算不准而产生的误差。这种登记性误差在全面调查和非全面调查中都有可能发生，或者在抽样调查中主观上违反随机原则，有意识地抽取具有偏大或偏小的某种标志值单位作为样本所产生的误差，这种误差是可以避免的，我们在研究抽样误差的理论中并不考虑这种误差。

二是代表性误差，也称抽样误差。抽样误差就是指样本指标与全及总体指标数值之间数量上的差别。在抽样调查中，按随机原则抽取样本时，样本内部构成与总体内部构成不可能完全一致，必然会产生误差。因此抽样误差是进行抽样调查所固有的，也是允许存在的，反映抽样总体指标对全及总体指标数值之间的误差。

在抽样推断中，我们重点研究并计算的就是这种误差（代表性误差）。

不难理解，抽样误差越小，样本指标对全及指标的代表性就越大；反之，抽样误差越大，则样本指标对全及指标的代表性就越小。在抽样调查中，认识抽样误差的性质及其影响因素，乃是抽样推断的中心问题，从而科学地估计和推断全及总体。

（二）影响抽样误差的因素

为了计算和控制抽样误差，我们要对影响抽样误差大小的因素进行讨论。

(1)抽样误差的大小与全及总体标志变动程度大小成正比关系变化。当全及总体标志变动程度越大，抽样误差也越大，样本代表性就越小；反之，全及总体标志变动程度越小，抽样误差也小，样本代表性就越大；当全及总体单位的标志值都相等时，则标准差为零，抽样指标等于全及指标，抽样误差也就不存在了，每一个总体单位指标都可以代表全及总体指标，也无需抽样调查。

(2)抽样误差的大小与样本单位数的平方根成反比关系变化。在其他条件不变的情况下，当抽样单位数越少，抽样误差就越大；反之，抽样单位数越多，抽样误差就越小。因为抽样单位数越多，样本单位数在全及总体单位中所占比重越大，抽样总体就越接近全及总体的基本特征，总体特征越能在样本总体中得到充分反映，当抽样单位数扩大到等于全及总体单位数时，抽样调查就成了全面调查，样本指标就等于全及指标，抽样误差也就不存在了。

(3)抽样误差的大小与不同的抽样组织形式有关。在纯随机抽样条件下，若样本容量相同，重复抽样误差大于不重复抽样误差。不同的抽样组织方法，其抽样误差也不同，对此我们将在后面任务四中还有详细研究。

二、抽样平均误差的计算

(一)抽样平均误差的概念

抽样平均误差是所有可能样本平均数的标准差，通常用希腊字母 μ 来表示，为便于区别，用 $\mu_{\bar{x}}$ 表示抽样平均数的抽样平均误差，μ_p 表示抽样成数的抽样平均误差。

抽样平均误差反映抽样平均数(或抽样成数)与总体平均数(或成数)的平均误差程度。因为抽样总体是从全及总体中随机抽取一部分单位组成的整体，按照排列组合方法，一个全及总体可以组成许多个可能的抽样总体，而样本总体的结构不可能与全及总体的结构完全一样，随机抽到各个不同样本单位数组成的样本可以有多种不同取值，它们各有自己的抽样平均数或抽样成数，而且与总体指标又各有不同的抽样误差，我们不可能用某一个样本指标或各个不同的抽样指标来推断总体指标，而是把全部可能出现的一系列抽样指标(抽样平均数与成数)作为随机变量，求出这个随机变量的标准差。在抽样推断中，以此来衡量抽样指标对全及指标代表性大小和误差的可能范围，这个随机变量的标准差就是抽样调查中的平均误差。不论抽到哪个样本，平均来说会有这么大的误差，抽样误差就是指的抽样平均误差。

抽样平均误差概括地反映了整个抽样过程中可能出现的误差，表明抽样平均数(或成数)与总体平均数(或成数)的平均误差的程度，所以它可以作为衡量抽样指标对全及指标代表性大小的一种尺度，又是计算抽样指标与全及指标之间变异范围的主要依据，在抽样推断或估计中具有极其重要的意义。

(二)抽样平均误差的计算方法

样本指标主要有抽样平均数和抽样成数两种。相应地测定样本指标的平均误差也有两种。下面就纯随机抽样方式分别对其进行研究。

1. 重复抽样情况下抽样平均数的平均误差计算

抽样平均数的平均误差，就是抽样平均数的标准差。它反映抽样平均数所有可能值对全及平均数的平均离散程度，即反映抽样误差平均值的大小。其计算公式为：

$$\mu_{\bar{x}}=\sqrt{\frac{\sum(\bar{x}-\bar{X})^2}{K}}$$

式中，$\mu_{\bar{x}}$——抽样平均数的平均误差；

$\bar{x}$——抽样总体平均数；

$\bar{X}$——全及总体平均数；

K——样本平均指标或抽样成数的个数。

上面这个计算公式只是说明抽样平均误差的实质，实际上是不可能直接采用这个公式的。因为实际工作中往往不知道全及总体的平均数($\bar{X}$)，而且也不可能去抽所有可能的样本总体，并计算它们的抽样平均数($\bar{x}$)，一般只抽取一个抽样总体。数理统计已经证明：在重复纯随机抽样条件下，抽样平均误差与全及总体的标准差成正比，与抽样总体单位数的平方根成反比。利用这种关系，就可以根据一个抽样总体的资料计算抽样误差，即：

$$\mu_{\bar{x}}=\frac{\sigma}{\sqrt{n}}$$

式中，$\mu_{\bar{x}}$——抽样平均数的平均误差；

σ——全及总体标准差；

n——样本总体单位数。

在没有全及总体标准差资料时，可用抽样总体标准差(S)代替，即：

$$\mu_{\bar{x}}=\sqrt{\frac{S^2}{n}}=\frac{S}{\sqrt{n}}$$

2. 重复抽样情况下成数抽样平均误差的计算

成数的抽样平均误差与平均数抽样平均误差计算方法相同。

成数是在总体中具有所研究标志的单位数所占比重，在总体中一部分单位具有这个标志，以 $X=1$ 表示，另一部分单位不具有这个标志，以 $X=0$ 表示。如在全部工业产品中，一部分是合格品，另一部分是不合格品。这样的标志称为交替标志。具有这一标志的单位数为 N_1，不具有这一标志的单位数为 N_0，总体单位总数 $N=N_1+N_0$。则全及总体中具有所研究标志的单位数的比重(成数)为 $p=\frac{N_1}{N}$，不具有所研究标志的单位数在总体中所占的比重为 $q=\frac{N_0}{N}$，两者之和等于1，即：

$$p+q=\frac{N_1}{N}+\frac{N_0}{N}=1$$

$$q=1-p$$

成数的平均数为：

$$\bar{x}=\frac{\sum xf}{\sum f}=\frac{1\times N_1+0\times N_0}{N}=\frac{N_1}{N}=p$$

成数的标准差平方(方差)为：

$$\sigma_p^2=\frac{\sum(x-\bar{x})^2 f}{\sum f}=\frac{(1-p)^2N_1+(0-p)^2N_0}{N_1+N_0}$$

$$=\frac{(1-p)^2N_1+p^2N_0}{N}=\frac{(1-p)^2N_1}{N}+\frac{p^2N_0}{N}$$

$$=(1-p)^2p+p^2q=(1-p)^2p+(1-p)p^2$$

$=(1-2p+p^2)p+p^2-p^3=p-p^3=p(1-p^2)$

成数的标准差为$\sigma_p=\sqrt{p(1-p)}$，根据前面所述抽样平均误差与总体标准差之间的关系，则抽样成数的平均误差计算公式为：

$$\mu_p=\sqrt{\frac{p(1-p)}{n}}$$

3．不重复抽样情况下抽样平均数的平均误差计算

在纯随机不重复抽样的情况下，抽样平均误差的计算，只要将上面的公式加以修正即可得到。设N表示全及总体单位数，n表示抽样总体单位数，则$\frac{n}{N}$表示抽中的样本单位数占全及总体单位数中的比重，$\left(1-\frac{n}{N}\right)$表示未抽中单位数占全及总体单位数中的比重。因此用$\left(1-\frac{n}{N}\right)$为系数乘以重复抽样平均误差的平方开平方，即得到不重复抽样条件下平均数的平均误差计算公式：

$$\mu_{\bar{x}}=\sqrt{\frac{\sigma^2}{n}\left(1-\frac{n}{N}\right)}$$

4．不重复抽样情况下抽样成数的平均误差计算

同理，可得不重复抽样条件下抽样成数的平均误差计算公式：

$$\mu_p=\sqrt{\frac{p(1-p)}{n}\left(1-\frac{n}{N}\right)}$$

5．重复抽样和不重复抽样情况下修正系数的说明

修正系数$\left(1-\frac{n}{N}\right)$是未抽中部分单位数占全及总体单位数的比重，这只有在不重复抽样情况下才会发生，说明不重复抽样的误差小于重复抽样的误差。因为在重复抽样时，把已抽中的单位仍放回到全及总体中去参加以后的抽取，全及总体中所有单位抽中与否机会均等；而在不重复抽样时，已抽中的单位不再放回到全及总体中去参加以后的抽取，致使抽样时越往后总体单位数越少，每个总体单位抽中的机会越多，因而抽样误差较小。所以用系数$\left(1-\frac{n}{N}\right)$修正原式；而在重复抽样时，就不存在这个问题。

当全及总体单位数很大，而样本总体单位数很小时，$\frac{n}{N}$趋向于零，$\left(1-\frac{n}{N}\right)$接近于1，则修正系数作用不大，修正与否对抽样平均误差影响很小。实际中一般按重复抽样公式计算抽样误差。

［例7—1］ 某地对2 800户农户进行年收入调查，抽取5%农户作样本，调查结果：201×年每人年平均收入为5 965元，其年收入的标准差为104.80元，试计算重复抽样和不重复抽样的抽样平均误差。

已知：$n=2\ 800\times5\%=140$（万户），$\sigma=104.8$（元），$N=2\ 800$（户）

重复抽样的抽样平均数的抽样平均误差为：

$$\mu_{\bar{x}}=\frac{\sigma}{\sqrt{n}}=\frac{104.8}{\sqrt{140}}=8.86\text{（元）}$$

不重复抽样的抽样平均数的抽样平均误差为：

$$\mu_{\bar{x}}=\sqrt{\frac{\sigma^2}{n}\left(1-\frac{n}{N}\right)}=\sqrt{\frac{104.8^2}{140}\left(1-\frac{140}{2\ 800}\right)}=8.63(\text{元})$$

[例 7—2] 某厂生产某产品，按正常生产检验产品中一级品率占 60%。现从10 000件产品中抽取 100 件产品进行检验，试按重复和不重复抽样计算一级品率的抽样成数的平均误差。

已知：$p=0.6$，$1-p=0.4$，$N=10\ 000$ 件，$n=100$ 件

重复抽样的抽样成数平均误差：

$$\mu_p=\sqrt{\frac{p(1-p)}{n}}=\sqrt{\frac{0.6\times0.4}{100}}=4.9\%$$

不重复抽样的抽样成数平均误差：

$$\mu_p=\sqrt{\frac{p(1-p)}{n}\left(1-\frac{n}{N}\right)}=\sqrt{\frac{0.6\times0.4}{100}\left(1-\frac{100}{10\ 000}\right)}=4.88\%$$

一般当抽样单位比例$\frac{n}{N}<5\%$的情况下，采用重复抽样公式计算抽样平均误差；当抽样单位比例$\frac{n}{N}>5\%$的情况下，采用不重复抽样公式计算抽样平均误差比较适宜。

任务三 全及指标的推断

抽样调查的重要任务之一是用样本综合指标来推断全及总体综合指标，如根据样本平均数或成数来推断或估计全及总体平均数或成数。因为这样推断的总体指标总是存在一定的抽样误差，所以抽样推断也称抽样估计。

按调查目的要求不同，其推断方法也不同。

一、直接推断法

(一)点估计

这是以样本指标直接代替总体指标的估计值，不考虑误差及可靠程度，对总体指标准确要求也不高。这种估计方法简单，只要样本代表性大，则点估计的准确性也较高。如某地秋收前夕，对水稻亩产进行抽样试割，以样本平均亩产量直接代替该地全部水稻平均亩产，以此估计该地水稻的总产量。

(二)区间估计

1. 区间估计的含义

根据样本指标和抽样误差去推断总体指标的可能范围，并说明估计总体指标的准确程度和可靠性。这种估计方法在统计中被广泛应用。

2. 抽样极限误差($\Delta_{\bar{x}}$，Δ_p)

抽样平均误差是衡量抽样误差的一种尺度，并不是抽样指标数值与全及指标之间的实际绝对误差，因为这种实际绝对误差是无法求得的，只能将其控制在一定的范围内，这样用抽样指标所推断的全及指标不会超出某一给定的抽样误差范围。因全及总体指标是一个确定值，而样本指标是一个随机变量。它与全及指标之间可能产生正离差或负离差，而这个离差无法

求出，就用抽样平均误差来计算抽样指标与全及指标离差的可能范围，并用一定的概率控制其不超过某一给定的可能范围。抽样指标与全及指标之间抽样误差的可能范围称为抽样极限误差，又称允许误差。

抽样极限误差（$\Delta_{\bar{x}}$，Δ_p）与全及指标、抽样指标之间有如下关系：

$\Delta_{\bar{x}}=|\bar{x}-\bar{X}|$，$\bar{X}-\Delta_{\bar{x}}\leqslant\bar{x}\leqslant\bar{X}+\Delta_{\bar{x}}$

$\Delta_p=|p-P|$，$P-\Delta_p\leqslant p\leqslant P+\Delta_p$

上式说明，样本指标（$\bar{x}$，p）在全及指标 $\bar{X}\pm\Delta_{\bar{x}}$（或 $P\pm\Delta p$）之间变动，变动的范围就是总体指标的估计区间。但是全及指标在推断之前是未知的，所以，在实际推断时要求全及平均指标 $\bar{X}$ 落在样本平均数 $\bar{x}+\Delta_{\bar{x}}$ 范围内，全及成数 P 落在样本成数范围内 $p\pm\Delta_p$，于是将上面的不等式变形为实际推断公式：

$\bar{x}-\Delta_{\bar{x}}\leqslant\bar{X}\leqslant\bar{x}+\Delta_{\bar{x}}$，$\bar{X}=\bar{x}\pm\Delta\bar{x}$

$p-\Delta_p\leqslant P\leqslant p+\Delta_p$，$P=p\pm\Delta_p$

上面的抽样极限误差是以抽样平均误差 $\mu_{\bar{x}}$ 或 μ_p 作为衡量标准，把极限误差除以抽样平均误差，表示极限误差为平均误差的若干倍，这个倍数称为概率度，即 $t=\dfrac{\Delta_{\bar{x}}}{\mu_{\bar{x}}}$，则 $\Delta_{\bar{x}}=t\cdot\mu_{\bar{x}}$。

同理

$t=\dfrac{\Delta_p}{\mu_p}$

则

$\Delta_p=t\cdot\mu_p$

式中，t——概率度；

$\Delta_{\bar{x}}$（Δ_p）——抽样平均数（成数）的极限抽样误差；

$M_{\bar{x}}$（μ_p）——抽样平均数（成数）的平均误差。

3. 区间推断的可靠程度

数理统计中心极限定理证明，不管总体是什么分布，只要样本来自同一总体，当样本单位数 $n>30$ 时，样本平均数近似于服从正态分布，总体指标所包括的范围（$\bar{x}-t\cdot\mu_{\bar{x}}\leqslant\bar{X}\leqslant\bar{x}+t\cdot\mu_{\bar{x}}$）就可用正态分布曲线所围成的面积大小来计算，如图 7—1 所示。

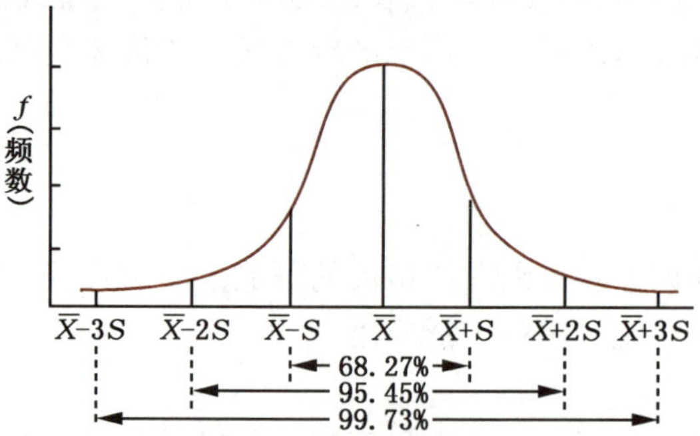

图 7—1　正态分布曲线

对于一定概率度 t 就有对应的概率 $F(t)$，可从正态分布概率表中查得（见本书末附表 3），其中,统计常用的 t 与 $F(t)$ 摘录于表 7—1。

表 7—1　　概率度(t)与概率 $F(t)$的对应关系表

概率度(t)	概率 $F(t)$	概率度(t)	概率 $F(t)$
0.67	0.500 0	2.5	0.987 60
1.00	0.682 7	3.0	0.997 30
1.50	0.866 4	4.0	0.999 40
1.96	0.950 0	4.5	0.999 93
2.00	0.954 5	5.0	0.999 99

从表 7—1 中可以看出 t 越大,$F(t)$也大,由一个样本组成的区间去衡量总体指标的把握程度也越大;若取 $t=3$,则 $F(t)=0.997\,3$,即可靠程度有 99.73%,判断错误的概率仅 3‰。还可以从表中看出,对某一具体抽样调查来讲,抽样误差范围越大,推断的可靠程度也越大,但准确程度降低了;反之,要提高推断的准确程度,必须缩小误差范围,而降低了可靠程度。若要求既要达到一定的准确程度,又要有一定的可靠性,则必须控制抽样误差范围。

[例 7—3]　某大学有 500 人参加某课程统考,随机抽查 20%,所得有关数据如表 7—2 所示。试以 95.45%的概率保证:

(1)估计全部学生的成绩。

(2)确定成绩在 80 分以上学生所占的比重和估计人数。

表 7—2　　某大学某课程统考成绩抽查资料表

按考试成绩分组	组中值 x	各组人数(人)	$\frac{f}{\sum f}$(%)	向上累计	$\frac{x \cdot f}{\sum f}$	$\frac{(x-\bar{x})^2 \cdot f}{\sum f}$
60 以下	55	8	0.08	1.00	4.40	31.047 2
60～70	65	22	0.22	0.92	14.30	20.700 0
70～80	75	40	0.40	0.70	30.00	0.066 0
80～90	85	25	0.25	0.30	21.25	20.522 5
90～100	95	5	0.05	0.05	4.75	20.604 5
合计	—	100	1.00	—	74.70	98.910 2

解　(1)由于$\frac{n}{N}=20\%>5\%$,应采用不重复抽样公式计算平均误差:

$$n=500\times20\%=100(\text{人}),\bar{x}=\sum x\cdot\frac{f}{\sum f}=74.7(\text{分})$$

$$\sigma_{\bar{x}}=\sqrt{\frac{\sum(x-\bar{x})^2 f}{\sum f}}=\sqrt{98.910\,2}=9.945(\text{分})$$

因为 $F(t)=95.45\%$,即可得到:$t=2$,所以

$$\Delta_{\bar{x}}=t\cdot\mu_{\bar{x}}=t\cdot\sqrt{\frac{\sigma^2}{n}\left(1-\frac{n}{N}\right)}=2\times\sqrt{\frac{9.945^2}{100}\left(1-\frac{100}{500}\right)}$$

$$=2\times\sqrt{\frac{98.910}{100}(1-20\%)}=2\times 0.889\,5\approx 1.78(分)$$

$$\overline{X}=\bar{x}\pm\Delta_{\bar{x}}=74.7\pm 1.78=72.92\sim 76.48(分)$$

由此说明有95.45%的概率估计全校学生参加某课程统考成绩平均在72.92分～76.48分之间。

(2)设80分以上成绩 $p=0.3, 1-p=0.7, t=2$,

$$\mu_p=\sqrt{\frac{p(1-p)}{n}\left(1-\frac{n}{N}\right)}=\sqrt{\frac{0.3\times 0.7}{100}\left(1-\frac{100}{500}\right)}=4.10\%$$

$$\Delta_p=t\cdot\mu_p=2\times 4.10\%=8.20\%$$

$$P=p\pm\Delta_p=30\%\pm 8.20\%=21.80\%\sim 38.20\%$$

估计80分以上人数为 $N\cdot P=500\times 21.80\%=109$ 人和 $500\times 38.20\%=191$ 人之间。计算结果说明，有95.45%的可靠性：全校学生参加某课程统考成绩在80分以上的人数占全校参加考试学生500人的21.80%到38.20%之间，估计80分以上的人数在109人到191人之间。

[例7—4] 某灯泡厂从一批灯泡中抽取100只进行使用寿命检查，测得其平均寿命为1 250h，标准差为240h。若推断这批灯泡的使用寿命在1 178～1 322h之间，其可靠程度有多大?

解

$$\mu_{\bar{x}}=\frac{\sigma}{\sqrt{n}}=\frac{240}{\sqrt{100}}=24(\text{h})$$

$$\Delta_{\bar{x}}=t\cdot\mu_{\bar{x}}=|\bar{x}-\overline{X}|=|1\,250-1\,322|=72(\text{h})或|1\,250-1\,178|=72(\text{h})$$

$$t=\frac{\Delta_{\bar{x}}}{\mu_{\bar{x}}}=\frac{72}{24}=3, F(t)=99.73\%$$

通过上述计算可知其可靠程度为99.73%。

[例7—5] 某机械厂日产某种零件8 000只，现有纯随机不重复抽样方式，从中抽取400只进行质量检验，其中有20只不合格。如果要求推断全部零件的合格率在92.88%到97.12%之间，问其可靠程度有多大?

解 抽样合格率为 $p=1-\frac{20}{400}=95\%$，不合格率为 $1-p=1-95\%=5\%$

$$\mu_p=\sqrt{\frac{p(1-p)}{n}\left(1-\frac{n}{N}\right)}=\sqrt{\frac{0.95\times 0.05}{400}\left(1-\frac{400}{8\,000}\right)}=1.06\%$$

$$\Delta_p=t\cdot\mu_p=|p-P|=|95\%-97.12\%|=2.12\%或|95\%-92.88\%|=2.12\%$$

$$t=\frac{\Delta_p}{\mu_p}=\frac{2.12\%}{1.06\%}=2, F(t)=95.45\%$$

根据上面计算结果可知其可靠程度为95.45%。

二、修正系数法

修正系数法是将抽样调查与全面调查资料作对比，计算差错系数，用来修正全面调查资料的方法，这是抽样调查与全面调查相结合的应用。

[例 7—6]　某地 2015 年人口调查资料如表 7—3 所示。

表 7—3　　某地 2015 年人口调查资料　　单位：人

调查项目	普查时某地区全部人口登记数	抽样复查			差错人口数	差错系数	修正后该地区人口数
		样本全部登记人口数	抽样结果				
			遗漏人数	重复人数			
甲	(1)	(2)	(3)	(4)	(5)=(3)−(4)	$(6)=\frac{(5)}{(2)}$	(7)=(1)×[1+(6)]
总人口数	1 357 550	62 255	1 528	944	584	0.009 38	1 370 284
性别构成							
男	692 352	31 750	795	503	292	0.009 20	698 722
女	665 198	30 505	733	441	292	0.009 57	671 564
年龄构成 5 岁以下	203 630	11 270	266	148	118	0.010 50	205 768
5～10 岁	149 330	6 858	163	94	69	0.010 10	150 838
⋮	⋮	⋮	⋮	⋮	⋮	⋮	⋮

$$差错系数=\frac{抽样总体复查登记数-抽样总体全面调查时登记数}{全面调查时登记数}$$

$$=\frac{抽样总体遗漏登记数-抽样总体重复登记数}{全面调查时登记数}$$

$$=遗漏比率-重复比率=\frac{1\ 528-944}{62\ 255}=0.009\ 38$$

修正后某地全面调查人数＝全面调查时登记数×(1＋差错系数)

＝1 357 550×(1＋0.009 38)＝1 370 284(人)

任务四　抽样方案的设计

在进行抽样调查前，要设计一个科学的调查方案组织调查，以取得各项有效的数据，使抽取出来的样本对全及总体具有足够的代表性；同时要考虑在一定抽样调查范围内，抽取足够的样本单位数，以保证用样本指标推断总体指标的准确性和可靠性；还要研究采用什么抽样组织方式、方法，才能使抽样误差最小，费用最省，效率最高。

一、抽样方案设计的基本原则

(一)保证样本在全及总体中的代表性

组织抽样调查抽取样本时要严格遵守随机原则，完全排除个人的主观臆断，保证总体中每一个单位抽中与否机会均等，充分体现样本对总体有足够代表性。

(二)节约经费

抽样调查是以样本指标数值推断总体指标数值，用概率来保证推断结果的可靠性。保证在抽样调查取得良好的效果的前提下，使抽样调查可以达到节省人力、物力和时间的目的。

二、样本单位数的确定

因为抽样调查的基本原则是按照随机原则抽取样本，这里主要是研究纯随机抽样必要抽样单位数的确定。

根据数理统计中大数定律，抽样单位数越多，样本指标越接近全及总体指标，抽样误差越小，样本对全及总体的代表性越大，说明抽样推断的准确性越高。但抽样单位数过多，在人力、物力和时间上造成浪费；反过来，如果抽样单位数太少，则抽样误差太大，样本对全及总体的代表性就小，推断结果不准确，失去了抽样调查的意义。所以，抽取样本时，要在允许的抽样误差范围内确定抽取必要的样本单位数，保证抽样调查取得预期的效果。

从前面所叙述的有关抽样调查的理论和抽样极限误差的两个公式，即 $\Delta_{\bar{x}}=t\cdot\mu_{\bar{x}}=t\cdot\dfrac{\sigma}{\sqrt{n}}$ 和 $\Delta_p=t\cdot\mu_p=t\cdot\sqrt{\dfrac{p(1-p)}{n}}$，我们可以推导出影响抽样单位数 n 的主要因素有 3 个。

1. 抽样单位数与被研究总体的标志变动程度有关

当总体标志变动度大时，抽取样本单位就要多些；反之，当总体标志变动度小时，则抽样单位数可以减少些。

2. 抽样单位数与样本对全及总体指标推断结果的精确度高低有关

如果推断的精确度要求高，允许抽样误差应缩小，则抽取样本单位数要增加；反之，推断结果精确度要求低，则抽样单位数可以减少些。

3. 抽样单位数与抽样推断估计的可靠性大小有关

在其他条件不变的情况下，抽样推断的可信度与概率有关，要求估计的可靠性程度越大，t 值也大，则抽样单位数就要增多；反之，抽样单位数就可减少。

根据上述三个因素和抽样极限误差的计算公式，按重复抽样与不重复抽样两种形式推导出必要抽样单位数的计算公式。

(1)在重复随机抽样条件下，必要抽样单位数的确定

用计算抽样平均数的极限抽样误差公式推导必要单位数：由于 $\Delta_{\bar{x}}=t\cdot\mu_{\bar{x}}$，将 $\mu_{\bar{x}}=\dfrac{\sigma}{\sqrt{n}}$ 代入后，得到：$\Delta_{\bar{x}}=t\cdot\dfrac{\sigma}{\sqrt{n}}$，其两边平方后得到：$\Delta_{\bar{x}}^2=t^2\cdot\dfrac{\sigma^2}{n}$，整理后，则抽样单位数：

$$n=\frac{t^2\sigma^2}{\Delta_{\bar{x}}^2}$$

同理，用计算抽样成数的极限抽样误差的公式，可以推导出抽样单位数：

$$n=\frac{t^2p(1-p)}{\Delta_{\bar{x}}^2}$$

[例 7—7]　对某县农户进行经济收入调查，设已知农户平均年收入的标准差(σ)为 30 元，要求可靠程度为 95%，允许抽样误差为 5 元，问至少要抽多少农户进行调查。

解　已知：$\sigma=30$ 元，$\Delta_{\bar{x}}=5$ 元，$F(t)=95\%$，$t=1.96$

$$n=\frac{t^2\sigma^2}{\Delta_{\bar{x}}^2}=\frac{1.96^2\times30^2}{5^2}=138.3=139(\text{户})$$

根据计算至少要抽 139 户进行调查。

［例 7－8］　抽查一批某产品的合格率，设过去抽查的合格率为 95%，现要求允许误差不超过 1.5%，可靠程度为 95.45%，问至少要抽查多少个产品。

$$n=\frac{t^2p(1-p)}{\Delta_{\bar{x}}^{\ 2}}=\frac{2^2\times0.95\times0.05}{0.015^2}=844.4=845(\text{只})$$

注意，如果计算结果为小数，则应进为整数，以保证抽样推断的正确性。

从 $n=\dfrac{t^2\sigma^2}{\Delta_{\bar{x}}^{\ 2}}$ 可以看出，在重复抽样条件下，抽样单位数多少取决于：

①与概率度 t 的平方成正比；

②与标志变动方差 σ^2 成正比；

③与极限抽样误差平方成反比，如要求抽样极限误差缩小 1/2，抽样单位数要扩大 4 倍。

(2)在不重复抽样条件下，必要抽样单位数的确定

同理可以根据两个计算抽样极限误差的公式：

$$\Delta_{\bar{x}}=t\cdot\sqrt{\frac{\sigma^2}{n}\left(1-\frac{n}{N}\right)}\ \text{和}\ \Delta_p=t\cdot\sqrt{\frac{p(1-p)}{n}\left(1-\frac{n}{N}\right)}$$

推导出两个相应的计算抽样单位数的公式：

$$n=\frac{Nt^2\sigma^2}{\Delta_{\bar{x}}^{\ 2}N+t^2\sigma^2}\ \text{和}\ n=\frac{Nt^2p(1-p)}{\Delta_{\bar{x}}^{\ 2}N+t^2p(1-p)}$$

［例 7－9］　今对4 000件出口产品进行质量抽样检验，按不重复随机抽样1/16的产品进行检查，发现有 10 件是废品，要求以 95%概率保证，推断出这批产品的废品率是否会超过 5%？如果要求抽样误差缩小到原来的 1/2，概率不变，则应抽查多少件产品？

解　(1) $N=4\,000$ 件，$n=\dfrac{4\,000}{16}=250$(件)

设废品率 $p=\dfrac{10}{250}=4\%$，则 $1-p=96\%$，$F(t)=95\%$，$t=1.96$

$$\mu_p=\sqrt{\frac{p(1-p)}{n}\left(1-\frac{n}{N}\right)}=\sqrt{\frac{0.04\times0.96}{250}\left(1-\frac{250}{4\,000}\right)}=1.2\%$$

$P=p\pm\Delta_p=P\pm t\mu_p=4\%\pm1.96\times1.2\%=4\%\pm2.35\%$

即 1.65%～6.35%

根据计算，这批产品的废品率会超过 5%。

(2)已知 $\Delta_p=t\mu_p=1.96\times1.2\%=2.35\%$，若将 Δ_p 缩小到原来的 $\dfrac{1}{2}$，则

$$\frac{\Delta_p}{2}=\frac{2.35\%}{2}=1.18\%$$

$$n=\frac{Nt^2p(1-p)}{\Delta_{\bar{x}}^{\ 2}N+t^2p(1-p)}=\frac{1.96^2\times4\,000\times0.04\times0.96}{4\,000(0.011\,8)^2+1.96^2\times0.04\times0.96}$$

$$=\frac{590.07}{0.56+0.15}=\frac{590.07}{0.71}=831.08=832(\text{件})$$

根据计算结果应抽查 832 件产品。

［例 7－10］　对一批灯泡进行耐用时间检验，根据过去测定已知的标准差为 40h，合格率

为 95%，现要求使用寿命的允许误差不超过 4h，合格率误差范围不超过 2%，并以 95.45%的概率保证其可靠性，问用两种方法（平均数、成数）计算各应抽查至少几只灯泡？

解 已知 $\sigma=40h, \Delta_{\bar{x}}=4h, p=95\%$，则

$1-p=5\%, \Delta_p=2\%, F(t)=95.45\%, t=2$

(1) $n=\frac{t^2\sigma^2}{\Delta_{\bar{x}}^2}=\frac{2^2\times 40^2}{4^2}=400$（只）

(2) $n=\frac{t^2p(1-p)}{\Delta_p^2}=\frac{2^2\times 0.95\times 0.05}{0.02^2}=\frac{0.19}{0.0004}=475$（只）

根据计算两种方法分别应抽取 400 只和 475 只灯泡。

三、抽样调查的组织形式及其抽样误差的计算

按照随机原则从被研究对象总体中抽取一部分单位作为样本进行观察，必须根据调查目的和具体条件，选择不同的抽样组织形式，使抽取的样本充分地代表总体。

在统计工作中抽样调查的组织形式主要有纯随机抽样、等距抽样（机械抽样）、类型抽样（分层抽样）和整群抽样 4 种。不同的抽样组织形式，其样本对总体的代表性不同，抽样误差也不相同。

（一）纯随机抽样

纯随机抽样（简单随机抽样）就是从不加任何分类、排队的全及总体中，完全排除人们的主观意图，从总体中抽取样本的方法。具体抽样方法视不同情况有三种。

(1) 当全及总体单位数不多，在 100 以内，而且分布比较集中时，可以从全及总体单位中事先确定样本单位数随机抽取。

(2) 当全及总体单位数不很多，在 1 000 以内时，可将全及总体单位编号，做成卡片按事先确定抽取的样本单位数从卡片中随机抽取。

(3) 当全及总体单位数很多，成千上万时，可用随机数值表（见书末附表 2）抽样。

先将全及总体单位数目编号，从随机数列表中任意一行、任意一列开始，在全及总体单位数目以内抽取，超过全及总体单位数目或重复者放弃。

[例 7－11] 从一个有 1 250 户居民区中抽取 35 户进行家计调查，先把全及总体单位 1 250户都编上号，因为1 250是四位数，利用随机数字表前四列数字，抽取应调查单位的号码，第一个数字是1 254，第二个数字是5 443，因它们都超出全及总体单位1 250个数目，故放弃不取；顺次出来作为样本单位，这样直到抽足 35 户组成抽样总体为止，若前四列数字用完了，可接着用 5，6，7，8 列或 2，3，4，5 列数字继续抽取。前面介绍的第一、第二种抽取样本的方法，也可以用随机数字表抽取。

从理论上说，纯随机抽样最符合抽样调查的随机原则，但在实际应用上存在一定的局限性。如当全及总体单位数 N 很大时，事先要对每个总体单位一一编号，面广量大，有时甚至是不可能的，某些现象事先并不知道全及总体 N 的数目，无法编号，因此，在实际中应用纯随机抽样存在一定的难度。

有关纯随机抽样的理论、方法，我们在前面已作了详细的叙述，其抽样平均误差、极限抽样误差、必要的抽样单位数计算公式归纳如表 7－4 所示。

表 7—4　　随机抽样有关数据计算公式

项目	重复抽样		不重复抽样	
	平均数	成数	平均数	成数
抽样平均误差	$\mu_{\bar{x}}=\dfrac{\sigma}{\sqrt{n}}$	$\mu_p=\sqrt{\dfrac{p(1-p)}{n}}$	$\mu_{\bar{x}}=\sqrt{\dfrac{\sigma^2}{n}\left(1-\dfrac{n}{N}\right)}$	$\mu_p=\sqrt{\dfrac{p(1-p)}{n}\left(1-\dfrac{n}{N}\right)}$
抽样极限误差	$\Delta_{\bar{x}}=t\cdot\mu_{\bar{x}}$ $=t\cdot\dfrac{\sigma}{\sqrt{n}}$	$\Delta_p=t\cdot\mu_p$ $=t\cdot\sqrt{\dfrac{p(1-p)}{n}}$	$\Delta_{\bar{x}}=t\cdot\mu_{\bar{x}}$ $=t\cdot\sqrt{\dfrac{\sigma^2}{n}\left(1-\dfrac{n}{N}\right)}$	$\Delta_p=t\cdot\mu_p$ $=t\cdot\sqrt{\dfrac{p(1-p)}{n}\left(1-\dfrac{n}{N}\right)}$
必要抽样单位数	$n=\dfrac{t^2\sigma^2}{\Delta_{\bar{x}}{}^2}$	$n=\dfrac{t^2p(1-p)}{\Delta p^2}$	$n=\dfrac{Nt^2\sigma^2}{\Delta_{\bar{x}}{}^2N+t^2\sigma^2}$	$n=\dfrac{Nt^2p(1-p)}{\Delta_{\bar{x}}{}^2N+t^2p(1-p)}$

(二)类型抽样

类型抽样,也称分层抽样,它是统计分组与抽样原理的结合运用。即把总体各单位按某一主要标志进行分组(类),然后从各组中随机抽样或等距抽样。这种方法,因为事先进行分组,使组内标志值之间的差异缩小,组内方差也缩小。这样从各组内随机抽取的样本单位分布更接近于全及总体单位分布,提高了样本对总体的代表性,缩小了抽样误差。这种方法适用于全及总体单位数较多,内部结构较复杂,且各单位标志值差异较大的情况,运用此法能取得较满意的效果,因而在实际工作中得到广泛应用。

类型抽样中样本单位的分配方法有两种:一种是按各类型组标志变异程度来确定应抽的单位数,凡标志变异程度大的组多抽一些,反之少抽一些,各组抽样比例不等,这种方法称为类型适宜抽样。另一种是按各类单位数占全及总体单位数比例大小来确定应抽的样本单位数,不考虑各类型组的标志变异程度,这种方法称类型比例抽样,在实际中,大多采用这种方法。

1. 类型比例抽样有关指标的计算方法

类型比例抽样是按各类型组的单位数占全及总体单位数的比重,从各类中抽取样本单位的个数、设将全及总体单位数 N 分成 k 个类型组,即各类的单位数为 $N_1,N_2,N_3,\cdots,N_k$,然后从每组中按比例随机抽取的样本单位数,分别为 $n_1,n_2,\cdots,n_k$,各组的样本单位数 n_1 与全及总体单位数 N_1 的比例$\dfrac{n_i}{N_i}(i=1,2,\cdots,k)$是相等的,得到$\dfrac{n_1}{N_1}=\dfrac{n_2}{N_2}=\cdots=\dfrac{n_k}{N_K}=\dfrac{n}{N}$,则各类型组应抽取的样本单位数 $n_i=\dfrac{N_i}{N}\cdot n$,各组样本单位之和 $n_1+n_2+\cdots+n_k=\sum\limits_{i=1}^{k}n_i=n$ 构成抽样总体。

据此,分别求出每一组的抽样平均数($\bar{x}_i$)和抽样成数平均数($\bar{p}_i$),然后再以各组的总体单位数(N_i)或样本单位数(n_i)为权数,计算出抽样总体的抽样平均数($\bar{x}$)和抽样成数平均数($\bar{p}$)。

$$\bar{x}=\frac{\sum\limits_{i=1}^{k}\bar{x}_iN_i}{N}\text{或}\bar{x}=\frac{\sum\limits_{i=1}^{k}\bar{x}_in_i}{n}$$

$$\bar{p}=\frac{\sum\limits_{i=1}^{k}\bar{p}_iN_i}{N}\text{或}\bar{p}=\frac{\sum\limits_{i=1}^{k}\bar{p}_in_i}{n}$$

因为类型比例抽样的平均误差不仅与样本容量(n)有关,而且与类型组组内方差(σ^2)的平

均数($\bar{\sigma}^2$)也有关,所以若是重复抽样,平均误差公式为:

$$\mu_{\bar{x}}=\sqrt{\frac{\bar{\sigma}^2}{n}},\Delta_{\bar{x}}=t\cdot\mu_{\bar{x}}=t\cdot\sqrt{\frac{\bar{\sigma}^2}{n}}$$

式中,

$$\bar{\sigma}^2=\frac{\sum_{i=1}^{k}\sigma_i^2N_i}{N}\text{或}\bar{\sigma}^2=\frac{\sum_{i=1}^{k}\sigma^2n_i}{n}$$

成数的抽样平均误差公式为:

$$\mu_p=\sqrt{\frac{\overline{p(1-p)}}{n}}$$

则

$$\Delta_p=t\cdot\mu_p=t\cdot\sqrt{\frac{\overline{p(1-p)}}{n}}$$

式中,

$$\overline{p(1-p)}=\frac{\sum p_i(1-p_i)N_i}{N}\text{或}\overline{p(1-p)}=\frac{\sum p_i(1-p_i)n_i}{n}$$

不重复抽样时其相应公式为:

$$\mu_{\bar{x}}=\sqrt{\frac{\bar{\sigma}^2}{n}\left(1-\frac{n}{N}\right)}$$

则

$$\Delta_{\bar{x}}=t\cdot\mu_{\bar{x}}=t\cdot\sqrt{\frac{\bar{\sigma}^2}{n}\left(1-\frac{n}{N}\right)}$$

$$\mu_p=\sqrt{\frac{\overline{p(1-p)}}{n}\left(1-\frac{n}{N}\right)}$$

$$\Delta_p=t\cdot\mu_p=t\cdot\sqrt{\frac{\overline{p(1-p)}}{n}\left(1-\frac{n}{N}\right)}$$

[例7—12] 某农场种植某种农作物1 200亩地,按其土地肥沃情况分为甲、乙、丙3类,按5%比例抽取60亩(1亩=666.6m²),进行抽样调查,计算其有关数据如表7—5所示,并以95.45%的可靠性推断农作物亩产可能范围。

表7—5　某农产品抽样调查指标计算表

土地肥沃类别	全部面积(亩) N_i	抽查面积(亩) n_i	抽样平均亩产(kg) $\bar{x}_i$	亩产标准差(kg) σ_i
甲	600	30	600	20
乙	360	18	460	35
丙	240	12	400	36
合计	1 200	60	518	25.4

因为抽样单位数为 5%可用重复抽样公式计算。

类型比例抽样平均数的平均误差及其有关指标的计算：

$$\bar{x}=\frac{\sum n_i\bar{x}_i}{\sum n_i}=\frac{30\times600+18\times460+12\times400}{30+18+12}=\frac{31\ 080}{60}=518(\text{kg})$$

$$\bar{\sigma}=\frac{\sum n_i\sigma_i^2}{\sum n_i}=\frac{30\times20^2+18\times25^2+12\times36^2}{30+18+12}=\frac{38\ 802}{60}=646.7(\text{kg})$$

$$\mu_{\bar{x}}=\sqrt{\frac{\bar{\sigma}^2}{n}}=\sqrt{\frac{646.7}{60}}=3.3(\text{kg})$$

$$\Delta_{\bar{x}}=t\cdot\mu_{\bar{x}}=2\times3.3=6.6(\text{kg})$$

$$518-6.6\leqslant\overline{X}\leqslant518+6.6,511.4\leqslant\overline{X}\leqslant524.6$$

若以 95.45%的可靠性推断，其平均亩产在 511.4～524.6kg 之间。

2. 类型适宜抽样有关指标的计算方法

类型适宜抽样是根据各组标志变异程度（标准差或全距）的差异来确定抽取单位数的多少。因此，各组抽取单位数的比例不同$\left(\frac{N_i}{N}\neq\frac{n_i}{n}\right)$。

各类型组抽取样本单位数 $n_i=\frac{N_i\sigma_i}{\sum N_i\sigma_i}\cdot n$。

［例 7—13］　某市某街道从10 000户居民中取 200 户进行家庭收入调查，在这一万户居民中高收入者（N_1）为1 600户，中等收入者（N_2）为3 400户，低收入者（N_3）为5 000户，设这些类型组的标准差分别为 $\sigma_1=30$ 元，$\sigma_2=20$ 元，$\sigma_2=15$ 元，试计算其抽样平均误差。

高收入者抽样户数：

$$n_1=\frac{N_i\sigma_i}{\sum N_i\sigma_i}\cdot n=\frac{1\ 600\times30}{1\ 600\times30+3\ 400\times20+5\ 000\times15}\times200$$

$$=\frac{9\ 600\ 000}{191\ 000}=50(\text{户})$$

同理，计算出中等收入者和低收入者应抽户为 71 户、79 户。在实际工作中，各类型组的标准差事先并不知道，可用估计各组全距（R_i）代替上式中（σ_i）计算。

计算各组组间方差的平均数：

$$\bar{\sigma}^2=\frac{\sum N_i\sigma_i^2}{N}=\frac{30^2\times1\ 600+20^2\times3\ 400+15^2\times5\ 000}{10\ 000}$$

$$=\frac{3\ 925\ 000}{10\ 000}=392.5(\text{元})$$

重复抽样的抽样平均数的平均误差为：

$$\mu_{\bar{x}}=\sqrt{\frac{\bar{\sigma}^2}{n}}=\sqrt{\frac{392.5}{200}}=1.4(\text{元})$$

不重复抽样的抽样平均数的平均误差为：

$$\mu_{\bar{x}}=\sqrt{\frac{\bar{\sigma}^2}{n}\left(1-\frac{n}{N}\right)}=\sqrt{\frac{392.5}{200}\left(1-\frac{200}{10\ 000}\right)}=1.39(\text{元})$$

（三）等距抽样

等距抽样又称机械抽样，这是对所要调查的全及总体单位数，按某一标志顺序编号排队，然后按照固定顺序和相等的间隔从中抽取样本单位的抽样组织方式。选择排队的标志可以与调查项目有关，也可以无关。

1. 按无关标志排队

这是按与调查目的无关的标志排队。如按时间、地区、姓氏笔划、门牌号码、账户顺序等排队，然后按相等间隔顺序抽取样本单位，这种方法近似于随机抽样，其抽样误差公式可以用前面讲过的随机抽样公式代替。

2. 按有关标志排队

这是根据与调查项目有直接联系的标志顺序排队。如前面讲的某农产品按亩产高低排队，居民收入按工资大小排队等，这样抽取的样本总体缩小了各单位标志值之间的差异，又具有充分的代表性，可以取得准确性较高的可靠资料。这种方法具有类型抽样的性质，其抽样误差从理论上讲可以参照用类型抽样误差计算的公式进行计算。而实际中每一间隔内的方差是无法计算的，一般用纯随机不重复抽样公式计算。

等距抽样一般都是用不重复抽样，只是要避免抽样间隔和现象本身的节奏性、周期性重合，以防止产生系统性偏差，影响样本对总体的代表性。

[例 7—14] 某银行储蓄所月终按定期储蓄存款账户进行每隔 5 户的等距抽样，得到如表 7—6 所示的资料。试以 95.45%的概率估计下列指标范围。

表 7—6 某银行储蓄存款抽样调查计算表

存款金额（百元）	组中值 x	户数 f	$x \cdot f$	$(x-\bar{x})$	$(x-\bar{x})^2 \cdot f_1$
1～100	50.5	58	2 929	−293.5	4 996 250.5
100～300	200.0	150	30 000	−144.0	3 110 400.0
300～500	400.0	200	80 000	56.0	627 200.0
500～800	650.0	62	40 300	306.0	5 805 432.0
800 以上	950.0	14	13 300	606.0	514 304.0
合计	—	484	166 529	—	15 053 586.5

(1)平均每户定期存款数。

(2)定期存款 300 百元以上的比重。

解 (1)

$$\bar{x}=\frac{\sum x \cdot f}{\sum f}=\frac{166\ 529}{484}=344.07(\text{百元})$$

$$\sigma_{\bar{x}}=\sqrt{\frac{\sum(X-\bar{x})^2 f}{\sum f}}=\sqrt{\frac{15\ 053\ 586.5}{484}}=\sqrt{31\ 102.45}=176.36(\text{百元})$$

$$\mu_{\bar{x}}=\sqrt{\frac{\sigma^2}{n}\left(1-\frac{n}{N}\right)}=\sqrt{\frac{(176.36)^2}{484}\left[1-\frac{484}{484\div\frac{1}{5}}\right]}=7.17(\text{百元})$$

平均每户定期存款$=\bar{x}\pm\Delta_{\bar{x}}=\bar{x}+t\mu_{\bar{x}}=344.07\pm2\times7.17$，即在 329.60 百元～358.34百元之间。

(2)存款 300 百元以上户数的比重：

$$p=\frac{200+62+14}{484}=\frac{276}{484}=0.570\ 2$$

$$1-p=1-0.570\ 2=0.429\ 8$$

$$\mu_{\bar{x}}=\sqrt{\frac{p(1-p)}{n}\left(1-\frac{n}{N}\right)}=\sqrt{\frac{0.570\ 2\times 0.0429\ 8}{484}\left(1-\frac{484}{2\ 420}\right)}=2.01\%$$

存款 300 百元以上户数占全部储蓄的比重在 $p=p\pm\Delta p=p+t\mu_p=57.02\%\pm 2\times 2.01\%=57.02\%\pm 4.02\%$，即在 53%～61.04%之间。

(四)整群抽样

上面讲述的三种抽样组织形式，都是从全及总体单位中逐个地抽取样本单位组成抽样总体。但在有些情况下，如总体很大，为了工作方便，采用抽取一群总体单位组成样本进行调查。

所谓整群抽样，是将全及总体单位划分为若干群或组，然后按随机抽样方式或等距抽样方式，从中成群(成组)地抽取样本单位，对抽中的群(组)中所有单位进行逐个调查的一种抽样方法。如对成批连续生产的工业产品在其生产过程中每隔 10h 抽取 1h 的全部产品进行质量检查等。

设全及总体单位划分为 R 群，每群有 M 个总体单位，从 R 群中抽取 r 群组成抽样总体，对 r 群中所有的单位进行调查，其抽样平均误差计算步骤可以归纳如下：

(1)计算样本中各群的平均数：$\bar{x}_i=\frac{\sum x_i}{M}$，样本中各群成数的平均数：$\bar{p}_i=\frac{\sum p_i}{M}$；

(2)计算样本平均数：$\bar{x}_i=\frac{\sum \bar{x}_i}{r}$，样本成数的平均数：$\bar{p}_i=\frac{\sum \bar{p}_i}{r}$；

(3)计算平均数的群间方差，即计算各群平均指标或成数对全及样本平均指标或成数的标准差平方。

平均差群间方差：

$$\delta_x^2=\frac{\sum(\bar{X}_i-\bar{x})^2}{R}\text{或}\delta_x^2=\frac{\sum(\bar{x}_i-\bar{x})^2}{r}$$

成群的群间方差：

$$\delta_p^2=\frac{\sum(P_i-P)^2}{R}\text{或}\delta_P^2=\frac{\sum(p_i-\bar{p})^2}{r}$$

整群抽样平均误差不仅与抽样群数 r 有关，而且还与各群间的标志变异程度群间方差 σ^2 有关，各群间标志变异程度越大，则抽样平均误差也越大；反之则小。

(4)整群抽样一般都用不重复抽样，其抽样平均误差计算公式为：

$$\mu_{\bar{x}}=\sqrt{\frac{\delta_x^2}{r}\left(\frac{R-r}{R-1}\right)}$$

则

$$\Delta_{\bar{x}}=t\cdot\mu_{\bar{x}}=t\cdot\sqrt{\frac{\delta_x^2}{r}\left(\frac{R-r}{R-1}\right)}$$

$$\mu_p=\sqrt{\frac{\delta_p^2}{r}\left(\frac{R-r}{R-1}\right)}$$

则

$$\Delta_p=t\cdot\mu_p=t\cdot\sqrt{\frac{\delta_p^2}{r}\left(\frac{R-r}{R-1}\right)}$$

当全及总体群数 R 较多，而样本群数较少时，$\frac{R-r}{R-1}$可以写成 $1-\frac{r}{R}$。

［例 7—15］ 某水泥厂大量连续生产 50kg 袋装水泥，一昼夜产量为14 400袋，平均每分钟为 10 袋，现确定每隔 144min 抽取 1min 的水泥的产量(即 10 袋为一群)进行包装质量检验，在某一昼夜共抽 10min 的产量为 10×10=100 袋进行检验。要求计算其抽样平均数的抽样平均误差和成数的抽样平均误差。

$R=24\times60=1\ 440$(群)，$r=\frac{1\ 440}{144}=10$(群)

根据已知条件计算有关数据如表 7—7 所示。

表 7—7　　某水泥厂某日水泥质量检验计算表

样本编号	各群平均每袋重量(kg) x_i	与样本平均数的离差 $\bar{x}_i-\bar{x}$	离差平方 $(\bar{x}_i-\bar{x})^2$	各群一级品包装质量比重(%) p_i	$(p_i-\bar{p})^2$ (%)
1	49	−1.5	2.25	0.80	0
2	51	0.5	0.25	0.75	0.25
3	52	1.5	2.25	0.83	0.09
4	53	2.5	6.25	0.82	0.04
5	50	−0.5	0.25	0.80	0
6	49	−1.5	2.25	0.79	0.01
7	50	−0.5	0.25	0.78	0.04
8	48	−2.5	6.25	0.80	0
9	50	−0.5	0.25	0.81	0.01
10	53	2.5	6.25	0.82	0.04
合计	50.5	—	26.5	0.80	0.48

(1)计算每群水泥重量的平均离差，求出群间方差 $\delta_{\bar{x}}^2$ 后，计算平均数的抽样平均误差。

$$\delta_{\bar{x}}^2=\frac{\sum(\bar{x}_i-\bar{x})^2}{r}=\frac{26.5}{10}=2.65(\text{kg})$$

$$\mu_{\bar{x}}=\sqrt{\frac{\delta_{\bar{x}}^2}{r}\left(1-\frac{r}{R}\right)}=\sqrt{\frac{2.65}{10}\left(1-\frac{10}{1\ 440}\right)}=\sqrt{0.263\ 2}=0.5(\text{kg})$$

(2)计算抽样成数的平均误差，求出其群间方差后，计算成数的抽样平均误差。

$$\delta_p^2=\frac{\sum(p_i-p)^2}{r}=\frac{0.48\%}{10}=0.048\%$$

$$\mu_p=\sqrt{\frac{\delta_p^2}{r}\left(1-\frac{r}{R}\right)}=\sqrt{\frac{0.048\%}{10}\left(1-\frac{10}{1\ 440}\right)}=\sqrt{0.048\%\times0.993\ 1}=0.69\%$$

整群抽样的优点是组织工作简便，确定一组可以抽出许多单位进行观察，其缺点是因为以群(组)为单位抽取，抽取单位比较集中，容易造成样本分布在总体中分布差异较大，所以，样本单位对全及总体单位代表性较差，抽样误差较大，在实际工作中应用此法时，一般以抽取较多的单位来降低抽样误差，提高抽样结果的准确程度。

表 7—8　　各种抽样组织方式抽样平均误差计算表

抽样形式与方法		样本统计指标	计算抽样平均误差公式	备注
简单随机抽样	重复	平均数	$\mu_{\bar{x}}=\sqrt{\frac{\sigma^2}{n}}=\frac{\sigma}{\sqrt{n}}$	σ^2，$p(1-p)$，在计算中可用样本 σ^2 和 $p(1-p)$ 代替
		成数	$\mu_p=\sqrt{\frac{p(1-p)}{n}}$	
	不重复	平均数	$\mu_p=\sqrt{\frac{\sigma^2}{n}\left(1-\frac{n}{N}\right)}$	
		成数	$\mu_p=\sqrt{\frac{p(1-p)}{n}\left(1-\frac{n}{N}\right)}$	
类型抽样	重复	平均数	$\mu_{\bar{x}}=\sqrt{\frac{\overline{\sigma^2}}{n}}$	$\overline{\sigma^2}=\frac{\sum_{i=1}^{k}\sigma^2 N_i}{N}$ 在计算中比例抽样可用 $\overline{\sigma^2}=\frac{\sum_{i=1}^{k}\sigma^2 n_i}{N}$ 代替 $\overline{p(1-p)}=\frac{\sum p_i(1-p_i)N_i}{N}$ 在计算中比例抽样可用 $\overline{p(1-p)}=\frac{\sum p_i(1-p_i)n_i}{n}$ 代替
		成数	$\mu_p=\sqrt{\frac{\overline{p(1-p)}}{n}}$	
	不重复	平均数	$\mu_{\bar{x}}=\sqrt{\frac{\overline{\sigma^2}}{n}\left(1-\frac{n}{N}\right)}$	
		成数	$\mu_p=\sqrt{\frac{\overline{p(1-p)}}{n}\left(1-\frac{n}{N}\right)}$	
整群抽样	不重复	平均数	同简单随机抽样	
		成数	同类型抽样	
等距抽样	不重复	无关标志排队	同简单随机抽样	
		有关标志排队	同类型抽样	

项目综合能力训练题(七)

一、判断题

1. 重复抽样的抽样误差一定大于不重复抽样的抽样误差。　(　　)
2. 允许抽样误差可以和抽样误差一样大，也可以比它大或比它小。　(　　)
3. 人们可以有意识地控制抽样误差的大小，因为可以调整总体方差。　(　　)

4. 等距抽样可以采用重复抽样方法，也可以采用不重复抽样方法。（　　）

二、单项选择题

1. 在其他条件不变的情况下，重复抽样的误差（　　）。

A. 一定大于不重复的抽样误差　　B. 不一定大于不重复的抽样误差

C. 一定小于不重复的抽样误差　　D. 一定等于不重复的抽样误差

2. 在其他条件相同的情况下，若重复抽样的极限抽样误差变为原来 2 倍，则样本单位数是（　　）。

A. 原来的 2 倍　　B. 原来的 4 倍

C. 原来的$\frac{1}{2}$　　D. 原来的$\frac{1}{4}$

3. 抽样平均误差反映了样本指标与总体指标之间的（　　）。

A. 实际误差　　B. 实际误差的绝对数

C. 平均误差　　D. 可能误差范围

4. 反映抽样指标与总体指标之间抽样误差的可能范围指标是（　　）。

A. 抽样平均误差　　B. 抽样极限误差

C. 抽样误差　　D. 概率度

5. 按地理区域划片所进行的区域抽样，其抽样方法属于（　　）。

A. 简单随机抽样　　B. 分层抽样

C. 整群抽样　　D. 等距抽样

6. 事前将全及总体单位按某一标志分组，然后依固定间隔或一定比例来抽取样本单位的抽样组织形式，被称为（　　）。

A. 分层抽样　　B. 等距抽样

C. 简单随机抽样　　D. 整群抽样

7. 在抽样调查中（　　）。

A. 既有登记误差，也有代表性误差　　B. 只有登记误差，没有代表性误差

C. 没有登记误差，只有代表性误差　　D. 既没有登记误差，也没有代表性误差

三、简答题

1. 什么叫抽样调查？它有哪些特点和重要作用？
2. 在抽取样本单位时，应遵循什么原则？为什么？
3. 什么叫全及总体与全及指标？什么叫抽样总体与抽样指标？它们有什么区别？
4. 什么叫抽样平均误差？判别影响抽样平均误差的因素有哪些？
5. 什么叫抽样极限误差？它与概率度、抽样平均误差存在什么关系式？
6. 什么叫分层(类型)抽样、整群抽样？它们各自的抽样误差如何计算？

四、综合能力训练题

1. 某厂质检部门对50 000个零件进行检查，随机抽查 225 个零件，发现其中有 18 个不合格。

（1）若按概率 68.27%保证，推断该批零件的废品率。

（2）若按概率 95.45%保证，该批零件的废品率是多大？

2. 某厂对一批日光灯管作使用寿命抽样测试，抽取 100 只日光灯管，其平均使用寿命为 2 000h，标志差（σ）为 46h。

（1）按 68.27%的概率推断该批日光灯管的平均使用寿命范围。

（2）设极限抽样误差范围为 5.75h，现要求极限抽样误差范围缩小到原来的$\frac{1}{2}$，概率仍为 68.27%，问应抽多少只日光灯管？

（3）若要使极限抽样误差范围缩小到$\frac{1}{3}$，概率为 99.73%，问应抽查多少只灯管？

（4）试述抽样单位数、极限抽样误差范围和概率三者之间的关系。

3. 对某种鞋子进行耐穿时间测试，经两次抽检，得知各自的标准差为 60 天和 75 天。

试问在抽样误差范围不超过 20 天，概率为 95%的条件下，至少应抽多少双鞋子？

4. 某产品某月末共有1 200件，按其质量差异分为 A，B，C 三类，现按库存比例抽取 60 件，测得有关数据如表 7—9 所示。

表 7—9　　抽样资料

产品类型	产品数量(件)	抽样使用小时	标准差(h)
A	600	600	20
B	360	460	25
C	240	400	36
	1 200	—	—

要求：用类型比例抽样法推断商品的平均使用小时的可能范围，并以 95.45%的概率保证。

5. 某市某镇从20 000户居民中取 200 户进行家计调查，在这20 000户居民中高收入为 3 200户，中等收入为6 800户，低收入为10 000户。设三类居民收入的标准差分别为 300 元、200 元、150 元。试用类型适宜抽样计算其抽样平均误差。

6. 某食品厂大量连续生产 5kg 袋装食品，一昼夜产量为57 600袋，平均每分钟生产 40 袋，现决定每隔 144min 抽取 1min 的食品产量进行包装质量检验，所得资料如表 7—10 所示。

表 7—10　　抽样资料

样本编号	1	2	3	4	5	6	7	8	9	10	合计
各群平均每袋重量(kg)	4.9	5.1	5.2	5.3	5.0	4.9	5.0	4.8	5.0	5.3	5.05
各群一级品包装质量比重(%)	80	75	83	82	80	79	78	80	81	82	80

要求：计算每袋食品平均重量的平均抽样误差和一级品率比重的抽样平均误差。

项目八

相关分析

【知识目标】

1. 了解相关分析和回归分析的内容和意义。
2. 掌握相关关系的判定方法。
3. 熟悉简单回归方程的计算方法。

【能力目标】

1. 能运用相关系数确定变量之间的相关关系和相关程度。
2. 能运用简单直线回归方程模型计算回归直线方程。

项目导入案例 用回归分析研究最高气温和冰红茶销售量的关系

——摘自《漫画统计学之回归分析》

任务一　相关分析的意义和内容

一、经济变量间的统计关系及其分类

(一)经济变量间的统计关系

经济变量间的统计关系分函数关系和相关关系两种。

(1)函数关系。函数关系是指现象之间在数量上存在固定的、严格的依存关系。表现为当一个自变量数值变动时,另一个因变量数值会发生相应的变动,如圆的半径 r 与圆的面积 S 之间的关系、银行存款本金与利息之间的关系等,都属于函数关系,用 $y=f(x)$表示。

(2)相关关系。相关关系是指现象之间存在着一种非确定性的数量依存关系,即一个现象发生数量变化时,另一个现象的数量也相应地发生变化,但其数量变化不是唯一确定的。

(3)函数关系与相关关系的区别与联系。二者既有区别又有联系。其区别表现在函数关系所反映现象之间的具体关系值固定,自变量与因变量在数量上一一对应;而相关关系所反映现象之间的具体关系值不固定,相关现象变动在数量上不是一一对应的,具有一定的随机性。二者的联系是:函数关系中的有些自变量与因变量由于测量或实验出现误差,其关系值也不能绝对固定,也会通过相关关系反映;相关关系分析也可用函数表达式来近似地反映现象之间数量上依存关系。当随机因素不存在时,相关关系就成了函数关系,函数关系是研究相关关系的必要工具。

(二)相关关系的分类

现象之间联系是复杂的,其相关关系可以表现为各种不同的类型和形式,从不同的角度分类。

1. 按相关关系所涉及变量的多少分为单相关和复相关

单相关也称一元相关,它是指只涉及两个变量之间的相关关系,如商品销售量与销售价格的关系。本章主要研究这种相关。

复相关又称多元相关,它是指涉及三个或三个以上多个变量之间的相关关系。如产品产量与生产设备、工人出勤率、工人技术水平等因素相关。

2. 按相关关系的表现形式不同分线性相关和非线性相关

如果相关的两个变量在平面直角坐标系中的分布近似地趋向于直线形式,尽管它不是严格的直线关系,亦可称为线性相关或直线相关。如施肥量在某一区间内增加,农作物的亩产量会随着增加。

如果两个相关变量的各个关系点,在平面直角坐标系中的分布近似地趋向于曲线形式,则称其为非线性相关。如人口的死亡率,婴幼儿时期死亡率高;随着年龄的增长,人的抵抗力增强,青壮年死亡率下降;再随着年龄不断增大,人体机能衰退,死亡率又上升。

3. 按相关方向不同分正相关关系和负相关关系

当一个变量数值增加(或减少),另一个变量的数值也相应地随着增加(或减少),即相关的两个变量其变化方向一致,则称其为正相关。如劳动生产率提高,产品产量也相应地增加;单位产品原材料消耗量下降,产品成本会随着减少。

如果一个变量数值增加(或减少),另一个变量的数值反而减少(或增加),即相关的两个变量其变动方向相反，则称其为负相关。如劳动生产率提高，产品的单位成本会随之下降。

4. 按变量之间的相关程度不同，可分为完全相关、不完全相关和完全不相关

变量之间有一种确定性的函数关系，称完全相关；如果变量之间存在相关关系，但不存在严格的函数关系，则称为不完全相关；当变量之间彼此独立，相互之间无任何联系，不存在相关关系，称为完全不相关。

二、相关分析的主要内容

相关分析是研究两个或两个以上变量之间相关程度的一种统计方法。其主要内容包括以下四个方面。

(1)确定现象之间是否存在相关关系及相关关系的表现形式。这是本章后面所要研究回归分析的前提。

(2)确定相关关系的数学表达式。为了测定相关变量间数量变化的一般关系，需要用函数关系的数学公式作为相关关系的数学表达式；若变量间变化表现趋向于直线相关，则要配合一个直线方程式；如果变量间变化趋向于某种曲线相关，就要配合与之相适应的曲线方程，从而作为判断推算和预测的依据。

(3)确定相关关系的密切程度，其主要方法是绘制散点图、相关表和计算相关系数。利用散点图或相关表粗略地判断变量之间是否相关及相关密切程度；进而计算相关系数，才能从数量上反映现象变量间的密切程度。

(4)相关关系的检验。因为变量间的相关系数大多是通过样本指标计算的，并以样本的相关系数来推断现象总体变量间的相关性，这样就产生了样本相关系数的绝对值大到何种程度才能断定总体变量间可能存在的相关性，则需要进行显著性检验。

三、回归分析的主要内容

回归分析是对具有相互联系的现象，按其相关关系的形态，选择一个合适的数学模型，即回归方程式，来近似地表达变量间平均变化关系，并进行统计推断与预测的一种方法。其主要内容包括：

(1)进行参数估计，根据样本观测值对回归数学模型的参数进行估计，求出具体的回归方程。

(2)进行统计显著性检验。对回归方程参数估计值进行显著性检验与校正，从而使回归方程和参数更加优良。

(3)进行预测控制，更好地根据回归方程对现象进行预测和控制，以达到回归分析的目的。

四、相关分析与回归分析的关系

相关分析与回归分析既有联系，又有区别。二者之间的联系为相关分析与回归分析相互补充，相关分析是回归分析的前提和基础，而回归分析是对相关分析的拓展和延续。

二者的区别表现在三个方面：

(1)相关分析是通过相关系数来判断变量间是否存在着相关关系，并判断其相关的密切程度，且前提条件是两个变量都是随机变量，而变量之间不必区分自变量与因变量；而回归分析是研究一个随机变量(因变量 y)与另一个非随机变量(自变量 x)之间的相互关系，且变量之

间必须区别自变量与因变量。

(2)相关系数只能观察变量间的相关关系的密切程度和方向,不能估计推算具体数值;而回归分析可以根据回归方程,用自变量数值推断因变量的估计值。

(3)互为因果关系的两个变量,可以拟合两个回归方程,且互相独立,但不能互相替换,而相关系数只有一个,且自变量与因变量可以互换,其相关系数不变。

任务二 相关关系的判断

在进行相关分析之前,首先要对变量之间是否存在一定的依存关系,以及存在什么样的依存关系做出判断。常见的判断方法主要有相关图、相关表和相关系数。相关图和相关表主要是初步判断现象之间是否存在相关关系,要准确地测定现象间相关关系的密切程度,还需要计算相关系数。

一、相关图和相关表

相关表和相关图是研究相关关系的直观工具,一般在进行详细的定量分析之前,可以先利用相关图和相关表对现象之间是否存在相关关系和相关关系的方向、密切程度等作大致的判断。

相关表是一种反映变量之间相关关系的统计表。它是将某一变量按照取值的大小排列,然后再将对应的因变量也按照大小排列,即可得简单的相关表,从而初步看出两个变量的相关关系的形式和相关方向等。

例如,对某企业某产品 1～12 月产量和利润进行观察,以产量为自变量,以利润为因变量,编制成简单的相关表,如表 8—1 所示。

表 8—1 某企业某年 1～12 月钢铁产量和利润相关表

月份	1月	2月	3月	4月	5月	6月	7月	8月	9月	10月	11月	12月	合计
产量 x(万吨)	12	10	14	16	16	20	19	22	23	26	26	29	212
利润 y(万元)	9.0	8.5	11.5	14.2	14.0	16.4	16.2	18.1	18.3	21.5	21.3	24.0	193

从表 8—1 可以直观地看出,随着产量的增加,利润有增长的趋势。尽管在产量相同的情况下,利润存在差异,但总体上表现出产量与利润之间存在着相关关系。

相关图是利用平面直角坐标的第一象限,将相关表上的各个对应关系的变量值在坐标图上标出来(相关点),用相关点的分布状况来反映相关关系的图形即为相关图,或称散点图。

其绘制方法:一般将自变量 x 置于坐标轴横轴,因变量 y 置于纵轴上,这样每一对相对应的数值 x,y 在纵横两个坐标轴的交点就是相关点,所有相关点绘在图上就形成了相关图。

下面是根据表 8—1 绘制的相关图,更加直观地反映了变量间的相关关系和相关方向。

二、相关系数

在各种相关中,单相关是基本的相关关系,它是复相关的基础。单相关有线性相关和非线性相关两种表现形式,测定线性相关系数是测定其他相关系数方法的基础。本书只研究线性

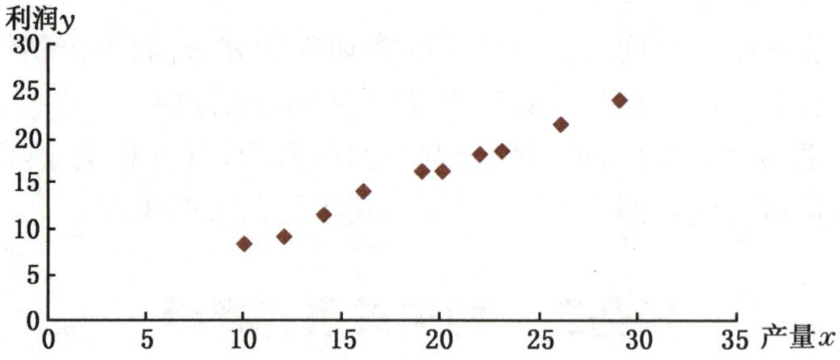

图 8—1　某企业某年的钢铁产量和利润相关图

单相关系数，以下所称相关系数，均指线性单相关系数。

(一)相关系数的概念

相关系数是指在线性相关条件下，说明两个现象之间相关关系密切程度的统计分析指标，通常用 r 表示。

相关系数比相关图更能概括地表明现象之间相关的形式和程度，根据相关系数的大小或把不同组相关系数加以比较，对判断变量之间相关关系的密切程度有重要作用。

相关系数对现象关系的判断，利用相关系数数值大小判断现象之间相关关系的紧密程度。

$|r|\leqslant 1$，即相关系数介于－1 到＋1 之间的实数。

当 $|r|=1$，则变量 x 与 y 完全线性相关，即 x 与 y 之间存在确定的函数关系。

当 $0\leqslant|r|\leqslant 1$，表明变量 x 与 y 之间存在着线性相关关系。

当 $r>0$，表明变量 x 与 y 正相关；$r<0$ 表明 x 与 y 负相关；$r=0$ 则表明现象间无线性相关。

当 $|t|>0.8$，表明现象之间高度相关。

当 $|r|$ 在 0.5～0.8 之间，表明现象间显著相关。

当 $|r|$ 在 0.3～0.5 之间，表明现象间低度相关。

当 $|r|<0.3$，表明现象间微弱相关。

(二)相关系数的计算

相关系数的计算方法有多种，此处只研究最简单的积差法，并由此导出简捷公式。

1. 积差法计算相关系数

用积差法的基本公式，并以表 8－2 某服装企业服装产量与利润的资料说明相关系数的计算。

表 8—2　　某服装企业 2014 年 1～12 月服装产量与利润相关系数计算表

月份	产量（万件）x	利润（万元）y	$x-\bar{x}$	$y-\bar{y}$	$(x-\bar{x})^2$	$(y-\bar{y})^2$	$(x-\bar{x})(y-\bar{y})$
1	12	9	−7.5	−7.08	56.25	50.13	53.10
2	10	8.5	−9.5	−7.57	90.25	57.46	72.01
3	14	11.5	−5.5	−4.58	30.25	20.98	25.19

续表

月份	产量（万件）x	利润（万元）y	$x-\bar{x}$	$y-\bar{y}$	$(x-\bar{x})^2$	$(y-\bar{y})^2$	$(x-\bar{x})(y-\bar{y})$
4	16	14.2	−3.5	−1.88	12.25	3.53	6.58
5	16	14.0	−3.5	−2.08	12.25	4.33	7.28
6	20	16.4	0.5	0.32	0.25	0.10	0.16
7	19	16.2	−0.5	0.12	0.25	0.01	−0.06
8	22	18.1	2.5	2.02	6.25	4.08	5.05
9	23	18.3	3.5	2.22	12.25	4.93	7.77
10	26	21.5	6.5	5.42	42.25	29.38	35.23
11	26	21.3	6.5	5.22	42.25	27.25	33.93
12	30	24.0	10.5	7.92	110.25	62.73	83.16
合计	234	193	—	—	415	264.91	329.40

$$\bar{x}=\frac{\sum x}{n}=\frac{234}{12}=19.5,\bar{y}=\frac{\sum y}{n}=\frac{193}{12}=16.08$$

$$r=\frac{\sigma_{xy}^2}{\sigma_x\sigma_y}=\frac{\sum(x-\bar{x})\cdot(y-\bar{y})/n}{\sqrt{\frac{\sum(x-\bar{x})^2}{n}}\sqrt{\frac{\sum(y-\bar{y})^2}{n}}}=\frac{\sum(x-\bar{x})\cdot(y-\bar{y})}{\sqrt{\sum(x-\bar{x})^2}\sqrt{\sum(y-\bar{y})^2}}$$

$$=\frac{329.4}{\sqrt{415}\cdot\sqrt{264.91}}=\frac{329.4}{331.57}=0.99$$

计算结果表明某服装企业服装产量与利润之间存在高度正相关关系。

2. 简捷法计算相关系数

运用积差法基本公式计算相关系数，需要计算产量(x)和利润(y)两个数列的平均数和标准差，计算繁琐，更多场合用简捷法计算，其公式为：

$$r=\frac{n\sum xy-\sum x\cdot\sum y}{\sqrt{n\sum x^2-(\sum x)^2}\cdot\sqrt{n\sum y^2-(\sum y)^2}}$$

$$=\frac{12\times 40.929-234\times 193}{\sqrt{12\times 4\ 978-234}\times\sqrt{12\times 3\ 368.98\times 1\ 932}}=0.99$$

其结果与用积差法计算的相关系数一致，表明该服装企业服装产量与利润之间存在高度正相关关系。

(三)相关系数检验

如前所述，相关系数是根据样本指标计算得来的统计量，还不能肯定两个全及总体也存在线性相关。因为相关系数表达变量 x 与 y 之间相关密切程度与样本单位数 n 有关，当 n 较小时，相关系数的绝对值容易接近于 1。有时两个不相关的变量，其相关系数可能很大，形成高度相关，统计上称为虚假相关，因此，要由样本相关系数判断总体也存在同样相关关系，需要对相关系数进行检验，以正确判断现象之间的相关关系。

给出显著性水平 α 值(通常 $\alpha=0.01$ 或 0.05),从相关系数临界表中查出临界值,得出检验统计量 $\gamma_{\alpha(1,n-2)}$,n 为自变量或估计参数的个数,若 $|\gamma|\geqslant\gamma_{\alpha(1,n-2)}$,则认为变量 x 与 y 之间的线性相关关系显著,检验通过;如 $|\gamma|\leqslant\gamma_{\alpha(1,n-2)}$ 可认为变量 x 与 y 之间的线性相关关系不显著,检验不通过。

如用表 8－1 资料计算的相关系数 $\gamma=0.99$,当显著水平 $\alpha=0.05$ 时,自由度 $=n-2=12-2=10$,查相关系数临界表得其临界值 $\gamma_{\alpha(1,10)}=0.58$,则 $\gamma=0.99>\gamma_{\alpha(1,10)}=0.58$,检验通过,说明某企业生产的某产品产量与利润之间呈强正相关关系。

任务三　简单线性回归分析

回归分析是通过应用数学方法,将两个或两个以上变量之间的数量关系加以模型化,建立起回归方程式,据此进行估计推算的一种统计分析方法。

回归分析,分直线回归分析和曲线回归分析,直线回归分析又分为简单回归分析和多元回归分析,本书中只介绍简单回归分析。

一、简单直线回归分析的概念

简单直线回归分析是对两个变量之间的变化关系,建立直线回归方程式的方法。其目的是表明两个变量之间的平均变化关系,并根据其变化关系,利用自变量的数值对因变量的数值进行估计、推算。

简单线性回归分析具有以下几个特点:

(1)回归分析中的两个变量之间的关系不是对等关系。因此,必须根据研究目的确定哪个是自变量,哪个是因变量。

(2)回归系数反映变量值之间具体的变动关系,不是抽象系数,它有正、负符号,正回归系数表示上升直线,说明两个变量之间变动方向相同;负回归系数表示下降直线,说明两个变量之间呈反方向变动。

(3)在 x 与 y 两个变量之间,可由 x 对 y 回归,也可由 y 对 x 回归,建立两个回归方程,计算出两个回归系数。

(4)回归分析中的两个变量,因变量是随机的,而自变量是给定的数值,是可以控制的量,回归方程即为根据给出的自变量来估计或推算因变量值。

二、简单直线回归方程模型

当两个现象变量之间表现为一种近似的直线关系,可拟合一条直线,来代表两个变量之间的一般数量关系,将原来不严格的相关关系,转换成规则的函数关系形式表达,这条直线称为回归直线,其数学表达式即为简单直线回归方程。基本形式为:

$$\hat{y}=a+bx$$

式中,$\hat{y}$——因变量 y 的估计值;

x——给定的自变量值;

a,b——简单直线回归方程中的两个待定参数。

a 为直线的截距,当处在正回归状态时,它为起点值,在负回归情况下为终点值;b 是直线的斜率，称为回归系数，表示自变量 x 变动一个单位时，因变量 y 平均增减的数值。

三、拟合简单回归直线方程的方法

拟合回归直线的目的是要寻求一条最能代表两个变量互相关系的直线，即要求这条直线上的所有点应与两个变量的各个相关点距离最近。利用最小平方法，通过数学方法，拟合一条较理想的趋势线。因此，要拟合一条最近直线必须满足两个条件：

(1)各个因变量的实际值 y 与其估计值 $\hat{y}$ 的离差之和要等于零，即$\sum(y-\hat{y})=0$。

(2)各个因变量的实际值 y 与其估计值 $\hat{y}$ 的离差平方之和为最小值，即将$\sum(y-\hat{y})^2=$最小值。将 $\hat{y}=a+bx$ 代入$\sum(y-\hat{y})^2=$最小值，得$\sum(y-a-bx)^2=$最小值。

设 Q 为最小值，对 a，b 分别求偏导数，并令其等于零，即

$$\frac{\partial Q}{\partial a}=-2\sum(y-a-bx)=0$$

$$\frac{\partial Q}{\partial b}=-2\sum(y-a-bx)x=0$$

整理后得两个标准方程：

$$\sum y=na+b\sum x$$

$$\sum xy=a\sum x+b\sum x$$

对两个等式联立方程求解，并以表 8—3 资料进行计算，求得 a，b 值。

$$b=\frac{n\sum xy-\sum x\sum y}{n\sum x^2-(\sum x)^2}=\frac{12\times 4\ 092.9-234\times 193}{12\times 4\ 978-234^2}=0.793\ 7$$

$$a=\frac{\sum y-b\sum x}{n}=\frac{193-0.793\ 7\times 234}{12}=0.606\ 2$$

表 8—3　　某服装企业 2014 年 1～12 月服装产量与利润回归方程参数计算表

月份	产量（万件）x	利润（万元）y	xy	x^2	y^2	$\hat{y}$	$(y-\hat{y})^2$
（甲）	(1)	(2)	(3)	(4)	(5)	(6)	(7)
1	12	9.0	108	144	81	10.16	1.346
2	10	8.5	85	100	72.25	8.58	0.006
3	14	11.5	161	196	132.25	11.74	0.058
4	16	14.2	227.2	256	201.64	13.32	0.774
5	16	14.0	224	256	196	13.32	0.462
6	20	16.4	328	400	268.96	16.48	0.006
7	19	16.2	307.8	361	262.44	15.69	0.260
8	22	18.1	398.2	484	327.61	18.06	0.002
9	23	18.3	420.9	529	334.89	18.85	0.303
10	26	21.5	55.9	676	462.25	21.22	0.078

续表

月份	产量（万件）x	利润（万元）y	xy	x^2	y^2	$\hat{y}$	$(y-\hat{y})^2$
11	26	21.3	553.8	676	453.69	21.22	0.006
12	30	24	720	900	576	24.38	0.144
合计	234	193	4 092.9	4 978	3 368.98	193.02	3.445

将 a，b 代入直线回归方程，得：

$\hat{y}=a+bx=0.606\,2+0.793\,7x$

这个方程的经济意义是：$a=0.606\,2$ 万元是利润的起点值，即企业每月生产 1 万件产品的基本利润水平为 0.606 2 万元；$b=0.793\,7$ 万元，说明企业每月产量每增加 1 万件，利润相应地平均增加 0.793 7 万元。

利用这个方程，将每月实际产量 x 代入回归方程 $\hat{y}=0.606\,2+0.793\,7x$，即可估计（预测）任意月份的利润值。如估计 8 月份的利润 $\hat{y}_8=0.606\,2+0.793\,7\times 22=18.06$ 万元（见表 8－3 第（6）栏）。

四、估计标准误差

根据回归直线方程，由自变量 x 值估计因变量 $\hat{y}$ 值，是假定没有 x 以外其他因素的影响，并把两个现象的变量 x 与 y 之间假定成一种函数关系。实际上 x 与 y 之间只是存在一定的相关关系，并不存在函数关系，由此而建立的回归方程只反映了 x 与 y 之间大致平均变化关系，这样估计的 $\hat{y}$ 值实际上是一个平均值，它和因变量的实际值之间必然会存在一定误差，这种误差称为估计误差。其数值大小，反映了利用回归直线方程估计的准确程度，若两者差异很大，表明回归直线代表性小，估计值的准确程度低，若两者差异很小，则估计值的准确程度高。

为了衡量回归估计的效果，要计算标准误差。估计标准误差是因变量的实际值与估计值之间离差平方之和的平均数的平方根。用其反映估计值准确程度的计算公式为：

$$S_y=\sqrt{\frac{\sum(y-\hat{y})^2}{n-2}}$$

式中，S_y——估计标准误差；

y——因变量实际观察值；

$\hat{y}$——与 y 相对应的理论估计值；

n——拟合回归直线的观察数据点数。

$n-2$ 是对观察数据统计处理后求得 a，b 两个参数，再据此建立回归直线方程时，已失了两个自由度。所以，n 要减去 2。

从表 8－5 中资料代入公式：

$$S_y=\sqrt{\frac{\sum(y-\hat{y})^2}{n-2}}=\sqrt{\frac{3.445}{12-2}}=\sqrt{0.344\,5}=0.59$$

标准误差也可以用下面的公式计算，以表 8－5 资料代入：

$$S_y=\sqrt{\frac{\sum y^2-a\sum y-b\sum xy}{n-2}}$$

$$=\sqrt{\frac{3\ 368.98-0.606\ 2\times193-0.793\ 7\times4\ 092.6}{12-2}}=\sqrt{\frac{3.45}{10}}=0.59$$

两个公式计算的结果一致。

从上述计算结果可知，前面计算的某企业生产服装产量 x 与利润 y 之间高度正相关（$\gamma=0.99$），利润的实际值 y 与估计值 $\hat{y}$ 的误差很小，仅 0.59%，表明其回归直线方程 $\hat{y}=0.606\ 2+0.793\ 7x$ 能较好地代表该厂服装产量与利润的相关关系，利用此方程估计的利润其结果也很准确。

项目综合能力训练题（八）

一、判断题

1. 当相关系数 $\gamma=0$，说明 y 与 x 之间存在任何直线或曲线的变化关系。（　　）
2. 相关关系是现象之间存在数量上严格而确定的依存关系。（　　）
3. 在直线回归方程 $\bar{y}=a+bx$ 中，a 可以是任何正值或负值。（　　）

二、单项选择题

1. 下列现象中，圆的面积与半径、工人的工龄与工资、亩产量与施肥量、营业额与利润，属于相关关系的有（　　）。

A. 1 个　　B. 2 个　　C. 3 个　　D. 4 个

2. 相关关系是（　　）。

A. 现象之间客观存在的严格、确定的数量关系

B. 现象之间客观存在的不严格的数量关系

C. 现象之间完全不存在任何关系

D. 现象之间客观存在的函数关系

3. 按现象之间的变化方向不同，相关关系可分为（　　）。

A. 正相关和负相关　　B. 单相关和复相关

C. 直线相关和曲线相关　　D. 完全相关、不完全相关和不相关

4. 相关系数的取值范围是（　　）。

A. $-1\leqslant\gamma\leqslant+1$　　B. $0\leqslant\gamma\leqslant0$　　C. $-1\leqslant\gamma\leqslant0$

5. 在相关分析中，要求相关两个变量（　　）。

A. 都是随机变量　　B. 都不是随机变量

C. 只有因变量是随机变量　　D. 只有自变量是随机变量

6. 在直线回归方程 $\bar{y}=a+bx$ 中，b 表示（　　）。

A. 当 x 增加一个单位时，y 增加 a 的数量

B. 当 y 增加一个单位时，x 增加 b 的数量

C. 当 x 增加一个单位时，y 的平均增加量

D. 当 y 增加一个单位时，x 的平均增加量

三、简答题

1. 什么是相关关系和函数关系？二者之间的区别与联系有哪些？
2. 什么是直线相关分析和直线回归分析？二者之间有何区别？
3. 什么是相关系数和回归系数？写出各自的计算公式。

四、计算题

1. 某服装厂 2015 年 1～8 月份生产男式衬衫的产量与成本资料如表 8—4 所示。

表 8—4　　某服装厂 2015 年 1～8 月份生产男式衬衫的产量和成本资料表

月份	产量 x	每件成本(元) y
1	55	72
2	53	75
3	71	68
4	81	67
5	86	69
6	82	67
7	84	68
8	92	64
合计	604	549

要求：

(1)根据上述资料画出散点图，观察并说明产量与成本两个变量之间存在何种关系；

(2)计算相关关系，说明相关程度和方向；

(3)求出产量(x)对成本(y)的回归直线方程。

2. 某物流公司 2006～2015 年货运总量与工业增加值资料如表 8—5 所示。

表 8—5　　某物流公司 2006～2015 年货运总量与工业增加值资料表

年份	货运总量(亿吨) y	工业增加值(亿元) x
2006	2.8	25
2007	2.9	27
2008	3.2	29
2009	3.2	32
2010	3.4	34
2011	3.2	36
2012	3.3	35
2013	3.7	39
2014	3.9	42
2015	4.2	45
合计	32.8	344

要求：

(1)计算相关关系并求出回归方程；

(2)当工业增加值为 50 亿元时，估计货运总量为多少亿吨？并计算估计标准误差。

3. 某纱厂生产 21 支棉纱与用棉量资料如表 8－6 所示。

表 8－6　　　　某纱厂生产 21 支棉纱制成率与用棉量资料表

21 支棉纱用棉量 y(千克)	21 支棉纱制成率 x（%）
1.095	84.5
1.090	84.8
1.086	85.2
1.083	85.5
1.082	86.2
1.075	86.6
1.071	86.8
1.069	87.6
1.065	87.7
1.063	87.9
1.058	88.1
1.052	88.3
总计 12.889	1 039.2

要求：计算相关系数，求出回归方程，并作简要分析。

项目九

Excel 在统计学中的应用

【知识目标】

1. 了解 Excel 软件的功能。
2. 熟悉 Excel 软件的操作方法。

【能力目标】

1. 能运用 Excel 软件进行统计图表的绘制。
2. 能运用 Excel 软件进行描述统计分析。
3. 能运用 Excel 软件进行推断统计分析。

任务一　认识 Excel

与常用的统计分析软件 SPSS、SAS、TSP 等相比，Excel 作为办公软件应用更为广泛，而且通俗易懂。Excel 具有较强的数据库管理功能、丰富的函数和宏命令，以及决策支持工具，在通常的统计分析应用中完全可以胜任。

对 Excel 的操作和功能等在计算机应用基础中已有介绍，本书不作详细介绍。本书主要通过例子介绍如何运用 Excel 的函数进行计算以及利用常用的统计分析工具进行分析。

Excel 提供了常用的数学和统计函数，只要打开 Excel 表格，在“插入”菜单中选择函数，就会弹出如图 9－1 所示的对话框，选择所需的函数类型及函数，屏幕上会显示所选函数的功能，只要输入数据就能得到计算结果。

Excel 在“分析工具库”中提供了一组数据分析工具。在进行复杂的统计分析时，采用 Excel 现成的数据分析工具就会感到较为方便，而且节省时间。在进行数据分析时，只需为每个分析工具提供必要的数据和参数，该工具就会自动地选择适当的数学或统计函数，并在输出表格中显示相应的结果。有些工具在生成输出表格时还能同时输出图表。

在进行 Microsoft Office 的默认安装时，一般不会自动安装“分析工具库”。如果在“工具”

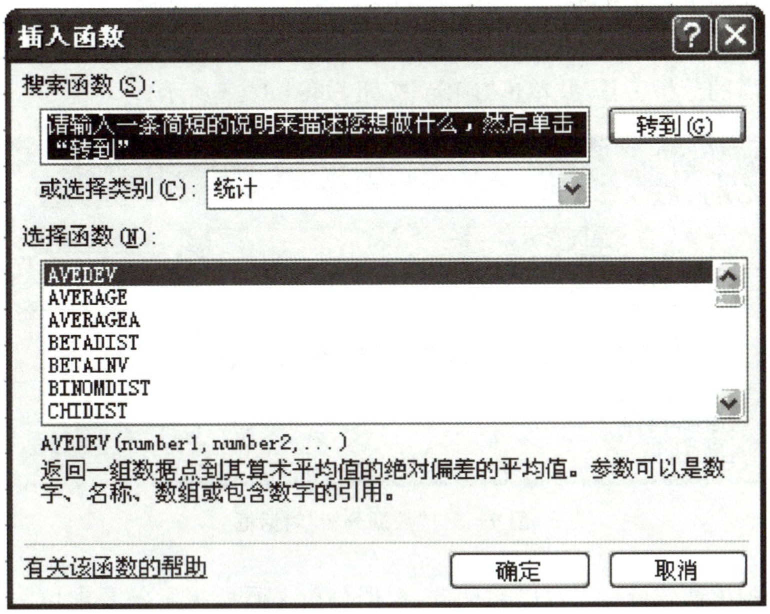

图 9—1　插入函数对话框

菜单中没有出现“数据分析”命令，则须通过“工具”菜单中的“加载宏”命令来加载“分析工具库”。

加载“分析工具库”的步骤如下：

(1)打开 Excel 文件；

(2)在“工具”菜单中选择“加载宏”命令，就会弹出如图 9—2 所示的对话框；

(3)选择“分析工具库”复选框，并单击“确定”按钮。

加载完毕后，在“工具”栏下会出现“数据分析”选项。此时就可以使用各个分析工具了。

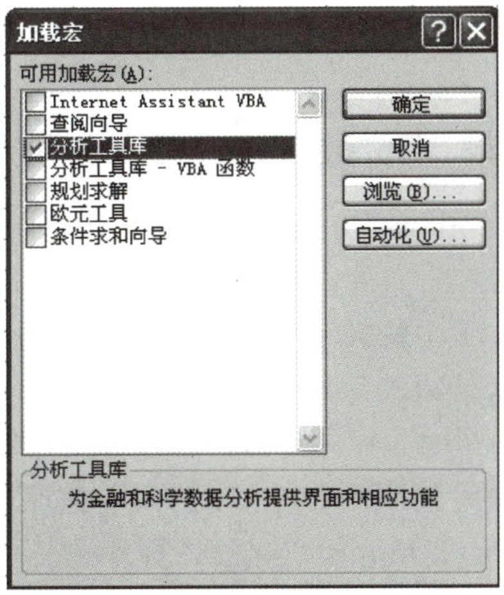

图 9—2　“可加载宏(A):”对话框

使用各个分析工具的操作步骤如下：

(1)打开相应的 Excel 文件；

(2)选择“工具”菜单中的“数据分析”命令，就会弹出“数据分析”对话框；

(3)选择所需的分析工具，并单击“确定”按钮，如图 9—3 所示；

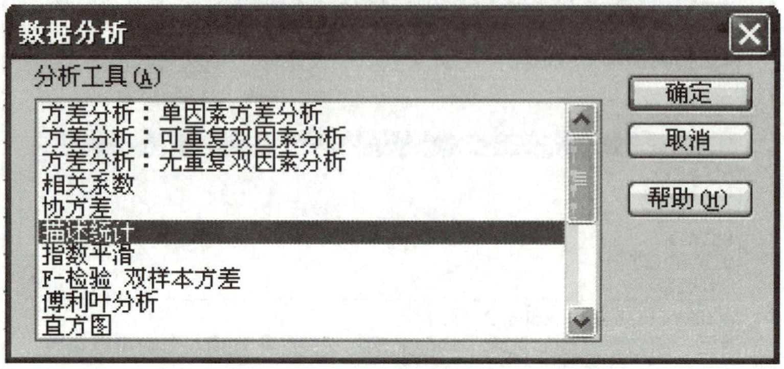

图 9—3 “数据分析”对话框

(4)此时会弹出所选分析工具的对话框，根据分析工具所提示的要求填写相应的信息，最后按“确定”按钮。

任务二 Excel 在描述统计中的应用

统计数据特征的全面刻画应包括三个方面，即数据集中趋势的刻画、数据离散趋势的刻画以及数据分布形状的刻画。本节通过一个例子，运用 Excel 来计算几个典型指标，配合适当的统计图形，来准确、直观、全面地反映数据的上述三个方面的特征。

[例 9—1] 某班 40 名同学的统计学课程考试成绩如下：

81 89 67 89 81 85 97 86 82 70 75 72 68 76 72 65

73 90 61 75 60 57 54 87 71 86 76 84 95 49 87 89

79 64 57 83 81 78 87 72

一、利用函数计算平均数、中位数、众数、标准差和方差

1. 利用函数 AVERAGE(number1，number2，…)计算指定数值或单元区域中所有数值的算术平均数。

打开表格，在单元格 A2：A41 中输入 40 个学生的成绩，在单元格 B2 中输入公式：“＝AVERAGE(A2：A41)”，按回车键，就得到平均成绩为 72.25 分。

2. 利用函数 MEDIAN(number1，number2，…)计算中位数。

在单元格 C2 中输入公式：“＝MEDIAN(A2：A41)”，按回车键，就得到中位数为 77 分。

3. 利用函数 MODE(number1，number2，…)计算众数。

在单元格 D2 中输入公式：“＝MODE(A2：A41)”，按回车键，就得到众数为 81 分。

4. 利用函数 STDEVP(number1，number2，…)计算总体标准差；利用函数 VARP(number1，number2，…)计算总体方差。

在单元格 E2 中输入公式：“＝STDEVP(A2：A41)”，按回车键，就得到标准差为

11.542 85，同样利用函数 VARP 可得到方差为133.237 5。

计算结果如图 9—4 所示。

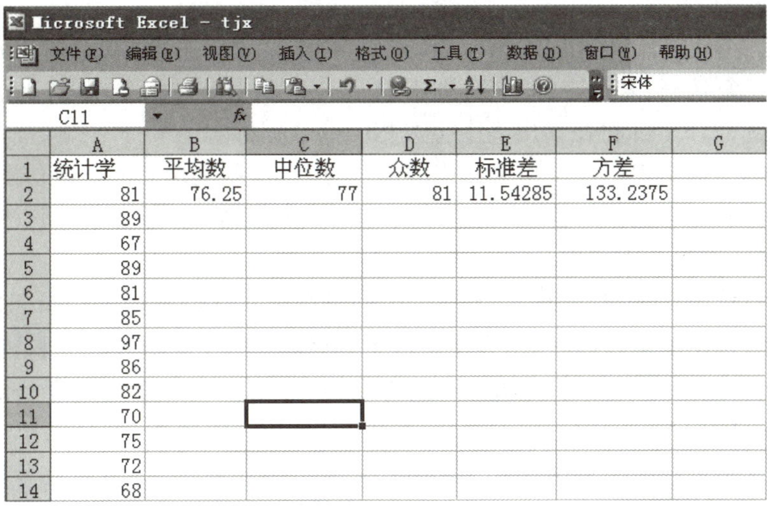

	A	B	C	D	E	F	G
1	统计学	平均数	中位数	众数	标准差	方差	
2	81	76.25	77	81	11.54285	133.2375	
3	89						
4	67						
5	89						
6	81						
7	85						
8	97						
9	86						
10	82						
11	70						
12	75						
13	72						
14	68						

图 9—4　利用函数计算的结果

二、利用“描述统计”工具进行统计分析

我们可以利用“描述统计”工具来计算平均数、中位数、众数、方差、标准差、极差、总体均值的置信区间等。

具体步骤如下：

1. 选择“工具”菜单中的“数据分析”子菜单；
2. 选择子菜单中的“描述统计”选项；
3. 弹出“描述统计”对话框，按图 9—5 选择各项选项。

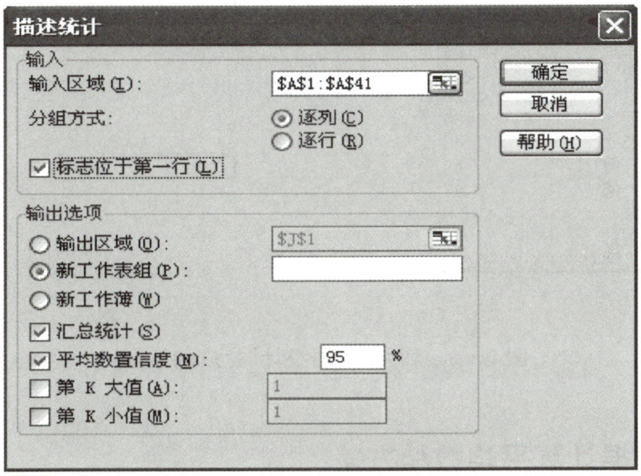

图 9—5　“描述统计”的对话框

将对话框中的各选项加以说明：

输入区域:输入数据区域的单元格范围,本例中包括了标志的单元格(A1)。

分组方式:指出数据区域中的数据是按“逐行”排列还是“逐列”排列,本例数据是按列排列,所以选“逐列”。

标志位于第一行:若输入区域的第一行(或列)中包含了标志项(变量名),则选择“标志位于第一行(或列)”复选框,若没有标志项,则不选。本例第一行为标志项(统计学),故选“标志位于第一行”复选框,Excel 将在输出表中生成相同的数据标志。

输出区域:填写输出表中左上角单元格的地址,用于控制输出表的存放位置。

新工作表组:若选中此项,则在当前工作簿中插入新工作表,并在新工作表的 A1 位置开始存放计算结果。本列选中此项。

新工作簿:若选中此项,则可建立一新工作簿,并在新工作簿的新工作表中存放计算结果。

汇总统计:若选中此项,则在输出表中生成下列统计结果:平均数(μ)、标准误差($\sigma/\sqrt{n}$)、中位数(Median)、众数(Mode)、标准差(σ)、方差(σ^2)、峰度(Kurtosis)、偏度(Skewness)、区域(Rang、极差)、最大值(Max)、最小值(Min)、求和(即总和)、观察数(即数据单位个数)及置信度(即一定显著水平下的总体均值的置信区间)。

平均数置信度:若需输出由样本均值推断总体均值的置信区间,则选中此框,并在右边的文本框中输入所要求的置信度。

第 K 大/小值:若需在输出表的某一行中包含每个区域数据的第 K 大/小值,则选中此框,并在右边编辑框中输入 K 的数值。

按“确定”按钮,得到结果如图 9—6 所示。

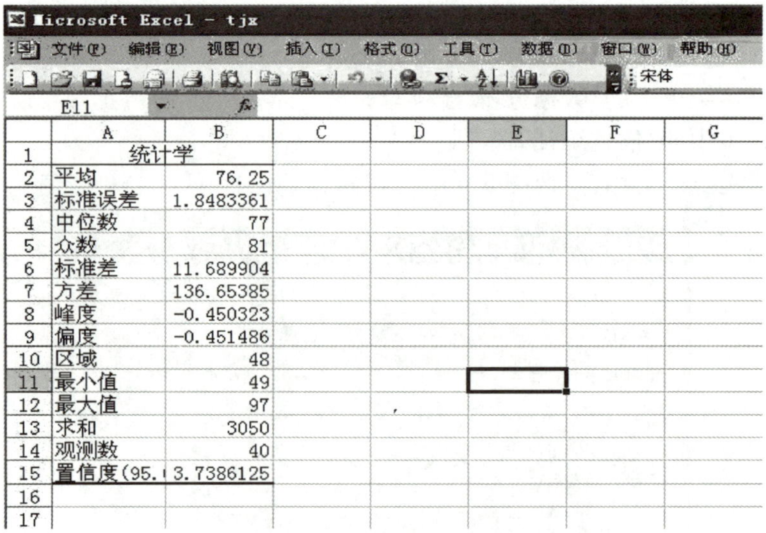

	A	B
1	统计学	
2	平均	76.25
3	标准误差	1.8483361
4	中位数	77
5	众数	81
6	标准差	11.689904
7	方差	136.65385
8	峰度	-0.450323
9	偏度	-0.451486
10	区域	48
11	最小值	49
12	最大值	97
13	求和	3050
14	观测数	40
15	置信度(95.	3.7386125

图 9—6 利用“描述统计”生成的结果

三、利用分组数据计算平均数和方差

[例 9—2] 某班 40 名学生统计学考试成绩的分组情况如表 9—1 所示。

表 9—1 **学生成绩分组情况**

成绩分组	学生数(频数)f
60 分以下	4
60～70 分	6
70～80 分	12
80～90 分	15
90 分以上	3
合计	40

计算步骤如下：

1. 将分组数据、学生数、组中值及计算的中间过程所需的指标、计算结果的指标的标题输入 Excel 表格中，如图 9—7 所示。

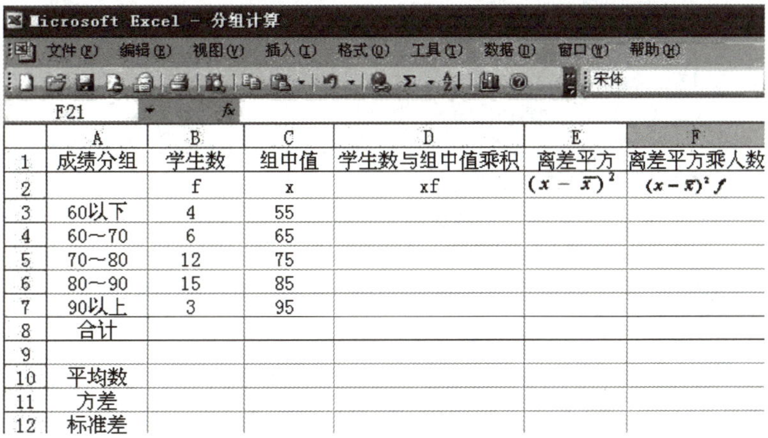

	A	B	C	D	E	F
1	成绩分组	学生数	组中值	学生数与组中值乘积	离差平方	离差平方乘人数
2		f	x	xf	$(x-\bar{x})^2$	$(x-\bar{x})^2 f$
3	60以下	4	55			
4	60～70	6	65			
5	70～80	12	75			
6	80～90	15	85			
7	90以上	3	95			
8	合计					
9						
10	平均数					
11	方差					
12	标准差					

图 9—7 将分组数据输入 Excel 表格中

2. 计算平均数。先求学生总数，在 B8 中输入公式“＝SUM(B3:B7)”，再求学生数与组中值的乘积，在 D3 中输入公式“＝B3＊C3”，按回车键后得到结果“220”。然后将公式复制到其余各组，用左键选定 D3，将光标移至 D3 的右下角，出现实心的黑十子形，按左键往下拖至 D7，就得到所有结果，求和后在 D8 得到合计数“3070”。最后在 B10 中输入公式“＝D8/B8”就得平均数“76.75”。

3. 计算方差和标准差。在 E3 中输入公式“＝(C3－76.75)^2”，及公式复制至 E7；再在 F3 中输入公式“＝B3＊E3”，复制至 F7，并求和。在 B11 中输入公式“＝F8/B8”，按回车键得到方差的值。然后在 B12 中输入平方根函数“＝SQRT(B11)”，就得到标准差。结果如图 9—8 所示。

四、频数分析和图形制作

1. 利用菜单“工具”—“数据分析”中的“直方图”选项进行频数分析和图形制作

仍以例 9—1 的数据为例，先把成绩和组限输入 A、B 列中，组限为各组的上限，如图 9—9

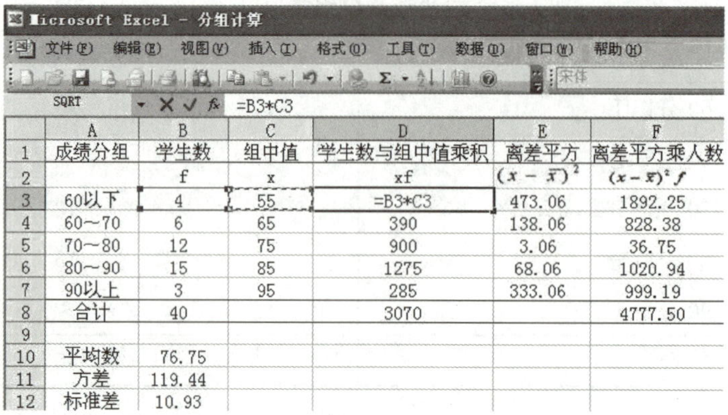

	A	B	C	D	E	F
1	成绩分组	学生数	组中值	学生数与组中值乘积	离差平方	离差平方乘人数
2		f	x	xf	$(x-\bar{x})^2$	$(x-\bar{x})^2 f$
3	60以下	4	55	=B3*C3	473.06	1892.25
4	60~70	6	65	390	138.06	828.38
5	70~80	12	75	900	3.06	36.75
6	80~90	15	85	1275	68.06	1020.94
7	90以上	3	95	285	333.06	999.19
8	合计	40		3070		4777.50
9						
10	平均数	76.75				
11	方差	119.44				
12	标准差	10.93				

图 9—8　求平均数、方差和标准差

所示。

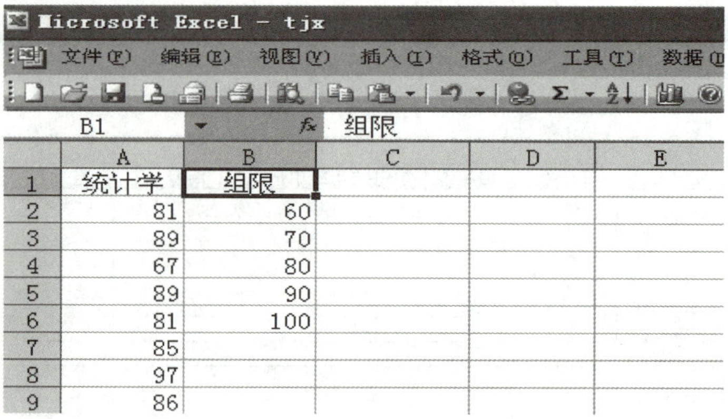

	A	B	C	D	E
1	统计学	组限			
2	81	60			
3	89	70			
4	67	80			
5	89	90			
6	81	100			
7	85				
8	97				
9	86				

图 9—9　将成绩和组限输入 Excel 表格中

具体操作如下：

(1)选择“工具”菜单中的“数据分析”子菜单，弹出如图 9—3 所示的对话框，再选择“直方图”选项，出现“直方图”对话框，如图 9—10 所示。

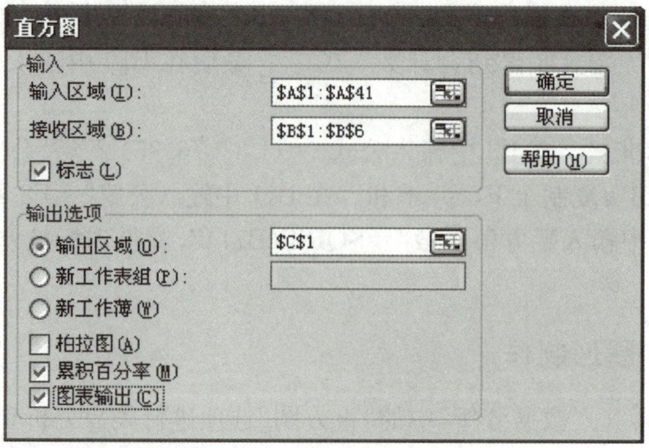

图 9—10　“直方图”对话框

(2)在对话框中输入相关数据。“输入区域”输入＄A＄1:＄A＄41;“接受区域”输入＄B＄1:＄B＄6;选中“标志”复选框;选中“输出区域”选择＄C＄1 为指定输出区域;再选中“累积百分率”和“图表输出”复选框。如图 9－10 所示。

(3)单击“确定”按钮,得到各组频数和累积频数及直方图,如图 9－11 所示。

C	D	E	F	G	H
组限	频率	累积 %			
60	5	12.50%			
70	6	27.50%			
80	11	55.00%			
90	16	95.00%			
100	2	100.00%			
其他	0	100.00%			

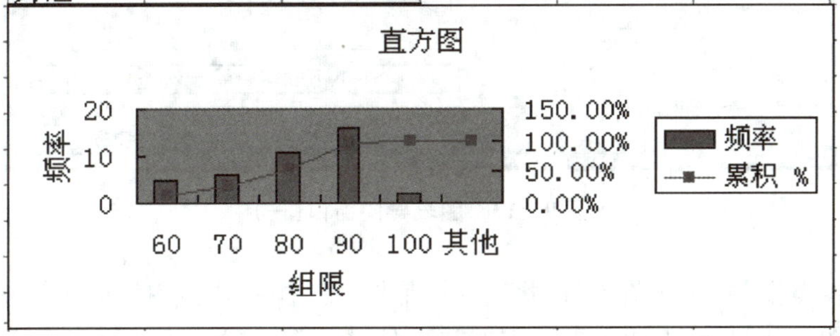

图 9－11　各组频数和累积频数及直方图

(4)对直方图进行修改。图 9－11 实际上是柱形图,直方图的柱体的距离应为 0。调整方法为:将鼠标指向柱体内,单击右键,弹出“数据系列格式”对话框,选择“选项”,在“分类间距”中将数值设置为“0”,然后按“确定”按钮。结果如图 9－12 所示。

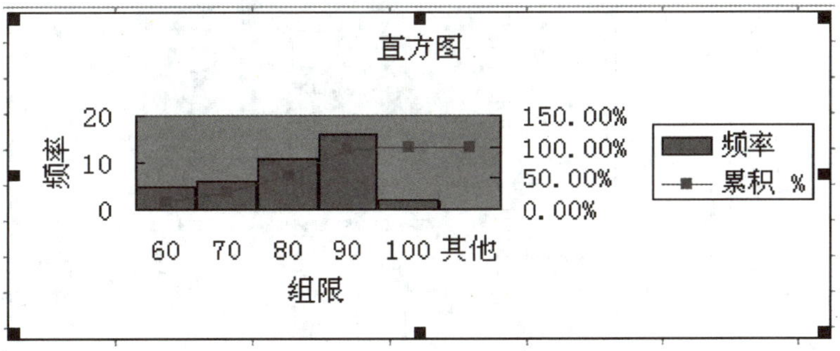

图 9－12　修改后的直方图

2. 利用“图表导向”命令制作直方图和饼图

以例 9－2 为例绘制直方图和饼图。基本步骤如下:

(1)选择“插入”菜单中的“图表”命令,出现“图表导向”窗口,如图 9－13 所示。

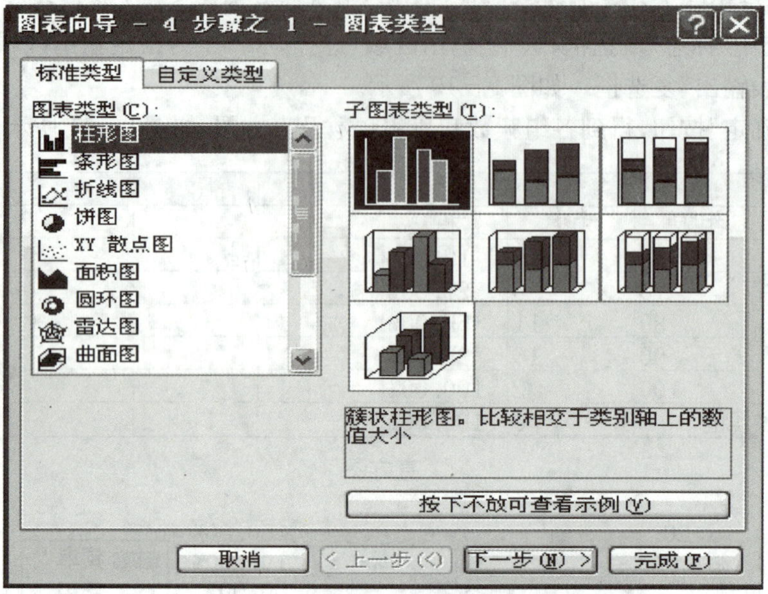

图 9—13　图表导向窗口(一)

(2)在“图表类型”中选择图形，在此选择柱形图，按“下一步＞”按钮，如图 9—13 所示。

(3)在出现的如图 9—14 所示窗口中的“数据区域”输入“＄A＄2：＄B＄6”，按“下一步＞”按钮。

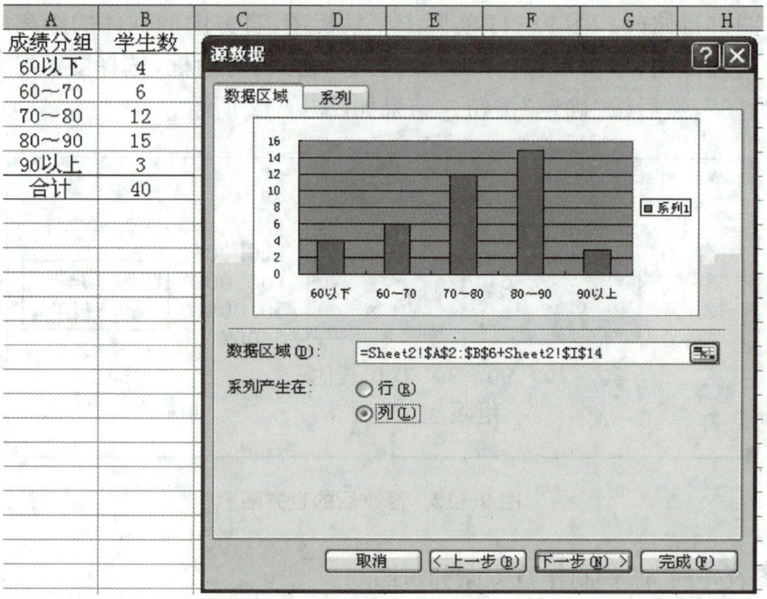

图 9—14　图表导向窗口(二)

(4)在出现的如图 9—15 所示窗口的相应位置输入各种标题，在此“图形标题”框中输入“学生数”，并按“下一步＞”按钮，如图 9—15 所示。

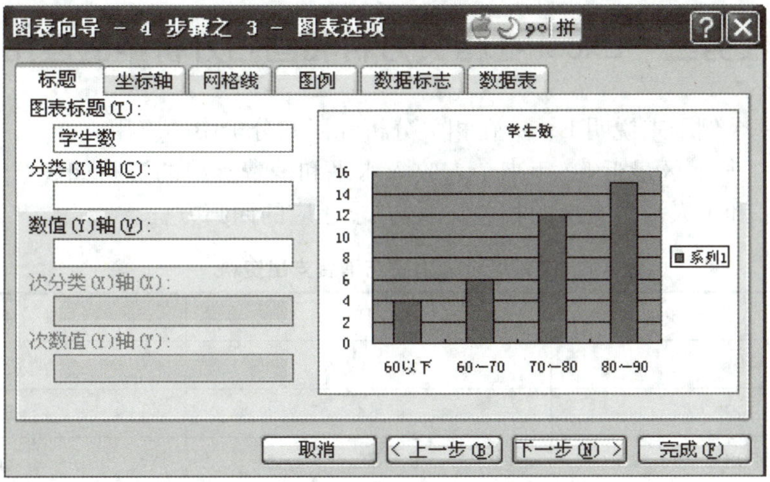

图 9—15　图表导向窗口(三)

(5)在出现的如图 9—16 所示窗口中,指定图形放置的区域,可放置在新工作表中,也可放置在当前活动工作表,并按"完成(F)"按钮,可得到相应直方图。

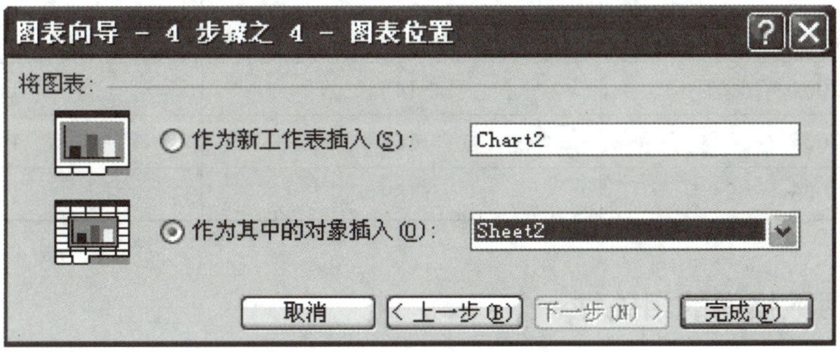

图 9—16　图表导向窗口(四)

除直方图外,饼图也是一种直观的显示数据分布特征的有效工具。饼图的绘制过程与直方图类似,不再重复。图 9—17 为表 9—1 对应的饼图。

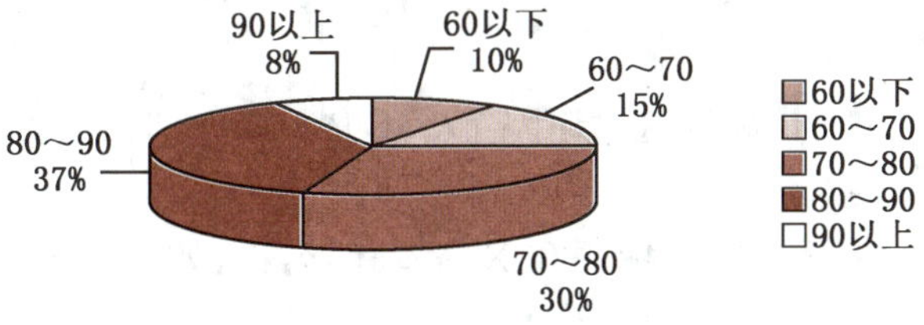

图 9—17　考试成绩分布情况的饼图

任务三 Excel 在相关分析和回归分析中的应用

下面通过一个例子来说明 Excel 在相关分析和回归分析中的应用。

［例 9—3］ 某地区最近 10 年来个人收入水平和消费支出的资料如表 9—2 所示。试分析个人收入水平和个人消费支出的相关关系，并求相应的回归方程。

表 9—2 某地区个人消费与消费支出资料 单位:亿元

A	B	C
年份	个人收入	消费支出
1997	64	55
1998	70	65
1999	77	66
2000	85	75
2001	92	77
2002	107	95
2003	125	105
2004	143	115
2005	165	140
2006	189	155

一、分析两数据间的相关性

(一)图形分析法:散点图

散点图是统计关系分析中最常用的图形工具，通过绘制散点图，并对其进行直观观察，可发现事物间统计关系的总体模式及它们间的强弱程度。绘制散点图的基本步骤如下：

(1)将上述资料中的个人收入水平和个人消费支出以列的形式输入到工作表中；

(2)选择“插入”菜单中的“图表”命令，在“图表类型”中选择“XY 散点图”，如图 9—18 所示，按“下一步＞”按钮。

(2)在出现的对话框中的“数据区域”中输入“＄B＄2:＄C＄11”，或用鼠标拖曳选定所需数据单元区域，如图 9—19 所示，按“下一步＞”按钮。

(3)在出现的对话框中输入图表标题和 X，Y 轴的名称，如图 9—20 所示，按“完成”按钮，结果如图 9—21 所示。

从散点图的图形可看出，该地区的个人收入与消费支出之间存在非常强的正线性关系。

(二)数值分析法:计算相关系数

1. 利用函数计算相关关系

Excel 提供函数 CORREL(array1，array2)和 PEARSON(array1，array2)来计算相关系数，其中 array1，array2 分别为两列数据所在的单元格地址。

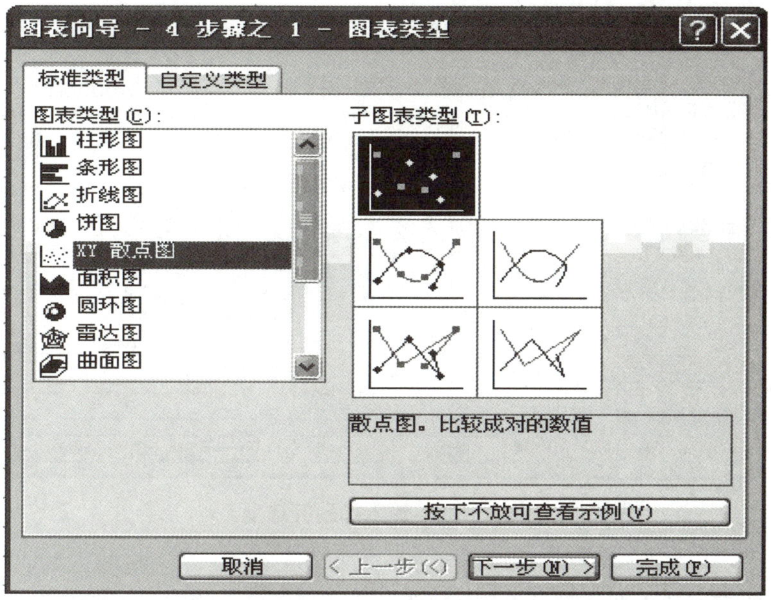

图 9—18　选择散点图

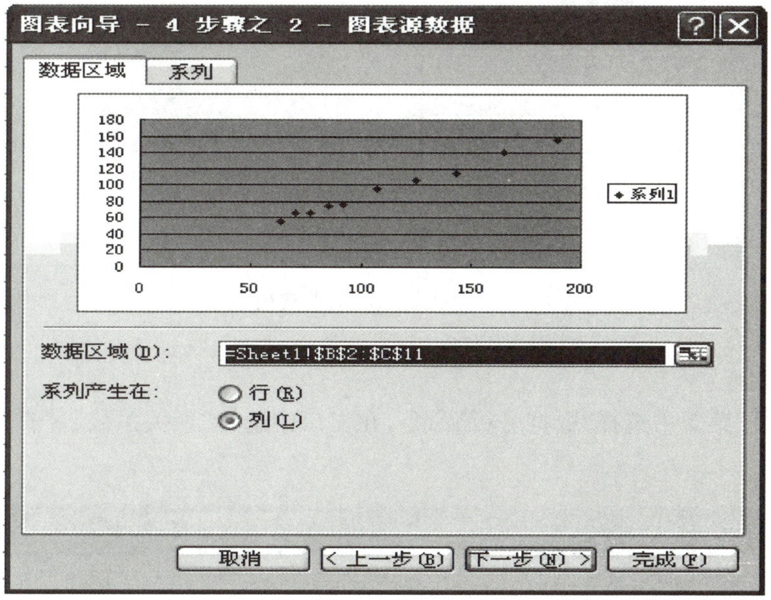

图 9—19　选定数据单元区域

本例中，只要在计算单元格中输入"＝CORREL(B2:B11,C2:C11)"其中 B2:B11,C2:C11 分别为个人收入和消费支出数据所在单元格的地址。计算结果相关系数为0.996 6，表明两者有非常强的正线性关系。也可在"插入"命令中选择"统计"函数，在"统计"函数选中"CORREL"函数，计算结果是相同的。

2. 利用"数据分析"命令计算相关系数

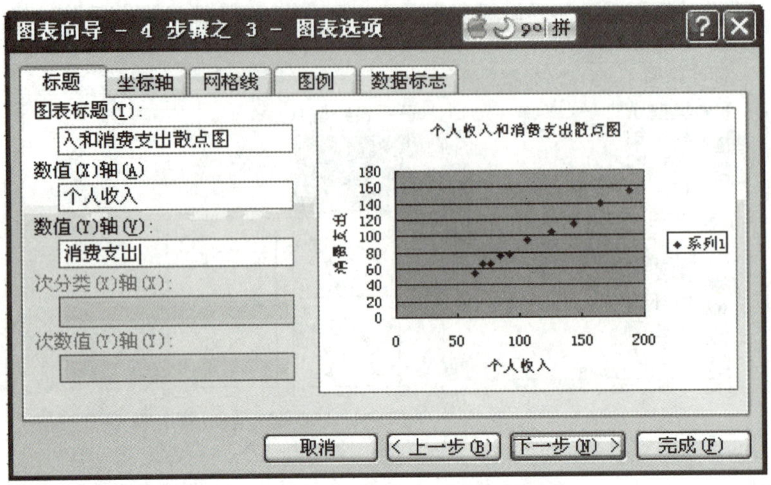

图 9—20　输入标题等选项

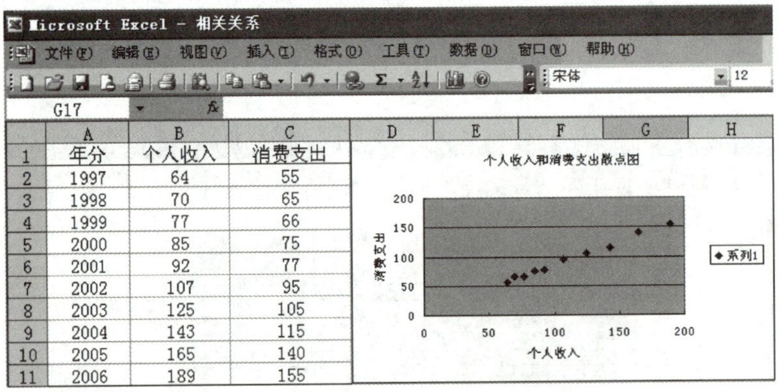

年分	个人收入	消费支出
1997	64	55
1998	70	65
1999	77	66
2000	85	75
2001	92	77
2002	107	95
2003	125	105
2004	143	115
2005	165	140
2006	189	155

图 9—21　个人输入和消费支出散点图

基本步骤如下：

(1)在“工具”菜单中选择“数据分析”命令，在窗口中选择“相关系数”，按“确定”按钮，如图9—22所示。

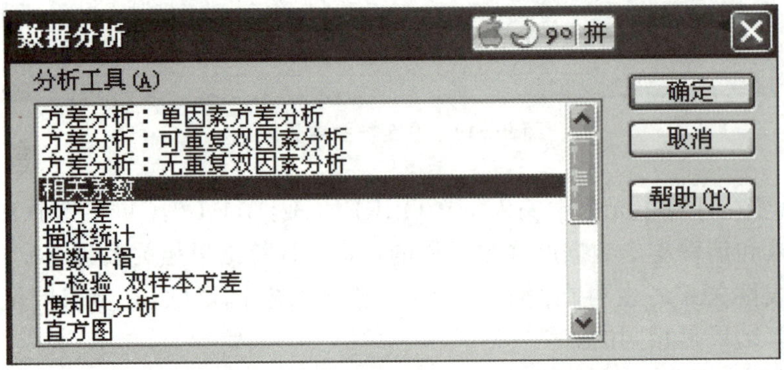

图 9—22　在数据分析中选择“相关系数”

(2)在出现的对话框中，在“输入区域”框中输入指定数据所在的单元格地址，确定输出区域后按“确定”按钮，计算结果如表 9—3 所示。

表 9—3　　相关系数矩阵

	列 1	列 2
列 1	1	1
列 2	0.996 604 22	0.999 684 978

二、线性回归分析

我们依据例 9—3 的数据建立一元线性回归方程。一元线性回归方程的形式为：$\hat{y}=\hat{a}+\hat{b}x$，其中 $\hat{a}$ 表示回归直线在纵轴上的截距，$\hat{b}$ 称为回归系数，是回归直线的斜率，表示自变量 x 变动一个单位所引起的因变量 y 的平均变动单位。

(一)利用函数建立回归方程

Excel 建立回归方程可利用函数 INTERCEPT(known_y′,s,known_x′,s)计算回归方程的截距，利用函数 SLOPE(known_y′,s,known_x′,s)计算回归方程的回归系数，其中 known_y′,s，known_x′,s 分别表示因变量 y 和自变量 x 数据所在的单元格区域。

对于例 9—3，建立个人收入与消费支出的线性回归方程，可在计算单元格中输入公式“=INTERCEPT(C2:C11,B2:B11)”，结果为6.822 2，它是回归方程的截距。

在计算单元格中输入公式“=SLOPE(C2:C11,B2:B11)，可得到回归系数为0.787 6，说明个人收入每增加一个单位(亿元)，消费支出平均增加0.787 6个单位(亿元)。结果如图 9—23所示。我们也可以利用“插入”菜单的函数命令，选择“统计”函数 INTERCEPT 和 SLOPE 进行计算。

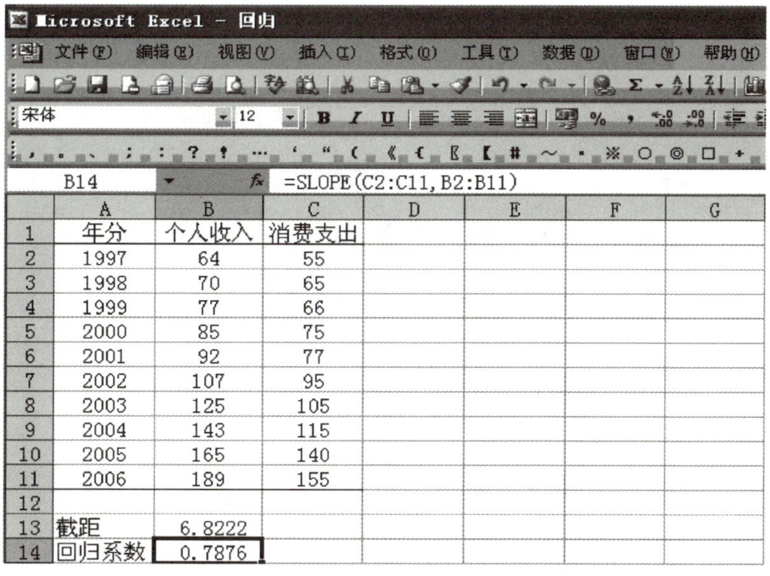

	A	B	C	D	E	F	G
1	年分	个人收入	消费支出				
2	1997	64	55				
3	1998	70	65				
4	1999	77	66				
5	2000	85	75				
6	2001	92	77				
7	2002	107	95				
8	2003	125	105				
9	2004	143	115				
10	2005	165	140				
11	2006	189	155				
12							
13	截距	6.8222					
14	回归系数	0.7876					

图 9—23　计算回归方程的截距和回归系数

于是所求一元线性回归方程为：$\hat{y}=6.8222+0.7876x$。

(二)利用 Excel 的分析工具建立回归方程

对于例 9－3，利用 Excel 进行回归分析，基本步骤如下：

(1)选择"工具"菜单中的"数据分析"子菜单，在"分析工具"中选中"回归"，如图 9－24 所示，按"确定"按钮。

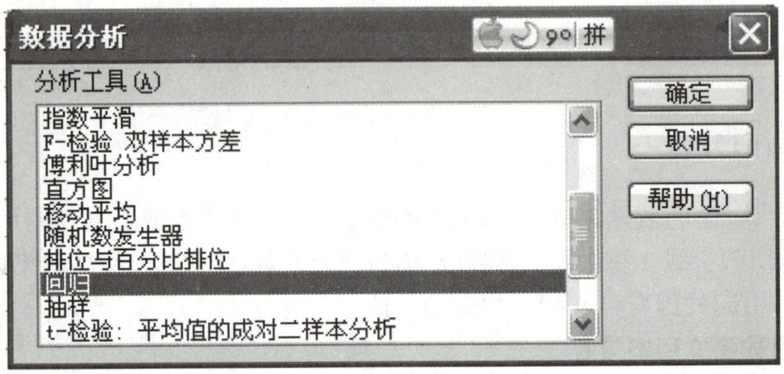

图 9－24 选择分析工具"回归"

(2)在出现的对话框中输入因变量和自变量数据所在单元格区域，本例中将标志单元格包括在内，选择"新工作表组"，将结果放在新工作表中，并绘制"线性拟合图"，如图 9－25 所示，按"确定"按钮，得到的分析结果如图 9－26 所示。

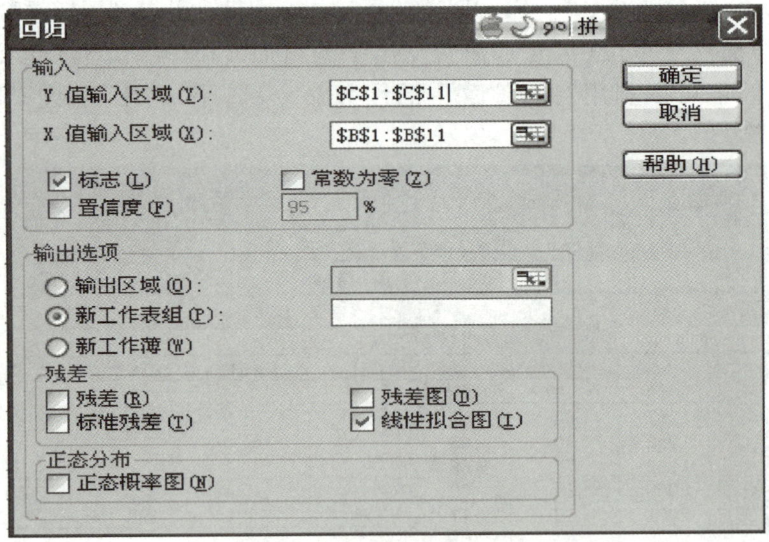

图 9－25 回归分析窗口

A4 单元中的"Multiple R"是自变量(个人收入)与因变量(消费支出)的相关系数 r，等于 0.996 6，非常接近于 1，表明它们之间有非常强的正线性相关性。

A5 单元中的"R Square"是判定系数 R^2，等于0.993 2，说明因变量(消费支出)的 99.32% 的变差可由自变量(个人收入)来解释，说明回归方程对样本点的拟合优度非常高。

A7 单元中的"标准误差"是回归方程的估计标准误差，等于2.938 7。

A8 单元中的“观察值”是样本数据的个数，等于 10。

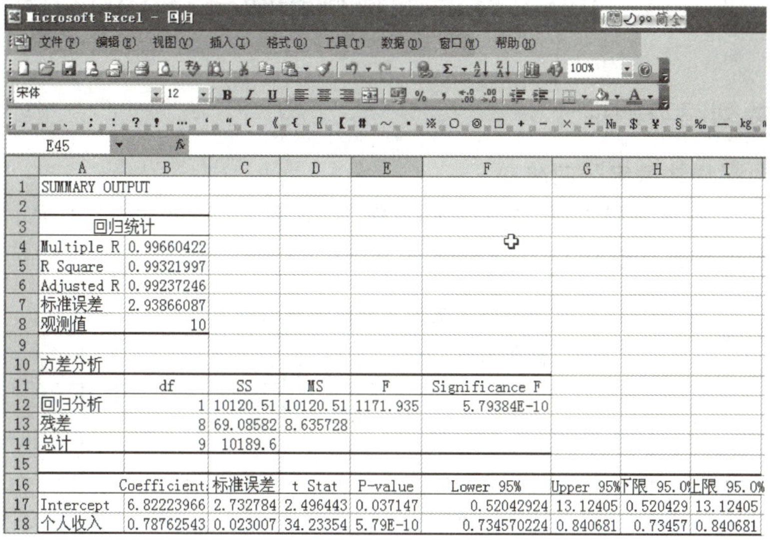

	A	B	C	D	E	F	G	H	I
1	SUMMARY OUTPUT								
2									
3	回归统计								
4	Multiple R	0.99660422							
5	R Square	0.99321997							
6	Adjusted R	0.99237246							
7	标准误差	2.93866087							
8	观测值	10							
9									
10	方差分析								
11		df	SS	MS	F	Significance F			
12	回归分析	1	10120.51	10120.51	1171.935	5.79384E-10			
13	残差	8	69.08582	8.635728					
14	总计	9	10189.6						
15									
16		Coefficient	标准误差	t Stat	P-value	Lower 95%	Upper 95%	下限 95.0	上限 95.0%
17	Intercept	6.82223966	2.732784	2.496443	0.037147	0.52042924	13.12405	0.520429	13.12405
18	个人收入	0.78762543	0.023007	34.23354	5.79E-10	0.734570224	0.840681	0.73457	0.840681

图 9—26　回归分析结果

C12 单元中的数据是回归平方和 SSR，C13 单元中的数据是剩余平方和 SSE，C14 单元中的数据是因变量的总变差平方和 SST，从中可看出：

$SST = SSR + SSE$

B17 单元中的数据是 $\hat{a}$ 的值，B18 单元中的数据是 $\hat{b}$ 的值，于是可写出回归方程：

$\hat{y} = 6.8222 + 0.7876x$

这与利用函数计算得到的结果是完全相同的。根据回归方程绘制的线性拟合图如图 9—27所示，从图中可看出回归直线对样本数据点的代表性是非常强的。

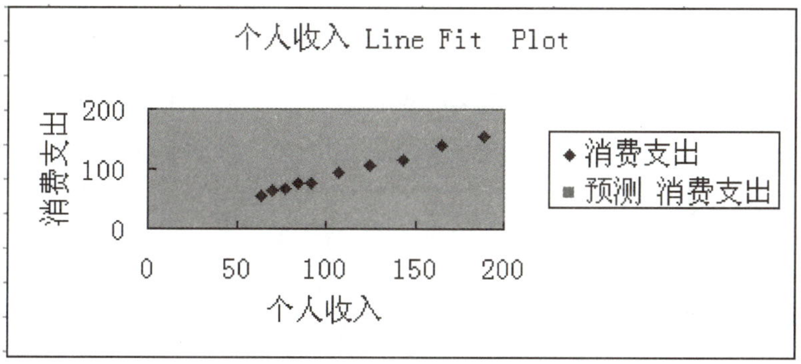

图 9—27　样本点时间和回归直线

任务四　Excel 在时间数列趋势分析中的应用

一、时间数列趋势外推分析

(一)用移动平均法测定长期趋势

［例 9—4］　某商店某种商品 12 个月的月销售量(台)资料如表 9—4 所示,用移动平均法来反映该时间数列的长期趋势。

表 9—4　　某商店某种商品销售量资料

月份	销售量	月份	销售量
1	35	7	42
2	32	8	40
3	33	9	43
4	34	10	44
5	38	11	46
6	36	12	48

具体操作方法如下:

(1)将月份和销售量输入表中 A、B 两列,选择“工具”菜单中的“数据分析”子菜单,从其对话框的分析工具中选定“移动平均”,按“确定”按钮,进入“移动平均”对话框,如图 9—28 所示。

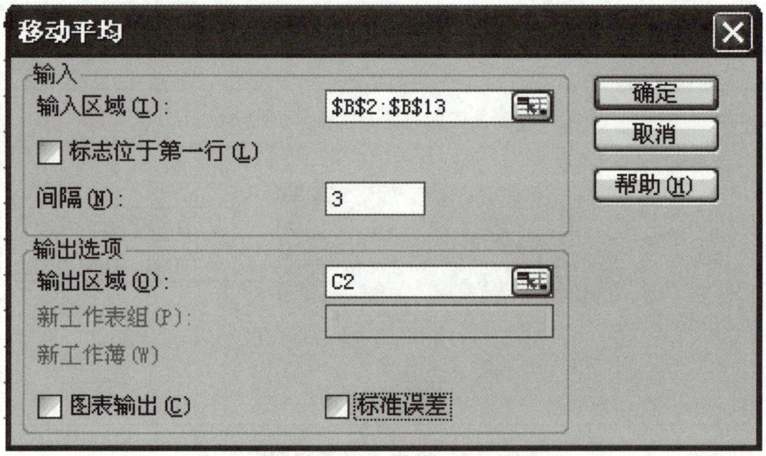

图 9—28　移动平均对话框

(2)在输入区域输入数据所在的单元格区域,本例为 B2:B13,如果所给地址包含标题行,则需选择“标志位于第一行”选项。

(3)在“间隔”框中输入移动平均的时间间隔,本例指定为 3,系统默认为 3,因此可以不输入,其他时间间隔必须输入。

(4)在“输出区域”框中指定生成的移动平均值的单元格地址，本例指定为 C2。

(5)如需要同时给出原始数据的标准差和移动平均统计图，则可选定“标准误差”和“图表输出”复选框。本例没选。

完成以上操作后，按“确定”按钮，即在指定区域输出计算结果。计算结果如表 9—5 所示。总的来说，销售量处于上升趋势。

表 9—5　　销售量移动平均计算表　　单位：台

	A	B	C
1	月份	销售量	3 月移动平均值
2	1	35	
3	2	32	
4	3	33	33
5	4	34	33
6	5	38	35
7	6	36	36
8	7	42	39
9	8	40	39
10	9	43	42
11	10	44	42
12	11	46	44
13	12	48	46

(二)用最小平方法测定长期趋势

测定的方法与一元线性回归分析的方法完全相同，只需将自变量改为时间顺序就行了，操作方法已在上节介绍过，这里不再重复。

二、利用 Excel 计算发展速度和增长速度

[例 9—5]　我国 1997 年至 2006 年进出口总值如图 9—29 所示，计算增长量、增长速度、发展速度和增长 1%的绝对值。

逐期增长量是把前一期作为基期，即把每期减去前期，在单元格 D4 中输入公式“=D2－C2”，并用鼠标向右拖曳至 I4，就得到各期的逐期增长量。累计增长量是把初期作为基期，即把每期减去初期，需把 D2 固定，在单元格 D5 中输入公式“=D2－C2”，并用鼠标向右拖曳至 I5，就得到各期的累计增长量。

环比增长速度是把逐期增长量比前期数值，在单元格 D6 中输入公式“=D4/C2*100”，结果为 7.41，所示 7.41%，并用鼠标向右拖曳至 I6，就得到各期的环比增长速度。定基增长速度是把累计增长量比初期期数值，在单元格 D7 中输入公式“=D5/C2*100”，并用鼠标向右拖曳至 I7，就得到各期的定基增长速度。

环比发展速度是把前一期作为基期，即把每期比前期，在单元格 D8 中输入公式“=D2/C2

＊100”，并用鼠标向右拖曳至 I8，就得到各期的环比发展速度。也可利用关系：环比发展速度＝环比增长速度＋100％，来计算环比发展速度。

定基发展速度是把初期作为基期，即把每期比初期数值，在单元格 D9 中输入“＝D2/＄C＄2＊100”，并用鼠标向右拖曳至 I9，就得到各期的定基发展速度。也可利用关系：定基发展速度＝定基增长速度＋100％，来计算定基发展速度。

增长 1％绝对值是把前期数值除以 100，在单元格 D10 中输入公式“＝C2/100”，并用鼠标向右拖曳至 I10，就得到各期的增长 1％绝对值。结果如图 9－29 所示。

Microsoft Excel - Book1

D5　=D2-C2

	A	B	C	D	E	F	G	H	I
1	年分		2000	2001	2002	2003	2004	2005	2006
2	进出口总值		39273.2	42183.6	51378.2	70483.5	95539.1	116921.8	140971.4
3	(亿元)								
4	增长量	逐期	—	2910.4	9194.6	19105.3	25055.6	21382.7	24049.6
5	(亿元)	累计	—	2910.4	12105	31210.3	56265.9	77648.6	101698.2
6	增长速度	环比	—	7.41	21.80	37.19	35.55	22.38	20.57
7	%	定基	—	7.41	30.82	79.47	143.27	197.71	258.95
8	发展速度	环比	—	107.41	121.80	137.19	135.55	122.38	120.57
9	%	定基	—	107.41	130.82	179.47	243.27	297.71	358.95
10	增长1%绝对值		—	392.732	421.836	513.782	704.835	955.391	1169.218

图 9－29　增长量、增长速度、发展速度和增长 1％的绝对值计算表

任务五　Excel 在统计推断中的应用

在 Excel 中主要通过公式和函数来实现区间估计的有关计算，涉及的函数主要有：平均数函数 AVERAGE，样本容量函数 COUNT，样本标准差函数 STDEV，平方根函数 SQRT，标准正态分布或 T 分布下临界值函数 NORMSINV、TINV。我们可以利用这些函数来构造一个用于实现区间估计的工作表。

［例 9－6］　某大学为了了解学生每天上网所花的时间，从全校学生中采用重复抽样方法随机抽取 36 人，调查他们每天上网时间，得到数据如下（单位：小时）：

3.3	3.1	6.2	5.8	2.3	4.1	5.4	4.5	3.2
4.4	2.0	5.4	2.6	6.4	1.8	3.5	5.7	2.3
2.1	1.9	1.2	5.1	4.3	4.2	3.6	0.8	1.5
4.7	1.4	1.2	2.9	3.5	2.4	0.5	3.6	2.5

以 95.45％的置信水平，求该校学生平均每天上网时间的置信区间。

解步骤如下：

（1）构造工作表，将 36 个数据输入单元格 A2：A37，并在 B2：B10 内输入样本均值、标准差、置信水平等变量名称，如图 9－30 所示。

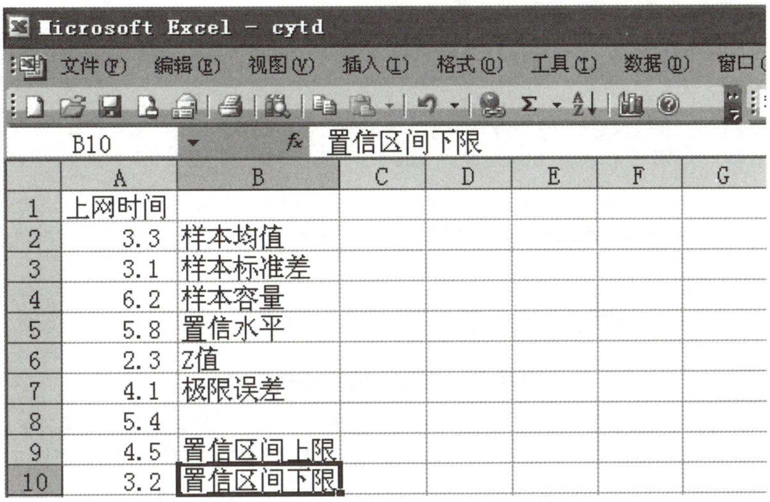

	A	B	C	D	E	F	G
1	上网时间						
2	3.3	样本均值					
3	3.1	样本标准差					
4	6.2	样本容量					
5	5.8	置信水平					
6	2.3	Z值					
7	4.1	极限误差					
8	5.4						
9	4.5	置信区间上限					
10	3.2	置信区间下限					

图 9—30　构建工作表

(2)在 C2:C10 内输入或调用相关函数进行计算，各单元格公式如图 9—31 的 E 列所示，样本容量为 36，属大样本情况，所以 t 分布可用标准正态分布代替，当置信水平为0.954 5时，$Z_{\alpha/2}=2$，可直接填写。

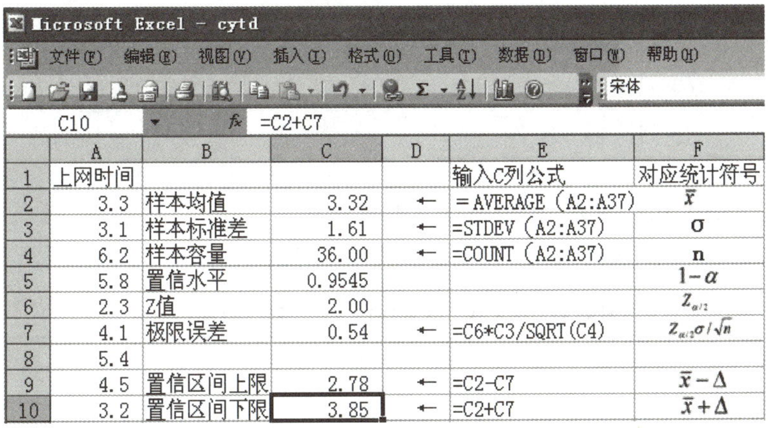

	A	B	C	D	E	F
1	上网时间				输入C列公式	对应统计符号
2	3.3	样本均值	3.32	←	=AVERAGE (A2:A37)	$\bar{x}$
3	3.1	样本标准差	1.61	←	=STDEV (A2:A37)	σ
4	6.2	样本容量	36.00	←	=COUNT (A2:A37)	n
5	5.8	置信水平	0.9545			$1-\alpha$
6	2.3	Z值	2.00			$Z_{\alpha/2}$
7	4.1	极限误差	0.54	←	=C6*C3/SQRT(C4)	$Z_{\alpha/2}\sigma/\sqrt{n}$
8	5.4					
9	4.5	置信区间上限	2.78	←	=C2-C7	$\bar{x}-\Delta$
10	3.2	置信区间下限	3.85	←	=C2+C7	$\bar{x}+\Delta$

图 9—31　各单元格公式

最后得到以 95.45%的概率保证该校学生每天上网时间在 2.78 小时至 3.58 小时之间。

项目综合能力训练题(九)

一、综合能力训练题

1. 某班 45 名学生“统计学”考试成绩从低分到高分排列如下：

50	51	54	55	58	59	61	62	63
64	65	66	67	68	69	70	71	72

50	51	54	55	58	59	61	62	63
72	72	73	74	74	74	75	75	75
76	77	78	79	80	81	83	84	85
86	86	87	88	90	91	95	97	99

要求：分别利用函数和“描述统计”工具来计算平均数、中位数、众数、方差、标准差，并进行频数分析和图形制作。

2. 甲商品在不同地区的售价差异很大，现将其有关资料整理如表 9—6 所示。

表 9—6　　甲商品销售量和销售价格资料

销售价格(元)	销售量(百件)(f)
110～120	128
120～130	239
130～140	768
140～150	486
150～160	201
160～170	196
170～180	131
180～190	13
合　计	2 162

要求：计算平均数和标准差，并绘制直方图和饼图。

3. 表 9—7 是某企业 2014 年 12 个月的产量与利润情况。

表 9—7　　某企业 2014 年 1～12 月产品产量与利润情况

月　份	产量(万件)x	利润(万元)y
1	12	9
2	10	8.5
3	14	11.5
4	16	14.2
5	16	14.0
6	20	16.4
7	19	16.2
8	22	18.1
9	23	18.3
10	26	21.5

续表

月　份	产量(万件)x	利润(万元)y
11	26	21.3
12	30	24.0
合　计	234	193

要求：分析产量与利润的相关关系，并求相应的回归方程。

4. 我国某地区 1986～2015 年棉花产量的统计资料如表 9—8 所示。

表 9—8　　我国某地 1986～2015 年棉花产量的统计资料　　单位：千吨

年份	产量	年份	产量	年份	产量	年份	产量
1986	196.9	1994	233.7	2002	246.1	2010	359.8
1987	170.9	1995	235.4	2003	238.1	2011	463.7
1988	186.3	1996	235.5	2004	205.6	2012	625.9
1989	180.0	1997	208.0	2005	204.9	2013	415.0
1990	175.0	1998	227.7	2006	216.7	2014	345.0
1991	180.0	1999	210.5	2007	220.7	2015	419.0
1992	186.3	2000	195.8	2008	270.7		
1993	209.8	2001	256.2	2009	296.8		

要求：利用移动平均法来反映该时间数列的长期趋势。

5. 某市 2009～2015 年工业增加值资料如表 9—9 所示。

表 9—9　　某市 2009～2015 年工业增加值

项　目	2009 年	2010 年	2011 年	2012 年	2013 年	2014 年	2015 年
工业增加值(万元)	800	880	960	1 043	1 120	1 200	1 285

要求：计算增长量、增长速度、发展速度和增长 1%的绝对值。

6. 某生产车间为了了解1 000名工人的日常工作量，从中抽查了 50 名工人的日常工作量情况，得到如下数据(单位：件)：

122	124	127	138	135	122	125	131	133
126	111	122	144	123	133	142	142	132
133	123	125	126	125	134	134	131	144
120	119	126	131	129	140	145	121	135

要求：以 95.45%的置信水平，求该车间工人日常工作量的置信区。

附　录

附表 1

累计法查对表

平均每年增长(%)	总发展速度＝各年发展水平总和为基期水平的%				
	1 年	2 年	3 年	4 年	5 年
4.1	104.10	212.47	325.28	442.72	594.97
4.2	104.20	212.78	325.91	443.80	566.64
4.3	104.30	213.08	326.55	444.89	568.32
4.4	104.40	213.39	327.18	445.98	570.00
4.5	104.50	213.70	327.82	447.07	571.69
4.6	104.60	214.01	328.46	448.17	573.38
4.7	104.70	214.32	329.09	449.26	575.08
4.8	104.80	214.63	329.73	450.36	576.78
4.9	104.90	214.94	330.37	451.46	578.48
5.0	105.00	215.20	331.01	452.56	580.19
5.1	105.10	215.56	331.65	453.67	581.99
5.2	105.20	215.87	332.30	454.78	583.62
5.3	105.30	216.18	332.94	455.88	588.35
5.4	105.40	216.49	335.58	457.00	587.07
5.5	105.50	216.80	334.23	458.11	588.81
5.6	105.60	217.11	334.87	459.22	590.54
5.7	105.70	217.42	335.52	460.34	592.28
5.8	105.80	217.74	336.17	461.46	594.46
5.9	105.90	218.05	336.81	462.58	595.78
6.0	106.00	218.36	337.49	463.71	597.53

续表

平均每年增长(%)	总发展速度＝各年发展水平总和为基期水平的%				
	1 年	2 年	3 年	4 年	5 年
6.1	106.10	218.67	338.11	464.84	599.29
6.2	106.20	219.98	338.76	465.96	601.05
6.3	106.30	219.30	339.41	467.10	602.82
6.4	106.40	219.61	340.06	468.23	604.60
6.5	106.50	219.92	340.72	469.36	606.37
6.6	106.60	220.24	341.37	470.50	608.15
6.7	106.70	220.55	342.03	471.64	609.94
6.8	106.80	220.86	342.68	472.78	611.73
6.9	106.70	221.18	343.34	473.93	613.53
7.0	107.00	221.49	343.99	475.07	615.33
7.1	107.10	221.80	344.65	479.22	617.13
7.2	107.20	222.12	345.31	477.37	617.94
7.3	107.30	222.43	345.97	478.53	620.76
7.4	107.40	222.75	346.63	479.68	622.68
7.5	107.50	223.06	347.29	480.84	524.40
7.6	107.60	223.38	347.95	482.00	626.23
7.7	107.70	223.69	348.62	483.16	268.06
7.8	107.80	224.01	349.28	484.32	629.90
7.9	107.90	224.32	349.95	485.49	631.75
8.0	108.00	224.64	350.61	486.66	633.59

附表 2　　随机数字表(部分)

行 列	1	2	3	4	5	6	7	8	9	10	11	12	13	14	15	16	…
1	1	2	5	4	2	8	5	8	7	3	5	8	4	0	2	4	…
2	5	4	4	3	4	9	1	1	0	9	2	2	7	1	3	4	…
3	3	2	6	2	2	3	2	2	4	1	1	2	9	8	7	7	…
4	7	8	0	9	0	2	9	7	8	9	5	6	2	1	5	8	…
5	6	8	6	2	4	1	9	4	3	5	9	6	5	0	7	2	…
6	9	1	7	9	3	8	1	4	9	1	5	3	2	1	2	7	…
7	5	1	1	7	0	9	8	6	0	6	3	3	6	4	8	0	…
8	0	1	2	6	4	7	7	7	4	9	4	4	6	4	1	7	…
9	2	3	7	2	7	7	7	4	9	4	4	6	4	1	7	8	…
10	7	8	5	5	9	7	0	7	5	2	5	9	4	2	6	3	…
11	7	8	5	5	9	7	0	7	5	2	5	9	4	2	6	3	…
12	2	5	1	0	4	2	5	4	1	5	4	3	0	2	2	4	…
13	6	6	3	9	1	9	1	3	2	1	2	0	9	1	4	9	…
14	6	7	6	9	1	4	3	5	9	1	0	7	4	7	6	2	…
15	4	5	2	7	8	0	0	0	8	6	4	8	3	3	6	6	…
16	5	6	9	9	9	8	8	3	2	4	5	6	6	8	9	3	…
17	4	1	6	0	1	4	4	5	2	8	8	7	0	7	2	4	…
18	4	5	0	6	2	4	7	4	3	5	9	0	5	3	0	8	…
19	4	6	4	5	0	6	1	3	9	8	4	6	4	4	5	3	…
20	6	6	3	6	3	5	4	4	9	8	2	8	9	1	8	7	…
21	5	6	0	3	0	3	2	9	7	8	9	9	8	2	1	1	…
22	1	6	5	4	2	8	8	8	1	8	5	6	5	3	1	9	…
23	1	3	1	9	1	2	0	7	3	3	4	4	8	8	8	6	…
24	5	0	3	0	4	0	2	4	2	0	7	7	9	8	1	2	…
25	7	8	6	6	2	0	2	9	5	1	5	6	2	0	0	3	…
…	…	⋮	⋮	⋮	⋮	⋮	⋮	…	⋮	⋮	⋮	⋮	⋮	⋮	⋮	⋮	…

附表 3　　**正态分布表**

t	$F(t)$	t	$F(t)$	t	$F(t)$	t	$F(t)$	t	$F(t)$
0.00	0.000 0	0.27	0.212 8	0.54	0.410 8	1.65	0.901 1	2.62	0.991 2
0.01	0.008 0	0.28	0.220 5	0.55	0.417 7	1.66	0.903 1	2.64	0.991 7
0.02	0.016 0	0.29	0.228 2	⋮	⋮	1.67	0.905 1	2.66	0.992 2
0.03	0.023 9	0.30	0.235 8	0.96	0.662 9	1.68	0.907 0	⋮	⋮
0.04	0.031 9	0.31	0.243 4	0.97	0.668 0	1.69	0.909 0	2.94	0.996 7
0.05	0.039 9	0.32	0.251 0	0.98	0.672 9	1.70	0.910 9	2.96	0.996 9
0.06	0.047 8	0.33	0.258 6	0.99	0.677 8	⋮	⋮	2.80	0.997 1
0.07	0.055 8	0.34	0.266 1	1.00	0.682 7	1.96	0.950 0	3.00	0.997 3
0.08	0.063 8	0.35	0.273 7	1.01	0.687 5	1.97	0.951 2	3.20	0.998 6
0.09	0.071 7	0.36	0.281 2	1.02	0.692 3	1.98	0.952 3	3.40	0.999 3
0.10	0.079 7	0.37	0.288 6	1.03	0.697 0	1.99	0.953 4	⋮	⋮
0.11	0.087 6	0.38	0.296 1	1.04	0.701 7	2.00	0.954 5	4.00	0.999 4
0.12	0.095 5	0.39	0.303 5	⋮	⋮	2.02	0.956 6	4.50	0.999 93
0.13	0.103 4	0.40	0.310 8	1.29	0.803 0	2.04	0.958 7	5.00	0.999 999
0.14	0.111 3	0.41	0.318 2	1.30	0.806 4	1.06	0.960 6		
0.15	0.119 2	0.42	0.325 5	1.31	0.809 8	⋮	⋮		
0.16	0.121 7	0.43	0.332 8	1.32	0.813 2		0.983 6		
0.17	0.135 0	0.44	0.340 1	⋮	⋮	2.40	0.984 5		
0.18	0.142 8	0.45	0.347 3	1.44	0.850 1	2.44	0.985 3		
0.19	0.150 7	0.45	0.354 5	1.45	0.852 9	2.48	0.986 1		
0.20	0.158 5	0.47	0.361 6	1.46	0.855 7	2.49	0.986 9		
0.21	0.166 3	0.48	0.368 8	1.47	0.858 4	2.50	0.987 6		
0.22	0.174 1	0.49	0.375 9	1.48	0.851 1	2.52	0.988 3		
0.23	0.181 9	0.50	0.382 9	1.49	0.863 8	2.54	0.988 9		
0.24	0.189 7	0.51	0.389 9	1.50	0.866 4	2.56	0.989 5		
0.25	0.197 4	0.52	0.396 9	1.51	0.869 0	2.58	0.990 1		
0.26	0.205 1	0.53	0.403 9	⋮	⋮	2.60	0.990 7		